路基路面工程

主　编　王　起
副主编　王　晓　张　凯
参　编　夏晶晶　赵晓莎　范文娟　曹瑞峰
　　　　高建华　朱　睿　姚小平
主　审　王　健

北京理工大学出版社
BEIJING INSTITUTE OF TECHNOLOGY PRESS

内 容 简 介

本书突出应用型本科教材的特点，重视基本理论与新规范的运用，重点阐述路基路面工程基本概念、基本理论和设计方法，同时介绍了常用路基路面结构的施工方法和要点。本书主要内容包括概论、路基设计、路基防护与加固、路基施工、路面结构类型及路面基层、沥青路面设计、水泥混凝土路面设计、路面施工和路基路面排水设计。

本书可作为高等学校道路桥梁与渡河工程、土木工程（道路桥梁方向）、交通工程、市政工程、港口航道工程、机场工程等专业的核心专业课教材，也可作为土建类其他专业的选修课教材，还可供从事公路、城市道路、机场工程设计和施工的技术人员参考。

版权专有　侵权必究

图书在版编目（CIP）数据

路基路面工程／王起主编．－－北京：北京理工大学出版社，2022.7
ISBN 978-7-5763-1452-6

Ⅰ.①路… Ⅱ.①王… Ⅲ.①路基工程－高等学校－教材②路面－道路工程－高等学校－教材 Ⅳ.①U416

中国版本图书馆CIP数据核字（2022）第112063号

出版发行 / 北京理工大学出版社有限责任公司	
社　　址 / 北京市海淀区中关村南大街5号	
邮　　编 / 100081	
电　　话 /（010）68914775（总编室）	
（010）82562903（教材售后服务热线）	
（010）68944723（其他图书服务热线）	
网　　址 / http://www.bitpress.com.cn	
经　　销 / 全国各地新华书店	
印　　刷 / 北京紫瑞利印刷有限公司	
开　　本 / 787毫米×1092毫米　1/16	
印　　张 / 16.5	责任编辑 / 江　立
字　　数 / 390千字	文案编辑 / 李　硕
版　　次 / 2022年7月第1版　2022年7月第1次印刷	责任校对 / 刘亚男
定　　价 / 88.00元	责任印制 / 李志强

图书出现印装质量问题，请拨打售后服务热线，本社负责调换

前 言

路基路面工程课程是高等院校道路桥梁与渡河工程、土木工程（道路桥梁方向）、交通工程、市政工程、港口航道工程、机场工程等专业的一门重要必修课，该课程与工程实践联系紧密，与各地的区划特征相关性很大，是一门理论性、实践性及应用性都很强的核心专业课。本书旨在为应用型本科院校提供一本偏向于实践应用的教材，因此，在编写过程中坚持突出以下特色：

1. 突出应用型本科教材的特点，减少对相关理论的阐述，不作或少作发散性探究，重点放在实践应用上，着重讲述设计方法，同时兼顾常用路基路面结构的施工方法和要点。

2. 本书主要依据《公路路基设计规范》（JTG D30—2015）、《公路路基施工技术规范》（JTG/T 3610—2019）、《公路沥青路面设计规范》（JTG D50—2017）、《公路水泥混凝土路面设计规范》（JTG D40—2011）、《公路沥青路面施工技术规范》（JTG F40—2004）、《公路水泥混凝土路面施工技术细则》（JTG/T F30—2014）、《公路排水设计规范》（JTG/T D33—2012）等现行规范编写。

3. 叙述简明扼要、条理清晰，图表力求简洁明了，从方便教师讲授和学生自学两个方面出发，突出易教易学的特点。

4. 适应近年来专业课学时较少（32学时或48学时）的新情况。

5. 结合专业实践和行业发展情况，力求培养相关专业技术应用能力，为以后的专业技术实践服务；同时尽可能多地反映本领域研究新成果。

与本课程相关的课程有"工程制图""道路工程材料""工程地质""土力学""道路勘测设计"等，在学习本书之前应有这些前修课程的知识储备。

本书共9章。具体编写分工为：第1章和第5章第5.1、5.2节由夏晶晶编写，第5章第5.3节和第9章由范文娟编写，第2章由赵晓莎编写，第3章由张凯编写，第4章和第7章由王晓编写，第6章和第8章由王起编写。全书由王起统稿，由曹瑞峰进行编辑整理。感谢河南理工大学姚小平、黄河交通学院高建华和朱睿对本书编写给予指导和帮助。

北京建筑大学王健在百忙之中对本书进行了精心审阅，提出了许多宝贵意见和建议，在此表示衷心的感谢！

限于编者水平有限，时间仓促，书中难免存在不足之处，恳请读者批评指正并多提宝贵意见，以便及时修改完善。

编　者

目 录

第1章 概论 …… (1)

1.1 路基路面工程发展概况及路面分级 …… (1)
1.1.1 路基路面工程发展概况 …… (1)
1.1.2 路面分级 …… (2)

1.2 公路基本组成与路基路面结构层位功能 …… (2)
1.2.1 公路基本组成 …… (2)
1.2.2 路基路面结构层位功能 …… (3)

1.3 路基路面工程的特点与性能要求 …… (4)
1.3.1 路基路面工程的特点 …… (4)
1.3.2 路基路面工程的性能要求 …… (5)
1.3.3 环境因素对路面的影响 …… (6)

1.4 公路自然区划 …… (7)
1.4.1 公路自然区划原则 …… (7)
1.4.2 我国公路自然区划等级 …… (8)

1.5 公路用土的工程性质 …… (11)
1.5.1 公路用土的分类指标及分类方法 …… (11)
1.5.2 公路用土的工程性质 …… (13)

1.6 路基平衡湿度 …… (14)
1.6.1 路基平衡湿度及干湿类型 …… (14)
1.6.2 路基平衡湿度的预估方法 …… (15)

第2章 路基设计 (18)

2.1 路基土的强度指标 (18)
- 2.1.1 路基回弹模量 (18)
- 2.1.2 加州承载比 (20)

2.2 路基的受力与强度 (21)
- 2.2.1 路基受力状况 (21)
- 2.2.2 路基工作区 (22)
- 2.2.3 路基的应力–应变特性 (23)
- 2.2.4 路基强度 (25)

2.3 路基横断面设计 (28)
- 2.3.1 路基宽度 (28)
- 2.3.2 路基高度 (28)
- 2.3.3 路基横断面形式与路基边坡坡度 (29)
- 2.3.4 路基设计的基本内容 (34)

2.4 路基常见病害 (34)
- 2.4.1 路基常见病害种类 (34)
- 2.4.2 路基病害的防治 (36)

2.5 路基边坡稳定性分析 (36)
- 2.5.1 边坡稳定性分析的原理和方法 (36)
- 2.5.2 边坡稳定性分析的计算参数 (39)
- 2.5.3 稳定性分析计算方法 (41)

2.6 路基填料与路基最小填土高度 (44)
- 2.6.1 路基填料和路基压实 (44)
- 2.6.2 路基最小填土高度 (46)

第3章 路基防护与加固 (48)

3.1 路基坡面防护 (48)
- 3.1.1 路基防护与加固的分类 (48)
- 3.1.2 坡面防护 (49)
- 3.1.3 冲刷防护 (56)

3.2 路基支挡结构 (60)
- 3.2.1 支挡结构的用途 (60)
- 3.2.2 支挡结构的类型和适用范围 (60)
- 3.2.3 各类挡土墙的适用条件 (63)

3.3 挡土墙的一般构造与总体设计 ………………………………………… (63)
　3.3.1 墙身 ………………………………………………………………… (63)
　3.3.2 基础 ………………………………………………………………… (65)
　3.3.3 排水设施 …………………………………………………………… (66)
　3.3.4 沉降缝与伸缩缝 …………………………………………………… (67)
　3.3.5 挡土墙结构布置 …………………………………………………… (67)
3.4 挡土墙结构的土压力计算 ……………………………………………… (68)
　3.4.1 作用于挡土墙的土压力类型 ……………………………………… (68)
　3.4.2 计算库仑主动土压力的一般公式 ………………………………… (69)
　3.4.3 车辆荷载及计算参数 ……………………………………………… (70)
3.5 挡土墙设计 ……………………………………………………………… (70)
　3.5.1 挡土墙稳定性验算 ………………………………………………… (70)
　3.5.2 基底应力及合力偏心距验算 ……………………………………… (73)
　3.5.3 墙身截面强度验算 ………………………………………………… (75)
　3.5.4 增加挡土墙及挡土墙抗倾覆稳定性的措施 ……………………… (76)
3.6 重力式挡土墙设计示例 ………………………………………………… (78)

第4章 路基施工 …………………………………………………………… (84)

4.1 湿软地基处理 …………………………………………………………… (84)
　4.1.1 地基表层处理要求 ………………………………………………… (84)
　4.1.2 湿软地基处理方法 ………………………………………………… (85)
4.2 路堤填筑与压实 ………………………………………………………… (91)
　4.2.1 基本要求 …………………………………………………………… (91)
　4.2.2 填筑方案 …………………………………………………………… (92)
　4.2.3 路基压实 …………………………………………………………… (92)
4.3 路堑开挖 ………………………………………………………………… (97)
　4.3.1 土质路堑 …………………………………………………………… (97)
　4.3.2 石方路堑 …………………………………………………………… (98)
4.4 路基变形分析与监测 …………………………………………………… (102)
　4.4.1 沉降分析 …………………………………………………………… (102)
　4.4.2 变形监测 …………………………………………………………… (104)
4.5 路基施工新技术 ………………………………………………………… (105)
　4.5.1 路基填料和压实、加固 …………………………………………… (106)
　4.5.2 新老路基结合处治技术 …………………………………………… (107)

第5章 路面结构类型及路面基层 .... (109)

5.1 路面结构类型 .... (109)
5.1.1 路面基本性能要求及影响因素 .... (109)
5.1.2 路面结构层次与功能 .... (110)
5.1.3 路面面层类型及路面类型 .... (111)
5.2 粒料类基层和沥青结合料类基层 .... (113)
5.2.1 粒料类基层 .... (113)
5.2.2 沥青结合料类基层 .... (116)
5.3 无机结合料稳定类基层 .... (118)
5.3.1 石灰稳定类基层 .... (118)
5.3.2 水泥稳定类基层 .... (122)
5.3.3 工业废渣稳定基层 .... (128)

第6章 沥青路面设计 .... (129)

6.1 概述 .... (129)
6.1.1 沥青路面的种类 .... (129)
6.1.2 沥青路面的特点 .... (130)
6.1.3 沥青路面类型的选择 .... (130)
6.2 沥青路面的破坏状态及设计标准 .... (131)
6.2.1 沥青路面的破坏状态及原因分析 .... (131)
6.2.2 设计指标 .... (132)
6.2.3 设计标准 .... (135)
6.3 沥青路面设计参数 .... (136)
6.3.1 交通参数 .... (136)
6.3.2 材料参数 .... (143)
6.3.3 温度参数 .... (144)
6.4 沥青路面设计方法 .... (145)
6.4.1 沥青路面设计理论与方法 .... (145)
6.4.2 沥青路面设计的内容 .... (146)
6.4.3 沥青路面结构组合设计 .... (146)
6.5 沥青路面结构验算 .... (156)
6.5.1 沥青路面结构验算流程 .... (156)
6.5.2 沥青路面结构验算指标 .... (157)
6.6 沥青路面改建设计 .... (163)

  6.6.1 既有路面调查与分析 …………………………………………… (163)
  6.6.2 改建方案 ………………………………………………………… (164)
  6.6.3 改建路面结构验算 ……………………………………………… (164)
 6.7 沥青路面设计示例 ……………………………………………………… (165)

第7章 水泥混凝土路面设计 ……………………………………………… (172)

 7.1 概述 ……………………………………………………………………… (172)
  7.1.1 水泥混凝土路面的种类 ………………………………………… (172)
  7.1.2 水泥混凝土路面的特点 ………………………………………… (174)
  7.1.3 水泥混凝土路面的病害和分级 ………………………………… (175)
  7.1.4 水泥混凝土路面破损原因分析 ………………………………… (177)
 7.2 水泥混凝土路面设计理论和设计内容 ………………………………… (179)
  7.2.1 水泥混凝土路面设计理论 ……………………………………… (179)
  7.2.2 水泥混凝土路面设计内容 ……………………………………… (180)
 7.3 水泥混凝土路面结构组合设计 ………………………………………… (181)
  7.3.1 水泥混凝土路面的路基 ………………………………………… (181)
  7.3.2 水泥混凝土路面的垫层 ………………………………………… (181)
  7.3.3 水泥混凝土路面的基层和底基层 ……………………………… (182)
  7.3.4 水泥混凝土面层 ………………………………………………… (183)
 7.4 水泥混凝土路面平面布置和接缝设计 ………………………………… (184)
  7.4.1 水泥混凝土路面平面布置 ……………………………………… (184)
  7.4.2 水泥混凝土路面接缝设计 ……………………………………… (185)
 7.5 水泥混凝土路面厚度设计 ……………………………………………… (190)
  7.5.1 设计标准 ………………………………………………………… (190)
  7.5.2 设计参数 ………………………………………………………… (191)
  7.5.3 混凝土板应力分析与厚度计算 ………………………………… (195)
  7.5.4 厚度计算流程 …………………………………………………… (201)
 7.6 水泥混凝土路面加铺层设计 …………………………………………… (202)
  7.6.1 路面结构状况评定及加铺层方案 ……………………………… (203)
  7.6.2 旧混凝土路面结构参数的确定 ………………………………… (204)
  7.6.3 水泥混凝土加铺层结构设计 …………………………………… (205)
  7.6.4 旧沥青路面加铺水泥混凝土路面 ……………………………… (206)
 7.7 水泥混凝土路面设计示例 ……………………………………………… (207)

第8章 路面施工 ……………………………………………………………… (212)

 8.1 粒料类基层施工 ………………………………………………………… (212)

8.1.1 填隙碎石基层施工 …………………………………………………… (213)
　　8.1.2 级配碎石基层施工 …………………………………………………… (213)
8.2 无机结合料稳定类基层施工 ……………………………………………………… (215)
　　8.2.1 材料要求 ………………………………………………………………… (215)
　　8.2.2 施工工序 ………………………………………………………………… (216)
8.3 沥青路面施工 ……………………………………………………………………… (218)
　　8.3.1 用料要求 ………………………………………………………………… (218)
　　8.3.2 施工准备 ………………………………………………………………… (220)
　　8.3.3 层铺法沥青路面的施工 ………………………………………………… (220)
　　8.3.4 拌合法沥青路面的施工 ………………………………………………… (222)
8.4 水泥混凝土路面施工 ……………………………………………………………… (227)
　　8.4.1 用料要求 ………………………………………………………………… (227)
　　8.4.2 施工前的准备工作 ……………………………………………………… (230)
　　8.4.3 施工工序 ………………………………………………………………… (231)
　　8.4.4 质量控制关键点 ………………………………………………………… (236)

第9章 路基路面排水设计 …………………………………………………………… (238)

9.1 路基排水设计 ……………………………………………………………………… (238)
　　9.1.1 路基排水设计的目的 …………………………………………………… (238)
　　9.1.2 路基排水设计的一般原则 ……………………………………………… (238)
　　9.1.3 路基地表排水设施和地下排水设施的使用条件 ……………………… (239)
　　9.1.4 边沟、截水沟、排水沟的构造及加固类型 …………………………… (241)
　　9.1.5 渗沟的类型、构造及适用条件 ………………………………………… (245)
9.2 路面排水设计 ……………………………………………………………………… (247)
　　9.2.1 路界地表排水设计 ……………………………………………………… (247)
　　9.2.2 路面内部排水设计 ……………………………………………………… (248)
9.3 综合排水系统设计的要求与内容 ………………………………………………… (250)
　　9.3.1 综合排水系统设计的作用 ……………………………………………… (250)
　　9.3.2 综合排水系统设计的基本要求 ………………………………………… (250)
　　9.3.3 综合排水系统设计的内容 ……………………………………………… (250)

参考文献 …………………………………………………………………………………… (253)

第 1 章

概论

★ 主要内容

本章主要介绍路基路面工程发展概况、路基路面结构层位功能、路基路面工程的特点和性能要求、公路自然区划、公路用土的工程性质、路基平衡湿度等。

★ 学习目标

(1) 了解路基路面工程发展概况、路面分级、环境因素对路面的影响、公路基本组成。
(2) 熟悉路基路面工程的特点和性能要求、公路自然区划、路基土的工程性质。
(3) 掌握路基结构的层位功能、路基干湿类型的划分与确定方法。

1.1 路基路面工程发展概况及路面分级

1.1.1 路基路面工程发展概况

我国道路的修建具有悠久的发展历史,在世界上曾处于领先地位,据《史记》记载,早在 4 000 多年前,中国已经有了车和行车的路。特别是西汉时期连接欧亚大陆的"丝绸之路",为东西方经济文化交流做出了重要贡献。

交通运输业是国民经济中从事运送货物和旅客的社会生产部门,是国民经济和社会发展的动脉,是经济社会发展的基础行业和先行产业。交通运输主要包括铁路、公路、水运、航空、管道五种运输方式,其中,铁路、水运、航空、管道起着"线"的作用,公路则起着"面"的作用,各种运输方式之间通过公路路网联结起来,形成四通八达、遍布城乡的运输网络。改革开放以来,灵活、快捷的公路运输发展迅速,目前在综合运输体系中,公路运输的客运量、货运量所占比例分别达 90% 以上和近 80%。新中国成立以来,经过 70 余年的建设,我国公路建设有了长足发展,国家交通运输基础设施目标已基本完成。

路基路面直接承受行驶车辆的作用,是道路工程的重要组成部分。我国古代曾以条石、块石或石板等铺筑道路路面，以提供人畜及人力、畜力车辆行驶。进入20世纪后，随着汽车工业和交通运输业的发展，对路基路面提出了更高的要求。现代路基路面工程主要研究路基路面结构体和外部环境因素之间的相互作用规律，从而提出公路、城市道路和机场道面的路基路面材料、结构设计原理和设计方法以及施工、养护、维修和管理技术。新中国成立以来，我国广大道路工程科技工作者，从我国实际和建设需要出发，吸收交叉学科的新成就及世界各国的先进经验，刻苦钻研，反复实践，全面推动路基路面工程学科的发展，不断为我国交通现代化做出新贡献，并已取得了许多突破性的成果。

1.1.2 路面分级

根据路面的使用品质、材料组成类型以及结构强度和稳定性的不同，可将路面分成高级、次高级、中级、低级四个等级。

（1）高级路面。其面层材料类型为水泥混凝土、沥青混凝土、厂拌沥青碎石及整齐块石，所适用的公路等级为高速、一级及二级公路。

（2）次高级路面。其面层材料类型为沥青贯入碎石、路拌沥青碎石、沥青表面处治及半整齐块石，所适用的公路等级为二级及二级以下公路。

（3）中级路面。其面层材料类型为填隙碎（砾）石或级配碎（砾）石、不整齐块石及其他粒料，所适用的公路等级为三级及三级以下公路。

（4）低级路面。其面层材料类型为各种粒料或当地材料改善土，如炉渣土、砾石土和砂砾石土等，所适用的公路等级为四级公路。

1.2 公路基本组成与路基路面结构层位功能

1.2.1 公路基本组成

公路的基本组成包括路基、路面、桥梁、隧道、立交、通道、涵洞、防护与加固工程等人工构造物及排水设施。另外，还有各种交通安全、管理、服务、环保等沿线设施。

路基路面是道路工程的重要组成部分，从整体意义上讲路基时，通常已包含路面。图1-1所示为路基横断面图，图1-2所示为路基横断面构造示意图。路基路面的基本组成包括：

（1）路基：指按照路线位置和一定的技术要求修筑的带状构造物，是路面的基础，承受由路面传递下来的行车荷载。

（2）路面：指在路基顶面的行车部分用混合料铺筑而成的层状结构物。

（3）路床：指路面底面以下80 cm或120 cm范围内的路基部分。路面底面以下30 cm范围内的路基称为上路床，30 cm至80 cm或120 cm范围称为下路床。

（4）路槽：指为铺筑路面而在路基上按设计要求修筑的浅槽。

（5）路肩：指行车道外缘至路基边缘部分，用作路面的横向支撑，分为硬路肩和土路肩两部分，硬路肩部分可作为临时停车带。

（6）路基边坡：指路基两侧的边坡部分，主要作用是保证路基稳定，为防止水流冲刷，在坡面上采用砌体、栽植或喷浆等对坡面进行防护和加固。

(7) 路基排水设施：指为保持路基稳定而修筑的地面和地下排水构造物，包括边沟、排水沟、截水沟、急流槽、跌水、蒸发池、渗沟、渗井等。

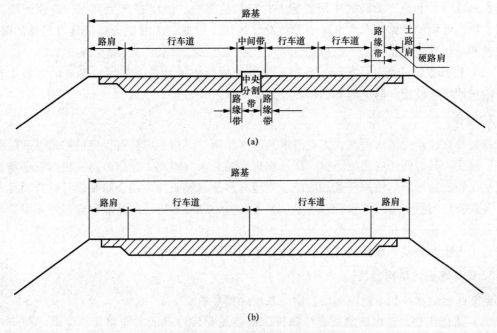

图 1-1　路基横断面图
(a) 有中央分隔带的横断面；(b) 无中央分隔带的横断面

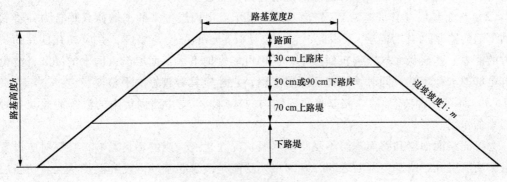

图 1-2　路基横断面构造示意

1.2.2　路基路面结构层位功能

1. 路基

路基是路面的基础，是公路工程的重要组成部分，它是按照路线位置和一定的技术要求修筑的带状构造物，与路面共同承受交通荷载的作用。作为路面的支承结构物，路基必须具有足够的承载力。

路基由路基结构和路基设施组成。

（1）路基结构。路基结构是指路面结构层以下的带状岩土结构物，是路面的基础，承受由路面传来的汽车荷载及各种自然因素的作用。在各种环境因素（风、雨、雪、温度、水流、地震等）和汽车荷载的作用影响下，路基的强度、刚度将产生衰减，进而影响路基承载能力，可能使得路基产生沉降变形和滑移破坏，因此，必须保证路基具有足够的强度、稳定性和耐久性，防止路基产生病害。

（2）路基设施。路基设施是指为保证路基结构性能的稳定而采用的必要的附属工程设施，它包括排水设施、防护与支挡加固设施。

2. 路面

路面是直接承受交通荷载、大气温度及雨水作用的结构，应具有良好的稳定性和足够的强度、刚度，其表面还应满足平整、抗滑和排水的要求。因此，公路路面应根据交通量及其组成情况和公路等级、使用任务、功能、当地材料及自然条件，结合路基进行综合设计。

各级公路的行车道、路缘带、匝道、变速车道、爬坡车道、硬路肩和应急停车带等均应铺筑路面；高速公路和一级公路应采用高级路面，二级公路应采用高级或次高级路面，三级公路宜采用次高级或中级路面，四级公路宜采用中级或低级路面。

3. 路基路面的结构层次

路基路面结构一般由路面面层、路面基层和路基组成。

（1）路面面层。路面面层是直接同行车荷载及大气接触的表面层次，它承受较大行车荷载的垂直力、水平力和冲击力的作用，同时还受到降雨的侵蚀和气温变化的影响，因此，同其他层次相比，它应具有较高的结构强度、抗变形能力和较好的水稳定性与温度稳定性，且应耐磨、不透水，表面还应有良好的抗滑性与平整度。

（2）路面基层（含底基层）。路面基层主要承受由面层传来的车辆荷载垂直力并将其扩散到下面的路基（含功能层），因此，它也应具有足够的强度与刚度，并应具有良好的扩散应力的能力。基层受大气影响较面层小，但仍可能受地下水及面层渗入雨水的浸湿，故也应具有足够的水稳定性；同时，为保证面层平整，它还应具有较好的平整度。

（3）路基（含功能层）。路基是路面结构的基础，承受由面层传来的汽车荷载及各种自然因素的作用。

为保证路面面层和路面基层不受路基水温状况变化所造成的不良影响，必要时应设置功能层。功能层介于路基与基层之间，它的主要功能是改善路基的湿度和温度状况。功能层按其作用可分为排水层、隔离层、防冻胀层等。

路基处于下列状况的路段应设置功能层：地下水水位高、排水不良、路基经常处于潮湿状态的路段；排水不良的土质路堑；有裂隙水、泉眼水等水文不良情况的岩石挖方路段；季节性冰冻地区可能产生冻胀的中湿、潮湿路段；基层可能受污染的路段。

1.3 路基路面工程的特点与性能要求

1.3.1 路基路面工程的特点

路基和路面是道路的主要工程结构物。路基是在天然地表面上按照道路的设计线形

(位置）和设计横断面（几何尺寸）要求开挖或堆填而成的岩土结构物。路面是在路基顶部用各种混合料铺筑而成的层状结构物。路基是路面结构的基础，坚固、均匀而又稳定的路基为路面结构长期承受行车荷载提供了重要的保证，而路面结构层的存在又保护了路基，使之避免了直接经受车辆和大气的破坏作用，长久处于稳定状态。路基和路面相辅相成，是不可分离的整体，应综合考虑它们的工程特点，解决两者的强度、稳定性等工程技术问题。

路基和路面工程是道路工程的主要组成部分。路基工程的土方量很大。而路面结构在道路造价中所占比重很大，一般要达到30%～50%。因此，精心设计、精心施工，使路基路面能长期具备良好的使用性能，对节约投资，提高运输效益，具有十分重要的意义。

路基路面是一项线性工程，有的公路延续数百公里，甚至上千公里。公路沿线地形起伏，地质、地貌、气象特征多变，再加上沿线城镇经济发展程度与交通繁忙程度不一，因此，决定了路基与路面工程复杂多变的特点。工程技术人员必须掌握广博的知识，善于识别各种变化的环境和地质因素，恰当地进行处理，建造出理想的路基路面工程结构。

现代化公路运输，不仅要求道路能全天候通行车辆，而且要求车辆能以一定的速度，安全、舒适而经济的在道路上运行。这就要求路面应具有良好的使用性能，提供良好的行驶条件和服务水平。

1.3.2　路基路面工程的性能要求

为了保证公路与城市道路最大限度地满足车辆运行的要求，保持设计车速，增强安全性和舒适性，降低运输成本，延长道路使用年限，路基路面工程应具有下列基本性能。

1. 承载能力

承载能力是路基路面结构承受荷载的能力。行驶在路面上的车辆，通过车轮把荷载传给路面，由路面传给路基，在路基路面结构内部产生应力、应变及位移。路基路面结构的承载能力包括强度与刚度两方面：路基路面结构应具有足够的强度以抵抗由车轮荷载引起的各个部位的各种应力，如压应力、拉应力、剪应力等，使各个部位的各种应力在容许的范围内，保证路面结构不发生压碎、拉断、剪切等各种破坏；同时，应具有足够的刚度，使路基路面结构能抵抗由车轮荷载引起的各个部位的各种应变，如压应变、拉应变、剪应变等，保证路面各个部位产生的应变在容许范围内，也即在车轮荷载作用下不发生过量的应变或变形，保证不发生车辙、沉陷或波浪等各种病害。

2. 稳定性

路基路面结构的稳定性是在降水、高温、低温等恶劣环境作用下仍能保持其原有特性的能力，包括路面高温稳定性、低温抗裂性、水稳定性。

在地表上开挖或填筑路基，必然会改变原地层结构的受力状态，原来处于稳定状态的地层结构，有可能由于开挖和填筑而引起不平衡。在选线、勘测、设计、施工中应密切注意，并采取必要的措施，以确保路基有足够的稳定性。

降水会使路基路面结构内部的湿度状态发生变化，严重时也会导致一些病害。

大气温度周期性的变化对路面结构的稳定性有重要影响。高温季节沥青路面会软化，在车轮荷载作用下可能会产生永久性变形。水泥混凝土结构在高温季节因结构变形产生过大内应力,可导致路面压曲破坏。北方冰冻地区,在低温冰冻季节,水泥混凝土路面、沥青路面、半刚性基层由于低温收缩会产生大量裂缝。在严重冰冻地区,低温引起路基的不稳定是多方面的:低温会引起路基收缩裂缝;地下水丰富的地区,低温引起路基冻胀,路基上面的路面结构也随之发生断裂;春融季节,在交通繁重的路段可能会引起翻浆,使路基路面发生严重破坏。

3. 耐久性

路基路面在车辆荷载的反复作用与环境因素周期性的重复作用下,路面使用性能将逐年下降,强度与刚度逐年衰变,路面材料的各项性能也可能由于老化衰变,而引起路面结构的损坏。路基在长期经受自然因素的侵袭后,承载能力也会逐年削弱。因此,提高路基路面的耐久性,保持其强度、刚度、几何形态,除精心设计、精心施工、精选材料外,还需要常年把路基路面的养护、维修及路基路面性能的恢复工作放在重要的位置。

4. 表面平整度

表面平整度是路面表面竖向凹凸量的偏差值,它是影响行车安全和舒适性及运输效益的重要使用性能。特别是高速公路,对路面平整度的要求更高。不平整的路面会增大行车阻力,并使车辆产生附加振动作用。这种振动作用会造成车辆颠簸,影响行车速度、安全性、驾驶平稳性和乘客的舒适性。而且,振动作用还会对路面产生冲击力,从而加剧路面损坏、汽车部件损坏和轮胎磨损,并增大汽车油耗。同时,不平整的路面还会积滞雨水,加速路面破坏。因此,为了减少振动冲击力,提高行车速度和行车舒适性、安全性,路面应保持一定的平整度。

5. 路面抗滑性

路面抗滑性是指路面表面抗滑能力的大小。路面表面要求平整,但不宜光滑。汽车在光滑的路面上行驶时,车轮与路面之间缺乏足够的附着力或摩擦力,当雨天高速行车、紧急制动、突然启动、爬坡和转弯时,车轮易产生空转或打滑,致使行车速度降低,消耗增多,甚至引起严重的交通事故。通常可以用摩擦系数表征抗滑性能,摩擦系数小,则抗滑能力低,容易引起滑溜。对于城市道路的交叉口,由于车辆经常需要制动,要求路面具有较高的抗滑性能。

路面的抗滑性能,在低速行车时,主要取决于集料表面的微观纹理;在高速行车时,主要取决于路面表面的宏观纹理。路面表面的抗滑能力可以通过坚硬、耐磨、表面粗糙的粒料组成的路面表层材料来实现,有时也可以采用一些工艺措施来实现,如水泥混凝土路面的刷毛或刻槽。

1.3.3 环境因素对路面的影响

路面结构直接暴露在大气之中,经受环境因素的影响。温度和湿度是对路面结构有重要影响的环境因素。当路面结构的温度和湿度状况随周围环境的变化而变化时,路面性质和状态也随之发生变化。

1. 温度对路面的影响

沥青混凝土及其他沥青混合料的强度、刚度和变形能力随气温的变化而产生明显变化。

当温度升高时，沥青的黏滞度降低，矿料之间的黏结力削弱，导致沥青强度降低；沥青路面在低温时强度虽然增大，但其变形能力却因刚度的增大而降低。当气温下降，特别是急骤降温时，会在路面结构上产生温度梯度，路面面层遇降温而收缩的趋势会受到其下部层次的约束，在面层产生拉应力，开始时由于沥青混合料的劲度相对较低，其拉应力较小，但是随着进一步降温，在低温状态下，沥青混合料的劲度增加，从而伴随着收缩趋势的进一步增强，导致拉应力超过沥青混凝土的抗拉强度，造成面层开裂。

水泥混凝土路面受昼夜温差影响较大，由于温差所引起的体积变化如果受到约束，将会产生很大的温度应力，通常将水泥混凝土路面划分为一定尺寸的板块，设置接缝来减小温度应力。当白天温度升高时，板顶面温度较板底面高，板顶膨胀变形较板底大，则板块中部隆起，气温升高引起的中部隆起受到限制时，板底面出现拉应力。当温度下降时，板顶面温度较板底面板低，板顶收缩变形较板底大，因而板的边缘翘起，当温度下降引起的板四周翘起受阻时，板顶面出现拉应力，从而容易引起裂缝。因此，每昼夜内温度梯度的变化会使混凝土面板出现膨胀和收缩变形趋势，导致白天凸起、夜晚下凹，称为温度翘曲，翘曲变形受阻会导致混凝土面板产生膨胀或翘曲应力。因此，温度也是水泥混凝土路面必须考虑的因素。

2. 湿度对路面的影响

路基土和路面材料的强度与刚度随路面结构湿度的变化有时会有大幅度的增减，路基土和路面材料的体积随路面结构湿度的升降而引起膨胀和收缩，且沿路面结构深度呈不均匀状态，如果这种不均匀的胀缩受到约束，路面结构就会产生湿度应力，且路基土和路面材料的几何性质和物理性质也会随路面结构湿度产生变化，使得路面结构设计复杂化。

路面结构的强度、刚度及稳定性在很大程度上取决于路基的湿度变化。如在北方季节性冰冻地区，冰冻开始时，路基水分向冻结线积聚形成冻胀，春暖融冻初期形成翻浆的现象较普遍；在南方非冰冻区，当雨季来临时，未能及时排除的地面积水和离地面很近的地下水将路基土浸润而软化，路基的软化将进一步影响路面结构层强度、刚度和稳定性变化。

面层的透水性对路面湿度有很大影响，若采用不透水的面层结构，将减少降水和蒸发的影响。在道路完工二、三年内，路面结构湿度逐渐趋于稳定，对于透水的面层结构，若不做专门处理，则路面结构湿度状况将受到降水和蒸发的影响而产生季节性的变化。

路肩以下路基湿度的季节性变化对路面结构也有影响。通常在路面边缘以内1m左右，湿度开始增大，直至路面边缘与路肩下的湿度相当。路肩如果经过处治，防止雨水渗入，则路面下土基湿度将趋向于稳定，从而保证路面结构层稳定。

1.4 公路自然区划

1.4.1 公路自然区划原则

我国地域辽阔，又是一个多山的国家。公路建设与不同地区自然条件的差异有密切关系。为了区分各地自然区域的筑路特性，根据以下三个原则制定了我国公路自然区划。

1. 道路工程特征相似性原则

在同一区划内、在同样自然条件下筑路具有相似性。例如，北方不利季节主要是春融时期，有翻浆病害；南方不利季节在雨季，有冲刷、水毁等病害。

2. 地表气候区域差异性原则

地表气候是地带性差异与非地带性差异的综合结果。通常，地表气候随当地纬度而变化，如北半球，北方寒冷，南方温暖，这称为地带性差异。此外，还与高程变化有关，即沿垂直方向变化，如青藏高原，由于海拔高，与同纬度的其他地区相比，气候更加寒冷，这称为非地带性差异。

3. 自然气候因素的综合性和主导性相结合的原则

自然气候的变化是各种因素综合作用的结果，但其中又有某种因素起主导作用。例如，道路冻害是水和温度综合作用的结果，但在南方，只有水而没有寒冷气候的影响，不会有冻害，说明温度起主导作用；西北干旱地区与东北潮湿区，同样都有负温度（指 0 ℃以下地区），但前者冻害轻于后者，说明水起主导作用。

1.4.2 我国公路自然区划等级

根据《公路自然区划标准》（JTJ 003—1986）的规定，我国公路自然区划分为三个等级：一级自然区划首先将全国划分为多年冻土、季节冻土和全年不冻土三大地带，再根据水热平衡和地理位置，划分为冻土、湿润、干湿过渡、湿热、潮暖、干旱和高寒七个一级区域；二级自然区划是在一级区划的基础上以潮湿系数为主进一步划分；三级自然区划是在二级自然区划内划分更低一级的区域或类型单元。

1. 一级自然区划

根据不同地理、气候、构造、地貌界线的交错和叠合，全国分为七个一级自然区划的代号与名称及一级区划的自然条件和公路设计要求，分别见表1-1、表1-2。

表 1-1 一级自然区划

Ⅰ区	北部多年冻土区	Ⅴ区	西南潮暖区
Ⅱ区	东部湿润季冻区	Ⅵ区	西北干旱区
Ⅲ区	黄土高原干湿过渡区	Ⅶ区	青藏高寒区
Ⅳ区	东南湿热区		

表 1-2 一级区划的自然条件和公路设计要求

代号	一级区名称	公路工程的自然条件特点	路基路面的设计要求
Ⅰ	北部多年冻土区	纬度高，气温低，为我国唯一的多年冻土区，多年冻土层夏季上部融化为无法下渗的层上水，降低土基强度。秋季层上水由上至下冻结，形成冻结层之间的承压水。冬季产生冻胀，夏季有热融发生	路面设计的重要原则是维持其冻稳性，保护冻土上限不致下降，以防路基热融沉陷，导致路面破坏。在路基设计中应是宁填勿挖。原地面植被不应破坏，露地土质应为冻稳性良好的土或砂砾，必须采用路堑时，应有保证边坡和基层稳定的措施。沥青面层因导热系数高，应相应抬高路基。结构组合中如设砂砾垫层，只能按蓄水不能按排水设计

续表

代号	一级区名称	公路工程的自然条件特点	路基路面的设计要求
II	东部湿润季冻区	我国主要的季节冻土区,冻结程度及其对路基的影响自北至南一般逐渐减小。除黑黏性土、软土和粉土外,土基强度较好。主要矛盾是冬季冻胀,春季翻浆,形成明显的不利季节。夏季水毁和泥石流也有一定的影响。地形以平原和丘陵为主,局部低山公路修建条件不困难	路基路面结构组合设计中,应使路基填土高度符合要求,结合当地自然条件,应采取隔温、排水、阻断毛细水上升等措施,以防止冻胀翻浆。利用水稳性、冻稳性好的材料做路面的基层,在水文地质不良的路段,可设置排水垫层,促进水的排出,提高路基路面整体强度
III	黄土高原干湿过渡区	东部温润季冻区向西北干旱区和西南潮暖区的过渡区,以集中分布黄土和黄土状土为其主要特点。地下水水位深,土基强度较好,边坡能直立稳定。公路面临的主要问题是粉质大孔性黄土的冲蚀和遇水湿陷。因湿度较低、翻浆自东向西,自北向南显著减轻,新构造活跃的西部地震较少,病害增多	根据路面结构组合的特点,必须选择不透水的面层或上封闭层。以防止雨水下渗造成黄土湿陷。潮湿地段应注意排水以保护路基。对路肩横坡的设计应使水迅速排出。掺灰类结构物层是稳定的路面基层结构。在石料基层下增设砂砾底基层,也为本区常用
V	西南潮暖区	东南湿热区向青藏高寒区的过渡。一些地区因同时受东南季风和西南季风的影响,雨期较长。加之地势较高,蒸发较少,渗透较大,故土基较湿,湿质路基和部分干湿季节分明的地区,土基强度较高,本区为我国岩溶集中分布地区。北部和西部新构造强烈,地形高差大、地震病害也多	路基路面结构组合的首要任务是保证其湿稳性。个别河谷中,也应注意其干稳性。断面一般宜采用路堤,并使边坡符合要求。本区土质多系碳酸盐类岩石风化形成,结构稳定,强度较好,山地多,石料丰富,有利于在设计中就地取材。岩溶地区应在详细地质勘测基础上进行设计,以保证公路整体稳定性
VI	西北干旱区	由于气候干旱,土基强度和道路水文状况均佳,筑路砂石材料较多,中级路面以搓板、松散、扬尘为主要病害,高山区有风雪流沙危害。灌区和绿洲有冻胀翻浆,山区公路通过垂直自然带,选线和修筑均较复杂	路基路面的特殊要求是保证其干稳性。由于干旱,大部分白色路面搓板严重,许多地区缺黏土和水。改建沥青路面为主要解决办法。绿洲灌区地下水位较高,冻融翻浆严重,结构层应充分利用就近所产的砂砾、石料进行处理。道路设计中还应注意风蚀和沙埋的防治
VII	青藏高寒区	全区为海拔高、气温低的高寒高原,给公路建设带来特殊的问题,分布有高原多年冻土、泥石流现代冰川。东南部由于新构造运动活跃和地形破碎,地震强烈,公路自然灾害如滑坡、崩塌、泥石流等均极严重。公路通过条件困难,尤其是4 000 m以上的高山地区更甚	结构设计应针对自然条件和工程病害,采取措施保证路基的整体稳定性,全区除高原冻土地带维持其冻稳性外,大部分公路路基低,路面多由养护形成,一般用砂砾结构,材料和强度可满足要求。交通量大时应敷设沥青路面。由于昼夜温差大,紫外线照射强,沥青老化快,且施工季节短,故施工应采取相应预防措施。柴达木盆地气候较干旱,氯化盐可做筑路材料

2. 二级自然区划

二级自然区划是在一级自然区划内进一步划分,其主要依据是潮湿系数 K。所谓潮湿系数,是指年降水量 R 与年蒸发量 Z 之比,即 $K = R/Z$。据此划分为六个潮湿等级,见表1-3。

表1-3 潮湿等级与潮湿系数关系

潮湿等级	潮湿类型	潮湿系数
1	过湿	$K > 2.0$

续表

潮湿等级	潮湿类型	潮湿系数
2	中湿	$2.0 \geqslant K > 1.5$
3	润湿	$1.5 \geqslant K > 1.0$
4	润干	$1.0 \geqslant K > 0.5$
5	中干	$0.5 \geqslant K > 0.25$
6	过干	$K < 0.25$

根据二级自然区划的主要因素与标志，在全国七个一级自然区内又分为33个二级区和19个二级副区（亚区），共有52个二级自然区。全国公路自然区划一、二级区名称见表1-4。

表1-4 公路自然区划一、二级区名称表

Ⅰ	北部多年冻土区	Ⅳ$_7$	华南沿海台风区
	Ⅰ$_1$ 连续多年冻土区		Ⅳ$_{7a}$ 台湾山地副区
	Ⅰ$_2$ 岛状多年冻土区		Ⅳ$_{7b}$ 海南岛西部润干副区
Ⅱ	东部湿润季冻区		Ⅳ$_{7c}$ 南海诸岛副区
	Ⅱ$_1$ 东北东部山地润湿冻区	Ⅴ	西南潮暖区
	Ⅱ$_{1a}$ 三江平原副区		Ⅴ$_1$ 秦巴山地润湿区
	Ⅱ$_2$ 东北中部山前平原重冻区		Ⅴ$_2$ 四川盆地中湿区
	Ⅱ$_{2a}$ 辽河平原冻融交替副区		Ⅴ$_{2a}$ 雅安、乐山过湿副区
	Ⅱ$_3$ 东北西部润干冻区		Ⅴ$_3$ 三西、贵州山地过湿区
	Ⅱ$_4$ 海滦中冻区		Ⅴ$_{3a}$ 滇、南桂西润湿副区
	Ⅱ$_{4a}$ 冀北山地副区		Ⅴ$_4$ 川、滇、黔高原干湿交替区
	Ⅱ$_{4b}$ 旅大丘陵副区		Ⅴ$_5$ 滇西横断山地区
	Ⅱ$_5$ 鲁豫轻冻区		Ⅴ$_{5a}$ 大理副区
	Ⅱ$_{5a}$ 山东丘陵副区		
Ⅲ	黄土高原干湿过渡区	Ⅵ	西北干旱区
	Ⅲ$_1$ 山西山地、盆地中冻区		Ⅵ$_1$ 内蒙古草原中干区
	Ⅲ$_{1a}$ 雁北张宣副区		Ⅵ$_{1a}$ 河套副区
	Ⅲ$_2$ 陕北典型黄土高原中冻区		Ⅵ$_2$ 绿洲－荒漠区
	Ⅲ$_{2a}$ 榆林副区		Ⅵ$_3$ 阿尔泰山地冻土区
	Ⅲ$_3$ 甘东黄土山地		Ⅵ$_4$ 天山－界山山地区
	Ⅲ$_4$ 黄渭间山地、盆地轻冻区		Ⅵ$_{4a}$ 塔城副区
			Ⅵ$_{4b}$ 伊犁河谷副区
Ⅳ	东南湿热区	Ⅶ	青藏高寒区
	Ⅳ$_1$ 长江下游平原润湿区		Ⅶ$_1$ 祁连－昆仑山地区
	Ⅳ$_{1a}$ 盐城副区		Ⅶ$_2$ 柴达木荒漠区
	Ⅳ$_2$ 江淮丘陵、山地润湿区		Ⅶ$_3$ 河源山原草甸区
	Ⅳ$_3$ 长江中游平原中湿区		Ⅶ$_4$ 羌塘高原冻土区
	Ⅳ$_4$ 浙闽沿海山地中湿区		Ⅶ$_5$ 川藏高山峡谷区
	Ⅳ$_5$ 江南丘陵过湿区		Ⅶ$_6$ 藏南高山台地区
	Ⅳ$_6$ 武夷南岭山地过湿区		Ⅶ$_{6a}$ 拉萨副区
	Ⅳ$_{6a}$ 武夷副区		

3. 三级自然区划

三级自然区划是对二级自然区划的进一步划分。

三级自然区划的划分方法有两种：一是以地貌、水温和土质类型为依据，将二级自然区划细分为若干个具有相似性的区域单元；另一种是以水温、地理和地貌为标志，将二级区进一步划分为若干更低级区域。三级自然区划未列入全国性的区划中，由各省区结合当地自然情况自行划分。各级区划范围不同，在公路工程中的应用也各有侧重，一级自然区划主要为全国性的公路总体规划和设计服务；二级自然区划主要为各地的公路路基路面设计、施工、养护提供较全面的地理、气候依据和有关参数，如土基和路面材料的回弹模量、路基临界高度、土基压实标准等。

1.5 公路用土的工程性质

1.5.1 公路用土的分类指标及分类方法

路基一般由土填筑而成，由于土的颗粒组成不同导致路基土的基本性能也有很大差别。为了保证路基的强度与稳定性，必须选择合适的路基填料。

我国公路用土应以土的下列特征作为土的分类依据：土的颗粒组成特征；土的塑性指标：液限（ω_L）、塑限（ω_P）和塑性指数（I_P）；土中有机质含量。

公路用土分为巨粒土、粗粒土、细粒土和特殊土四类。

土的颗粒组成特征用不同粒径粒组在土中的百分含量表示。不同粒组的划分界限及范围，见表1-5。一般土可分为巨粒土、粗粒土和细粒土，分类总体系如图1-3所示。对于特殊成因和年代的土类还应结合其成因和年代特征定名，如图1-4所示。

表1-5 粒组划分表　　　　　　　　　　　　　　　　　　　mm

粒组								
巨粒组		粗粒组					细粒组	
漂石 （块石）	卵石 （小块石）	砾（角砾）			砂			粉粒	黏粒
		粗	中	细	粗	中	细		

粒径分界：200　60　20　5　2　0.5　0.25　0.75　0.002

（1）巨粒组质量多于总质量50%的土称为巨粒土。巨粒土又分为漂石土和卵石土。

（2）粗粒组分为砾类土和砂类土两种。粗粒组中砾粒组质量多于砂粒组质量的土称为砾类土。粗粒组中砾粒组质量少于或等于砂粒组质量的土称为砂类土。

（3）细粒组质量多于或等于总质量50%的土称为细粒土。细粒土中粗粒组质量小于总质量25%的土称为粉质土或黏质土。粗粒组质量为总质量25%~50%的土称为含粗粒的粉质土或含粗粒的黏质土。有机质含量多于或等于总质量5%而少于总质量10%的土称为有机质土。

土颗粒组成特征应以土的级配指标的不均匀系数（C_u）和曲率系数（C_c）表示。不均

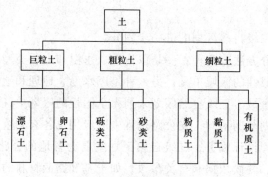

图 1-3 土分类总体系

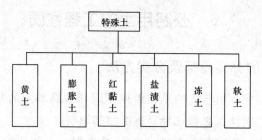

图 1-4 特殊土分类

匀系数 C_u 反映粒径分布曲线上的土粒分布范围，按式（1-1）计算：

$$C_u = \frac{d_{60}}{d_{10}} \tag{1-1}$$

曲率系数 C_c 反映粒径分布曲线上的土粒分布形状，按式（1-2）计算：

$$C_c = \frac{d_{30}^2}{d_{10} \times d_{60}} \tag{1-2}$$

式中，d_{10}、d_{30} 和 d_{60} 为土的特征粒径（mm），在土的粒径分布曲线上，表示小于该粒径的土粒质量分别为总土质量的 10%、30%、60% 所对应的粒径。

细粒土应根据塑性图分类，如图 1-5 所示。土的塑性图以液限（ω_L）为横坐标、塑性指数（I_p）为纵坐标构成。

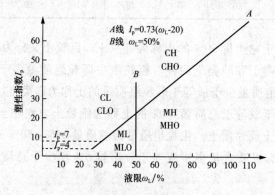

图 1-5 塑性图

土中有机质包括未完全分解的动植物残骸和完全分解的无定形物质。后者多呈黑色、青黑色或暗色；有臭味；有弹性和海绵感。以目测、手摸及嗅感判别。当不能判定时，可采用下列方法：将试样在105 ℃~110 ℃的烘箱中烘烤。若烘烤24 h后试样的液限小于烘烤前的四分之三，则该试样为有机质土。当需要测有机质含量时，按有机质含量试验（T0151）进行。

粗粒土的性质主要取决于土颗粒的粒径分布和特征，而细粒土的性质却主要取决于土粒和水相互作用的状态，即土的塑性。土中有机质对土的工程性质也有影响。土颗粒的分布特征可用筛分法确定，土的塑性指标易于借常规试验测定。这些特征和指标也可用在现场凭目测和触感的经验方法估计。

1.5.2 公路用土的工程性质

各类公路用土具有不同的工程性质，在选择路基填筑材料，以及修筑稳定土路面结构层时，应根据不同的土类分别采取不同的工程技术措施。

1. 巨粒土

巨粒土有很高的强度及稳定性，是填筑路基的良好材料。对于漂石土，在砌筑边坡时，应正确选用边坡坡度值，以保证路基稳定。对于卵石土，填筑时应保证足够的密实度。

2. 粗粒土

试样中巨粒组土粒质量小于或等于总质量15%，且巨粒组土粒与粗粒组土粒质量之和大于总土质量50%的土称粗粒土。粗粒土中砾粒组质量大于砂粒组质量的土称砾类土。砾类土由于粒径较大，内摩擦力也大，因而强度和稳定性均能满足要求。级配良好的砾类土混合料，密实度好。对于级配不良的砾类土混合料，填筑时应保证密实度，防止由于空隙大而造成路基积水、不均匀沉陷或表面松散等病害。

粗粒土中砾粒组质量小于或等于砂粒组质量的土称砂类土。砂类土又可分为砂、含细粒土砂（或称砂土）和细粒土质砂（或称砂性土）三种。砂和砂土无塑性，透水性强，毛细水上升高度很小，具有较大的摩擦系数，强度和水稳定性均较好。但由于其黏性小，易松散，压实困难，需要振动法或灌水法才能压实。为克服这一缺点，可添加一些黏质土，以改善其使用质量。砂性土既含有一定数量的粗颗粒，使路基具有足够的强度和水稳定性，又含有一定数量的细粒土，使其具有一定的黏性，不致过分松散。一般遇水干得快，不膨胀，干时有足够黏结性，扬尘少，容易被压实。因此，砂性土是修筑路基的良好材料。

3. 细粒土

粉质土为最差的筑路材料。它含有较多的粉土粒，稍有黏性，扬尘性大，浸水时很快被湿透，易成稀泥。粉质土的毛细作用强烈，上升高度大，毛细水上升高度一般可达0.9~1.5 m，在季节性冰冻地区，水分积聚现象严重，造成严重的冬季冻胀，春融期间出现翻浆，故又称翻浆土。如遇粉质土，特别是在水文条件不良时，应采取一定的措施，改善其工程性质。

黏质土透水性很差，黏聚力大，因而干时坚硬，不易挖掘。它具有较大的可塑性、黏结性和膨胀性，毛细管现象也很显著，用来填筑路基比粉质土好，但不如砂性土。浸水后黏质土能较长时间保持水分，因而承载能力小。对于黏质土，如在适当的含水率时加以充分压实并有良好的排水设施，筑成的路基也能获得稳定。

有机质土（如泥炭、腐殖土等）不宜作路基填料，如遇有机质土均应在设计和施工上采取适当的措施。

4. 特殊土

黄土属大孔和多孔结构，具有湿陷性；膨胀土受水浸湿发生膨胀，失水则收缩；红黏土失水后体积收缩量较大；盐渍土潮湿时承载力很低。因此，特殊土也不宜作路基填料。

《公路路基设计规范》（JTG D30—2015）中对路基填料有如下规定：

（1）路堤宜选用级配较好的砾类土、砂类土等粗粒土作为填料，填料最大粒径应小于150 mm。

（2）泥炭、淤泥、冻土、强膨胀土、有机质土及易溶盐超过允许含量的土等，不得直接用于填筑路堤，季节冻土地区路床及浸水部分的路堤不应直接采用粉质土填筑。

1.6 路基平衡湿度

1.6.1 路基平衡湿度及干湿类型

路基的强度与稳定性同路基的干湿状态有密切关系，并在很大程度上影响路面结构设计，路基的干湿状态可用路基平衡湿度表征。路基平衡湿度是指公路建成通车后，在地下水、降雨、蒸发、冻结和融化等因素作用下，湿度达到相对稳定的平衡状态，此时的湿度称为平衡湿度，可用饱和度表示。

依据路基的湿度来源，可将路基的平衡湿度状态分为干燥、中湿和潮湿三类。干燥类路基，地下水水位很低，路基工作区处于地下水毛细湿润面之上，路基平衡湿度由气候因素所控制；湿润类路基，地下水或地表积水水位高，路基工作区全部处于地下水毛细润湿的影响之下，路基平衡湿度由地下水或地表积水的水位升降所控制；中湿类路基，其湿度兼受地下水和气候影响，路基工作区被地下水毛细润湿面分为上、下两个部分，下部受地下水毛细润湿的影响，上部则受气候因素的影响，如图1-6所示。

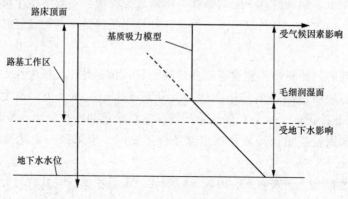

图1-6 中湿类路基的湿度状况

大量研究表明，过去采用的平均含水率及平均稠度指标均不能完全反映路基土的工作状态。通常情况下，土体体积随湿度变化而变化，这样即使质量含水率不变，体积含水率及饱和度都会发生变化。因而在表征土体湿度时，必须考虑土体密度和质量含水率两个因素，而饱和度和体积含水率均包含了质量含水率和密度两个参数，所以可以选择饱和度或体积含水率来表征土体的湿度状况。路基土的饱和度按式（1-3）确定：

$$S_r = \frac{w_v}{1-\frac{\gamma_s}{G_s\gamma_w}} \text{ 或 } S_r = \frac{w}{\frac{\gamma_w}{\gamma_s}-\frac{1}{G_s}} \tag{1-3}$$

式中　S_r——饱和度（%）；

　　　w_v——体积含水率（%）；

　　　w——质量含水率（%）；

　　　γ_s，γ_w——土的干密度和水的密度（kg/m³）；

　　　G_s——土的相对密度。

路基土在平衡湿度状态下长期处于非饱和状态，其湿度主要由土的基质吸力所决定。土的基质吸力定义为土中孔隙气压力与孔隙水压力之差，其表达式为

$$h_m = u_a - u_w \tag{1-4}$$

式中　h_m——基质吸力（kPa）；

　　　u_a——孔隙气压力（kPa）；

　　　u_w——孔隙水压力（kPa）。

获得土的基质吸力后，即可通过土-水特征曲线（饱和度或含水率—基质吸力关系曲线）（参见土力学相关教材）预估路基的干湿状况（饱和度）。

1.6.2 路基平衡湿度的预估方法

只要知道路基土的基质吸力，就可通过土-水特征曲线预估路基湿度状况（饱和度）。受地下水控制的，采用地下水水位模型预估路基基质吸力；受气候因素控制的，采用湿度指数 TMI 模型预估路基基质吸力，即

$$\text{TMI}_y = \frac{100R_y - 60DF_y}{PE_y} \tag{1-5}$$

式中　R_y——y 年的水径流量（cm）；

　　　DF_y——y 年的缺水量（cm）；

　　　PE_y——y 年的潜在蒸发量（cm）。

不同自然区划的 TMI 值是由全国 400 多个气象观测站的气象资料计算、统计和归并后分别得到的。考虑到理论计算相对复杂，《公路路基设计规范》（JTG D30—2015）给出了查表法，不同自然区划的 TMI 值见表 1-6。

（1）干燥类路基的平衡湿度可根据路基所在自然区划的湿度指数 TMI 和路基土组类别确定。根据表 1-6 查取该地区相应的 TMI 值，再由表 1-7 查得路基土的类别，即可获得该地区路基的饱和度。

（2）潮湿类路基的平衡湿度可根据路基土组类别及地下水水位高度按表1-8确定距地下水位不同高度处的饱和度。

（3）中湿类路基的平衡湿度如图1-6所示，地下水毛细润湿面以上的路基工作区上部，按路基土类别和TMI值确定其平衡湿度，地下水毛细润湿面以下的路基工作区下部，按路基土组类别和距地下水位的距离确定其平衡湿度。最后再以厚度加权平均计算路基平衡湿度。

表1-6 不同自然区划的TMI值

区划	亚区		TMI范围	区划	亚区	TMI范围
Ⅰ	$Ⅰ_1$		-5.0~-8.1	Ⅳ	$Ⅳ_{6a}$	41.2~97.4
	$Ⅰ_2$		0.5~-9.7		$Ⅳ_7$	16.0~69.3
Ⅱ	$Ⅱ_1$	黑龙江	-0.1~-8.1		$Ⅳ_{7b}$	-5.4~-23.0
		吉林、辽宁	8.7~35.1		$Ⅴ_1$	-25.1~6.9
	$Ⅱ_{1a}$		-3.6~-10.8		$Ⅴ_2$	0.9~30.1
	$Ⅱ_2$		-7.2~-12.1		$Ⅴ_{2a}$	39.6~43.7
	$Ⅱ_{2a}$		-1.2~-10.6	Ⅴ	$Ⅴ_3$	12.0~88.3
	$Ⅱ_3$		-9.3~-26.9		$Ⅴ_{3a}$	-7.6~47.2
	$Ⅱ_4$		-10.7~-22.6		$Ⅴ_4$	-2.6~50.9
	$Ⅱ_{4a}$		-15.5~17.3		$Ⅴ_5$	39.8~100.6
	$Ⅱ_{4b}$		-7.9~9.9		$Ⅴ_{5a}$	24.4~39.2
	$Ⅱ_5$		-1.7~-15.6		—	—
	$Ⅱ_{5a}$		-1.0~-15.6		$Ⅵ_1$	-15.3~-46.3
Ⅲ	$Ⅲ_1$		-21.2~-25.7		$Ⅵ_{1a}$	-40.5~-47.2
	$Ⅲ_{1a}$		-12.6~-29.1		$Ⅵ_2$	-39.5~-59.2
	$Ⅲ_2$		-9.7~-17.5	Ⅵ	$Ⅵ_3$	-41.6
	$Ⅲ_{2a}$		-19.6		$Ⅵ_4$	-19.3~-57.2
	$Ⅲ_3$		-19.1~-26.1		$Ⅵ_{4a}$	-34.5~-37.1
	$Ⅲ_4$		-10.8~-24.1		$Ⅵ_{4b}$	-2.6~-37.2
Ⅳ	$Ⅳ_1$		21.8~25.1		$Ⅶ_1$	-3.1~-56.3
	$Ⅳ_{1a}$		23.2		$Ⅶ_2$	-49.4~-58.1
	$Ⅳ_2$		-6.0~34.8		$Ⅶ_3$	-22.5~82.8
	$Ⅳ_3$		34.3~40.4	Ⅶ	$Ⅶ_4$	-5.1~-5.7
	$Ⅳ_4$		32.0~67.9		$Ⅶ_5$	-20.3~91.4
	$Ⅳ_5$		45.2~89.3		$Ⅶ_{6a}$	-10.6~-25.8
	$Ⅳ_6$		27.0~64.7		—	—

表1-7 各路基土在不同TMI值时的饱和度   %

土组	TMI					
	-50	-30	-10	10	30	50
砂（S）	20~50	25~55	27~60	30~65	32~67	35~70

续表

土组	TMI					
	−50	−30	−10	10	30	50
粉土质砂（SM）	45~48	62~68	73~80	80~86	84~89	87~90
黏土质砂（SC）						
低液限粉土（ML）	41~46	59~64	75~77	84~86	91~92	92~93
低液限黏土（CL）	39~41	57~64	75~76	86	91	92~94
高液限粉土（MH）	41~42	61~62	76~79	85~88	90~92	92~95
高液限黏土（CH）	39~51	58~69	85~74	86~92	91~95	94~97

注：1. 砂的饱和度取值与 D_{60} 相关，D_{60} 大时（接近 2 mm）取低值，D_{60} 小时（接近 0.25 mm）取高值。

2. 粉土质砂、黏土质砂或细粒土的饱和度取值与细粒土含量和塑性指数相关，细粒土含量高、塑性指数大时取低值，反之取高值。

表 1-8　各路基土组距地下水不同高度处的饱和度　　　　　　　　　　　　%

土组	计算点距离地下水或地表长期积水水位的距离/m						
	0.3	1.0	1.5	2.0	2.5	3.0	4.0
粉土质砾（GM）	69~84	55~69	50~65	49~62	45~59	43~57	—
黏土质砾（GC）	79~96	64~83	60~79	56~75	54~73	52~71	—
砂（S）	80~95	50~70	—	—	—	—	—
粉土质砂（SM）	79~93	64~77	60~92	56~68	54~66	52~64	—
黏土质砂（SC）	90~99	77~87	72~83	68~80	66~78	64~76	—
低液限粉土（ML）	94~100	80~90	76~86	73~83	71~81	69~80	—
低液限黏土（CL）	93~100	80~93	76~90	73~88	70~86	68~85	66~83
高液限粉土（MH）	100	90~95	86~90	83~90	81~89	80~87	—
高液限黏土（CH）	100	93~97	90~93	88~91	86~90	85~89	83~87

注：1. 对于砂（级配好的砂 SW、级配差的砂 SP），D_{60} 大时，平衡湿度取低值，D_{60} 小时，平衡湿度取高值。

2. 对于其他含细粒的土组，通过 0.075 mm 筛的颗粒含量大和塑性指数高时，取低值，反之取高值。

思考与习题

1. 路基路面的工程特点主要包括哪几个方面？
2. 路基路面的性能要求包括哪几个方面？
3. 路基路面结构一般包括哪些层次？
4. 我国公路自然区划的原则是什么？各自然区划的道路设计应注意的特点有哪些？
5. 我国公路用土如何进行类型划分？土的粒组如何区分？
6. 不同路基土有何工程特点？
7. 简述路基湿度状态的确定方法。

第 2 章 路基设计

★ 主要内容

本章主要介绍路基土的强度指标、路基的受力与强度、路基横断面设计、路基常见病害、路基边坡稳定性分析、路基填料与路基最小填土高度。

★ 学习目标

（1）了解路基结构和路基设施的概念，以及路基设计的内容。
（2）熟悉路基的力学特性、路基常见病害及路基边坡稳定性分析方法。
（3）掌握路基土体强度指标、路基工作区、路床设计、路基横断面设计、路基填料与路基压实、路基最小填土高度。

2.1 路基土的强度指标

在车轮荷载作用下，路基路面结构的强度与刚度大小除与路面材料自身品质相关外，路基的支撑起着决定性作用。它抵抗车轮荷载的大小，主要取决于路基顶面在一定应力级位下的抵抗变形能力。因此，用路基土抗变形能力的参数表征其强度指标，主要是回弹模量和加州承载比（CBR）等。

2.1.1 路基回弹模量

路基回弹模量能较好地反映路基所具有的部分弹性性质，所以，在以弹性半空间体地基模型表征路基的受力特性时，可用回弹模量表示路基在瞬时荷载作用下的可恢复变形性质。

我国公路水泥混凝土路面、沥青路面设计方法中，都以回弹模量作为路基的刚度指标。为模拟车轮印迹的作用，常用圆形承载板加载－卸载法测定路基回弹模量。用于测定路基回弹模量的承载板可分为柔性与刚性两种。

（1）用柔性承载板测定路基回弹模量时，路基与承载板之间的接触压力为常量，如图 2-1（a）所示。即

$$p_r = \frac{P}{\pi r^2} \tag{2-1}$$

式中 p_r——接触压力（MPa）；

P——总压力（MN）；

r——计算点离承载板中心的距离。

承载板的挠度 l_r 与坐标 r 有关，在承压板中心处（$r=0$），即

$$l_{r=0} = \frac{2pa(1-\mu_0^2)}{E_0} \tag{2-2}$$

式中 p——单位压力（MPa）；

a——承载板半径（m）；

μ_0——泊松比；

E_0——路基回弹模量（MPa）。

在柔性承压板边缘处（$r=a$），其挠度可以按下式计算：

$$l_{r=a} = \frac{4pa(1-\mu_0^2)}{\pi E_0} \tag{2-3}$$

因此，当测得承载板中心或边缘处的挠度之后，假如路基土的泊松比 μ_0 为已知值，即可通过上式反算得到路基回弹模量 E_0 值。

（2）用刚性承载板测定路基回弹模量时承载板下路基顶面的挠度为等值，不随坐标 r 而变化。但是板底接触压力则随 r 值而变化，呈鞍形分布，如图2-1（b）所示，其挠度 l 值和接触压力 p_r 值可分别按下式进行计算。

$$l = \frac{2pa(1-\mu_0^2)}{E_0} \cdot \frac{\pi}{4} \tag{2-4}$$

$$p_r = \frac{1}{2} \cdot \frac{pa}{\sqrt{a^2-r^2}} \tag{2-5}$$

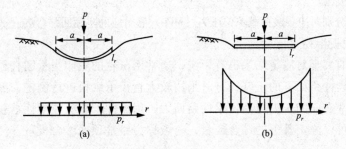

图2-1 路基在圆形承载板下的压力与挠度分布曲线

测得刚性承载板的挠度之后，即可反算路基回弹模量值 E_0。在实际测定中，刚性承载板用得较多，因为它的挠度较易量测，压力较易控制。承载板直径通常采用标准车辆轮印当量圆直径，同时由于路基土在内部应力作用下表现出的变形，从微观的角度看，是土颗粒之间的相对移动。当相对移动的距离超出一定限度时，即使将应力解除，土颗粒也已不再能恢

复原位;从宏观角度看,路基土将产生不可恢复的残余变形。因此,路基土的应力-应变关系除出现非线性特性外,还表现出弹塑性性质。

现场选取承压板在测定回弹模量时采用加载-卸载法,每级增加 0.05 MPa,待卸载稳定 1 min 后读取回弹弯沉值,再加下一级荷载。当回弹沉降值超过 1 mm 时,则停止加载,试验结束。如此即可绘出荷载-总弯沉和回弹弯沉曲线,发现在多数试验情况下,试验曲线皆呈非线性状态。如图 2-2 所示。

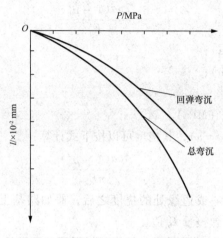

图 2-2 荷载-总弯沉和回弹弯沉曲线

在现场确定回弹模量时,可根据实际出现的最大压应力级位,或可能出现的最大弯沉范围,在曲线上选取合适的量值按下式进行计算。

$$E_0 = \frac{\pi a}{2}(1 - \mu_0^2) \cdot \frac{\sum p_i}{\sum l_i} \tag{2-6}$$

式中 E_0——路基回弹模量(MPa);
μ_0——泊松比;
p_i, l_i——分别对应各级荷载单位压力(MPa)和对应的实际回弹弯沉(mm)($l_i \leq 1$ mm);
a——承载板半径(m)。

承载板直径的大小对测定结果也有影响,通常用车轮的轮印当量圆直径作为承载板的直径。但是,对于刚性路面下的土基,有时采用较大直径承载板进行测定,因为荷载通过刚性路面板施加于地基表面的压力范围比柔性路面大。用刚性承载板或柔性承载板在路基顶面或路面结构层顶面可以测定其下的综合模量,一般称为路基顶面综合模量。

2.1.2 加州承载比

加州承载比是早年提出的一种评定路基及路面材料抗变形能力的指标。抗变形能力以材料抵抗局部荷载压入的能力表征,并以高质量标准碎石为标准,以它们的相对比值表示 CBR 值。

试验用一个端部面积为 19.35 cm² 的标准压头,以 0.127 cm/min 的速度压入土中。记录每贯入 0.254 cm 时的单位压力,直至压入深度达到 1.27 cm 时为止。标准压力值是用高质量标准碎石由试验求得,其值见表 2-1。

表 2-1　不同贯入值时的标准压力

贯入值/cm	0.254	0.508	0.762	1.016	1.270
标准压力 p_a/MPa	7 030	10 550	13 360	16 170	18 230

则 CBR 值按照下式计算：

$$\text{CBR} = \frac{p}{p_a} \times 100\% \tag{2-7}$$

式中　p——对应于某一贯入深度的荷载单位压力（kPa）；

　　　p_a——相应贯入深度的标准压力（按表 2-1 选用）。

计算 CBR 值时，取贯入深度为 0.254 cm，但是，此时贯入深度为 0.254 cm 时的 CBR 值小于贯入深度为 0.508 cm 时的 CBR 值时，应以后者为准。CBR 试验设备有室内试验与室外试验两种。

室内试验试件按路基施工时的含水率及压实度要求在试筒内制备，并于加载前浸泡在水中，饱水 4 d。为了模拟路面结构对路基的附加压力，在浸水过程中和压入试验时，试件顶面施加环形砝码，其重力应根据预计的路面结构重力来确定。

CBR 野外试验方法基本上与室内试验相同，但其压入试验直接在路基顶面进行。且有时野外试验数据结果与室内试验结果不完全相同，这主要是由于土的含水率不一样，室内试验时，试件处于饱水状态；野外试验时，路基处于施工时的湿度状态。所以，对野外试验结果必须加以修正，换算成饱水状态的 CBR 值。表 2-2 给出常用路基土的 CBR 值。

表 2-2　常用路基土的 CBR 值

土类	CBR/%
级配良好的砾石，砾石-砂混合料	60~80
级配差的砾石，砾石-砂混合料	35~60
均匀颗粒的砾石和砂质砾石；粉质砾石，砾石-砂-粉土混合料	40~80
黏土质砾石，砾石-砂-黏土混合料；级配良好的砂，砾石质砂；粉质砂，砂-粉土混合料	20~40
级配差的砂或砾石质砂	15~25
黏土质砂，石砂-黏土混合料	10~20
粉土，砂质粉土，砾石质粉土；贫黏土，砂质黏土，砾石质黏土，粉质黏土	5~15
无机质粉土，贫有机质黏土，云母质黏土或硅藻土	4~8
有机质黏土，肥黏土，有机质粉土	3~5

2.2　路基的受力与强度

2.2.1　路基受力状况

路基承受着路基自重和汽车轮重两种荷载，车轮荷载作用形式在路基上呈圆形均布垂直荷载，在两种荷载共同作用之下，路基作为弹性均质半空间体，在一定深度范围内，路基土体处于受力状态。正确的设计应使路基所受的力在路基弹性限度范围内，当车辆驶过后，路基能恢复原状，以保证路基相对稳定，路面不致引起破坏，则路基内任一点处的垂直应力包括由车轮荷载引起的 σ_Z 和由土基自重引起的 σ_B 共同作用。土基中的应力分布如图 2-3 所示。

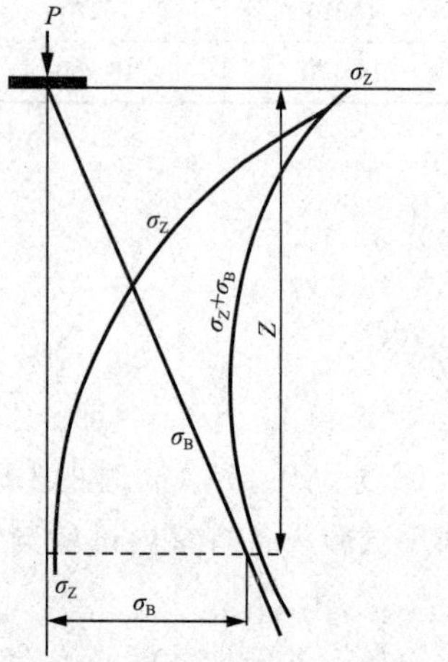

（1）车轮荷载引起的垂直应力 σ_Z 可用近似公式（2-8）计算。

$$\sigma_Z = K \frac{P}{Z^2} \quad (2\text{-}8)$$

式中　P——一侧车轮荷载（kN）；
　　　K——系数，一般取 $K = 0.5$；
　　　Z——垂直集中荷载下应力作用点深度（m）。

（2）路基自重引起的垂直压应力 σ_B，按下式计算。

$$\sigma_B = \gamma Z \quad (2\text{-}9)$$

式中　γ——土的重度（kN/m³）；
　　　Z——应力作用点深度（m）。

图 2-3　土基中应力分布图

2.2.2　路基工作区

在路基某一深度 Z_a 处，当车轮荷载引起的垂直应力 σ_Z 与路基土体自重引起的垂直应力 σ_B 相比所占比例很小，仅为 1/10 时，该深度 Z_a 范围内的路基称为路基工作区。在工作区范围内的路基，对支承路面结构和车轮荷载影响较大，在工作区范围以外的路基，影响逐渐减少。

$$Z_a = \sqrt[3]{\frac{KnP}{\gamma}} \quad (2\text{-}10)$$

式中　Z_a——路基工作区的深度（m）；
　　　K——系数，取 $K = 0.5$；
　　　n——系数，取 $n = 10$；
　　　P——一侧轮重荷载（kN）；
　　　γ——土的重度（kN/m³）。

可知 σ_Z 上大下小，工作区上部要求要高，路基工作区内，土基的强度和稳定性对保证路面结构的强度和稳定性极为重要，对工作区深度范围内的土质选择和路基的压实度应提出较高的要求。

由于路基路面不是均质体，路面的刚度和重度较路基大，路基工作区的实际深度随路面刚度和厚度的增加而减小。因此，如果采用应力简化公式（2-8）计算，需要将路面折算为与路基同一性质的整体，得到沥青路面的当量厚度 h_e，h_e 用下式计算。

$$h_e = \sum h_i \sqrt[2.5]{\frac{E_i}{E_0}} \quad (2\text{-}11)$$

式中　h_i——沥青路面结构层的厚度（cm）；
　　　E_i——沥青路面结构层模量（MPa）；
　　　E_0——路基顶面的综合模量（MPa）。

随着轮重荷载的增加，路基工作区高度增加；路面刚度越大，路基工作区高度越小。当

$Z_a > H$（填土高度）时，即工作区深度大于路基填土高度时，工作区高度涉及天然地基，须对地基相关土层进行处理并充分压实。

除上述荷载形式和大小对路基设计关联性较大，路基工作区还需考虑环境因素影响。由于路基结构直接暴露在大气之中，温度和湿度的变化对其影响显著。

2.2.3 路基的应力-应变特性

路基是路面结构的支承体，轮载通过路面结构将力传递给路基，所以，路基土体的应力-应变特性对路面整体结构强度和刚度产生很大的影响，因此，路基变形过大也是导致路面结构破坏的重要原因之一。

理想的线弹性体在一定的应力范围内，应力与应变的关系呈线形特性，而且当应力消失时，应变随之消失，恢复到初始状态。但实际试验曲线如图2-4（a）所示，土体的应力-应变曲线表明路基土的回弹模量并不是常数。原因在于路基土的内部结构十分复杂，由固相、液相、气相组成，所以，路基土在应力作用下呈现的变形特性同理想的线性弹性体有很大的区别。

由此引入压入承载板试验，此试验是研究土基应力-应变特性最常用的一种方法。这种方法以一定尺寸的圆形刚性承载板布置于路基顶面之上，逐级加荷卸荷，记录施加于承载板上的荷载及由该荷载所引起的沉降变形。根据试验结果，可绘出路基顶面压应力与回弹变形的关系曲线。如图2-4（b）所示为典型的路基顶面应力与回弹变形的关系曲线。

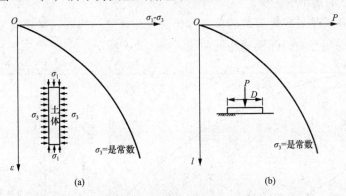

图2-4 土的应力应变（回弹变形）关系曲线

基于路基土的变形包括弹性变形和塑性变形两部分，过大的塑性变形将导致各种沥青路面产生车辙和纵向不平整；对于水泥混凝土路面，路基土的塑性变形将引起板块断裂。弹性变形过大将使得沥青面层和水泥混凝土面板产生疲劳开裂。

路基土体在车轮荷载作用下产生的应变，不仅与荷载应力大小有关，而且与荷载作用的持续时间有关，这是由于土颗粒之间力的传递和土粒与土粒之间的相对移动都需要一定的时间。通常在施加荷载的初期，变形量随荷载持续时间的延长而增大，后期逐渐趋向稳定，称为土的流变特性。

汽车在道路行驶中，车轮对路基土的作用时间很短，在一瞬间，产生的塑性应变比静荷载长期作用下的塑性应变要小得多。加之试验结构也表明回弹应变与荷载的持续时间的关系不大，路基的流变特性主要同塑性应变有关，所以一般情况下，行驶中的车辆对路基土的流变影响可以不予考虑。

若路基土承受着车轮荷载的多次反复作用，每一次荷载作用后，回弹变形及时消失，而塑性变形则不能消失，残留在路基土中。随着作用次数增加，塑性变形不断积累，总变形量逐渐增大。最终会导致两种不同的情况：一种情况是土层逐渐压密，土颗粒之间进一步靠拢，每一次加载产生的塑性变形量越来越小，直至稳定，停止增长，这种情况不致形成路基土的整体性剪切破坏；另一种情况是荷载的重复作用造成了土体的破坏，每一次加载作用在土体中均产生了逐步发展的剪切变形，形成能引起土体整体破坏的剪裂面，最终达到破坏。

路基土在重复荷载作用下产生塑性应变的积累，最终将导致何种状况主要取决于以下几个因素：土的性质（类型）和状态（含水率、密实度、结构状态）；重复荷载作用下，重复荷载与一次静载下达到的极限强度之比，即相对荷载；荷载作用的性质，即重复荷载的施加速度、每次作用的持续时间及重复作用的频率。

在重复应力低于临界值的范围，总应变（ε）的累积规律在半对数（或对数）坐标上一般呈线性关系，可表示为

$$\varepsilon = a + b\lg N \tag{2-12}$$

式中　　a——应力一次作用下的初始应变；

b——应变增长回归系数；

N——应力重复作用次数。

正是因为路基承受着车轮荷载的重复作用，为验证这一特点，采用重复加载的压入承载板试验也可确定说明土的回弹模量特征曲线，如图2-5所示。

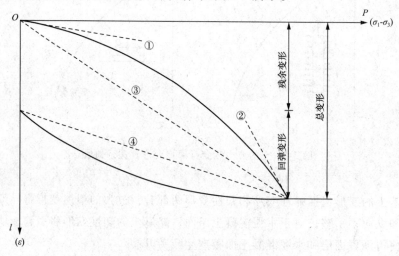

图 2-5　承载板加载 - 卸载关系曲线

①表示初始切线模量，指应力值为零时的应力 - 应变曲线斜率；
②表示切线模量，指某一应力级处应力 - 应变曲线斜率，反映该应力处应力 - 应变变化关系；
③表示割线模量，指某一应力值对应的曲线上的点同起始点相连的割线斜率，反映土基在工作应力范围内的应力 - 应变平均状态；
④表示回弹模量，指应力卸载阶段，应力 - 应变曲线的割线模量。

前三种模量的应变值包含残余应变和回弹应变,而回弹模量仅包含回弹应变,反映了土体弹性性质。

2.2.4 路基强度

路床指路面结构层 0.8 m 或者 1.2 m 范围内的路基部分,分为上路床和下路床两层。上路床厚度为 0.3 m,下路床厚度在轻、中等、重交通公路为 0.5 m,特重、极重交通公路为 0.9 m。对于特种荷载的公路,应单独计算路基工作区的深度,具体确定路床厚度。路床顶面的强度就代表了路基顶面的强度,路基是以路床顶面回弹模量作为设计指标,以路床顶面竖向压应变为验算指标的。因此,应综合考虑交通荷载和环境因素的影响,合理确定路床设计参数,保证路基结构具有足够的抗变形能力、整体稳定性和耐久性。

用于公路路床的填料要求挖取方便,路床填料应均匀、强度高、水稳定性好。其中,强度要求按 CBR 值确定,见表 2-3。

表 2-3 路床填料最小承载比要求

路基部位		路面底面以下深度/m	填料最小承载比(CBR)/%		
			高速公路、一级公路	二级公路	三、四级公路
上路床		0~0.3	8	6	5
下路床	轻、中等及重交通	0.3~0.8	5	4	3
	特重、极重交通	0.3~1.2	5	4	—

若年平均降水量小于 400 mm 的地区,路基排水良好的非浸水路基,通过试验验证可采用平衡湿度状态的含水量作为 CBR 的试验条件,并结合当地气候条件和汽车荷载等级,确定路基填料 CBR 的控制标准。路床设计还需通过取土试验确定填料最小强度和最大粒径。路床填料最大粒径应小于 100 mm,压实容易,路床分层铺筑,碾压密实。其路床压实度均应符合规定,见表 2-4。

表 2-4 路床压实度要求

路基部位		路面底面以下深度/m	路床压实度/%		
			高速公路、一级公路	二级公路	三、四级公路
上路床		0~0.3	≥96	≥95	≥94
下路床	轻、中等及重交通	0.3~0.8	≥96	≥95	≥94
	特重、极重交通	0.3~1.2	≥96	≥95	—

当三、四级公路铺筑沥青混凝土和水泥混凝土路面时,其压实度应采用二级公路的压实度标准。不仅如此,路基应以路床顶面回弹模量作为设计指标,以路床顶面竖向压应变为验算指标,并要符合以下要求:

(1) 路基在平衡湿度状态下,路床顶面的回弹模量不应低于现行规范相关规定。
(2) 沥青路面路床顶面竖向压应变的计算值应满足沥青路面永久变形的控制要求。
(3) 水泥混凝土路面路床顶面竖向压应变可不作控制。

新建公路路基回弹模量设计值 E_0 的计算确定和满足条件如下:

$$E_0 = K_s K_\eta M_R \tag{2-13}$$

$$E_0 \geq [E_0] \tag{2-14}$$

式中 E_0——平衡湿度状态下路基回弹模量设计值（MPa）；

$[E_0]$——路面结构设计的路基回弹模量要求值（MPa）；

M_R——标准状态下路基动态回弹模量值（MPa）；

K_s——路基回弹模量湿度调整系数，为平衡湿度（含水率）状态下的回弹模量与标准状态下的回弹模量之比；

K_η——干湿循环或冻融循环条件下路基土模量折减系数，通过试验确定。初步设计时，非冰冻地区可根据土质类型、失水率确定，季节冻土区可根据冻结温度、含水率确定，折减系数可取 0.7 ~ 0.95。非冰冻区粉质土、黏质土，失水率大于 30%，取小值，反之取较大值；粗粒土取大值。季节冻土地区粉质土、黏质土冻结温度低于 -15 ℃，冻前含水率高，取小值，反之取较大值；粗粒土取大值。

其中，标准状态下的路基回弹模量可按照以下方法确定：

1）路基填料的回弹模量可根据动三轴试验仪在规定的加载条件下测定路基土与粒料的动态回弹模量。现场取土应采用薄壁试管取样，对于最大粒径大于 19 mm 的路基土与粒料，应筛除大于 26.5 mm 的颗粒，采用振动或冲击压实成型，试件尺寸应符合直径 150 mm ± 2 mm、高 300 mm ± 2 mm 的要求。对于最大粒径不超过 9.5 mm，且 0.075 mm 号筛通过百分率小于 10% 的路基土，应采用振动压实成型；最大粒径不超过 9.5 mm，且 0.075 mm 号筛通过百分率不小于 10% 的路基土，应采用冲击或静压压实成型，试件尺寸都应符合直径 100 mm ± 2 mm、高 200 mm ± 2 mm 的要求。室内压实成型试件含水率应符合目标含水率值 + 0.5%，压实密度应符合目标压实密度值 + 1.0%，并在试件上套装橡皮膜，确保密封不透气。

首先对试件施加 30 kPa 预载围压，并对试件施加至少 1 000 次。最大轴向应力为 66 kPa 的半正矢脉冲荷载，要求试件总的垂直永久应变小于 5%。然后调整围压和半正矢脉冲荷载至目标设定值，以 10 Hz 的频率重复加载 100 次。试验采集最后 5 个波形的荷载及变形曲线，记录并计算试验施加荷载、试件轴向可恢复变形、动态回弹模量。加载过程中，若试件总的垂直永久应变超过 5%，应停止试验并记录结果。

①应力幅值计算确定：

$$\sigma_0 = \frac{P_i}{A} \tag{2-15}$$

式中 σ_0——轴向应力幅值（MPa）；

P_i——最后 5 次加载循环中轴向试验荷载平均幅值（N）；

A——试件径向横截面面积，可取试件上下端面面积平均值（mm²）。

②应变幅值计算确定：

$$\varepsilon_0 = \frac{\Delta_i}{l_0} \tag{2-16}$$

式中 ε_0——可恢复轴向应变幅值（mm/mm）；

Δ_i——最后 5 次加载循环中可恢复轴向变形平均幅值（mm）；

l_0——位移传感器的测量间距面积平均值（mm）。

③动态回弹模量计算：

$$M_R = \frac{\sigma_0}{\varepsilon_0} \tag{2-17}$$

2）若无试验条件，可通过查询标准状态下路基土和粒料的回弹模量参考范围给出参考值，考虑土体类别和粒料类型最终给出回弹模量具体值。

3）初步设计阶段，也可按式（2-18）和式（2-19）由填料的 CBR 值估算标准状态下的填料回弹模量值。

$$M_R = 17.6\,\text{CBR}^{0.64} \quad (2 < \text{CBR} \leq 12) \tag{2-18}$$

$$M_R = 22.1\,\text{CBR}^{0.55} \quad (12 < \text{CBR} \leq 80) \tag{2-19}$$

新建公路路床应处于干燥或中湿状态，路基设计可根据路基相对的高度、路基土组类别及其毛细水上升高度，确定路基干湿类型，预估路基结构的平衡湿度状态，确定回弹模量湿度调整系数。或按照设计规范要求给出潮湿类路基的回弹模量湿度调整系数（表2-5）和干燥类路基的回弹模量湿度调整系数（表2-6）。而中湿类路基的回弹模量系数可按照路基工作区内两类湿土来源的上部和下部分别确定其湿度调整系数，并以路基工作区上、下部的厚度加权计算路基总的回弹模量湿度调整系数。

表 2-5　潮湿类路基的回弹模量湿度调整系数

土质类别	砂	细粒土质砂	粉质土	黏质土
路基工作区顶面	0.8~0.9	0.5~0.6	0.5~0.7	0.6~1.0
路基工作区底面	0.5~0.6	0.4~0.5	0.4~0.6	0.5~0.9

表 2-6　干燥类路基的回弹模量湿度调整系数

土组	路基所在自然区划的湿度指标 TMI					
	-50	-30	-10	10	30	50
砂（S）	1.30~1.84	1.14~1.80	1.02~1.77	0.93~1.73	0.86~1.69	0.80~1.64
粉土质砂（SM）	1.59~1.65	1.10~1.26	0.83~0.97	0.73~0.83	0.70~0.76	0.70~0.76
黏土质砂（SC）						
低液限粉土（ML）	1.35~1.55	1.01~1.23	0.76~0.96	0.58~0.77	0.51~0.65	0.42~0.62
低液限黏土（CL）	1.22~1.71	0.73~1.52	1.57~1.24	0.51~1.02	0.49~0.88	0.48~0.81

当路基湿度状态、路基填料 CBR、路床回弹模量和竖向压应变等不能满足设计要求时，应根据气候、土质、地下水赋存和料源等条件，经技术经济比选后，对路床采取下列处理措施：

（1）可采用粗粒土或低剂量无机结合料稳定土等进行换填，并合理确定换填深度。

（2）对细粒土可用砂、砾石、碎石等进行处治，或采用无机结合料进行稳定处治。细粒土处治设计应通过物理力学试验，确定处治材料及其掺量、处治后的路基性能排标等。

（3）水文地质条件不良的土质挖方路基或者潮湿状态填方路基，应采取设置排水垫层、毛细水隔离层、地下排水渗沟等措施。

（4）季节冻土地区各级公路的中湿、潮湿路段，应结合路面结构进行路基结构的防冻验算。必要时应设置防冻垫层或保温层。

2.3 路基横断面设计

路基是按照路线位置和一定技术要求修筑的带状构造物，其主要承受由路面传来的行车荷载和路基与路面结构的自重并将其扩散至地基，是路面的基础，是公路的承重主体。路基由路基结构和路基设施组成。路基结构是指路面结构层之下的路基范围；路基设施是指为保证路基本体结构性能的稳定性而采用的必要的附属工程设施，它包括排水设施和防护支挡、加固设施等。设计时必须保证路基具有足够的强度、稳定性和耐久性。

2.3.1 路基宽度

路基宽度为行车道路面及其两侧路肩宽度之和，对于设有中间带、变速车道、爬坡车道、急停车带等的道路，均应包括在路基宽度范围内。车道宽度根据设计通行能力及交通量而定，一般每个车道宽度为 3.00～3.75 m，技术等级高的公路及城镇近郊的一般公路，路肩宽度尽可能增大，一般取 1～3 m，并铺筑硬质路肩，以保证路面行车不受干扰。各级公路路基宽度按《公路工程技术标准》（JTG B01—2014）各部分的规定进行设计。

路基占用土地是公路通过农田或用地受限制地区确定路基宽度时需重点考虑的问题。公路建设占地必须综合规划，统筹兼顾，讲究经济效益，农业与交通相互促进。公路建设应尽量避免高填深挖，并充分利用植物防护绿化与美化路基。以上原则在路基设计与施工过程中，也应予综合考虑。

2.3.2 路基高度

路基高度是指路基高程和原地面高程的差值。

我国《公路路线设计规范》（JTG D20—2017）中规定："新建公路的路基设计高程：高速公路和一级公路宜采用中央分隔带的外侧边缘高程；二级公路、三级公路、四级公路宜采用路基边缘高程，再设置超高、加宽路段为设超高、加宽前该处边缘高程。改建公路的路基设计高程：宜按新建公路的规定执行，也可视具体情况而采用中央分隔带中线或行车道中线高程。"

对路基设计高程定义上的差异会造成路基高度理解上的歧义，综合而言：

（1）对于设置超高、加宽的路基断面，其路基高度不应考虑这些因素的影响，以设置超高、加宽前的断面为准。

（2）在剔除路拱横坡影响后，如果原地面在横断面上水平，则路基的中心高度与两侧的边坡高度相等，其区别无需强调。

（3）在原地面单向倾斜较大、需开挖台阶的情况下，路基中心高度与两侧的边坡高度各不相同，此时应明确说明路基高度是中心高度还是某一侧的边坡高度。

路基的填挖高度，是在路线纵断面设计时，综合考虑路线纵坡要求、路基稳定性和工程经济等因素确定的。从路基的强度和稳定性要求出发，路基上部土层应避免毛细水过大的影响，处于相对干燥的状态。而填方路基填料的土质不同时,毛细水上升高度也不同,因此,应根据公路路基填料性质、沿线具体条件和排水及防护措施综合确定路堤的最小填土高度,并与路线纵坡设计相协调,保证填方路段的路基高度主体上大于最小填土高度。

路堤填土的高低和路堑挖方的深浅按《公路路基设计规范》(JTG D30—2015)的规定,使用常规的边坡高度值。高路堤和深路堑的土石方数量大,占地多,施工困难,边坡稳定性差,行车不利,应尽量避免,不得已采用时,应进行特殊设计。

为保证路基稳定,应尽量满足路基最小填土高度的要求,若路基高度低于地下水水位及毛细水影响,有时为了增强路基路面的综合强度与稳定性,需要综合考虑路基路面结构或增设地下排水设施。

一般路基通常指在良好的地质与水文等条件下,填方高度大于 1.5 m 小于 18 m、挖方深度不大于 20 m 的路基。特殊路基是指修建在不良地质、特殊地形地质,某些特殊气候因素等不利条件下的道路路基。通常认为,一般路基可以结合当地的地形、地质情况,直接选用典型断面图或设计规定,不必进行个别论证和验算。对于超过规范规定的高填、深挖路基,以及地质和水文等条件特殊的路基,为确保其具有足够的强度与稳定性,需要进行个别设计和验算。

通常根据公路路线设计确定的路基高程与天然地面高程是不同的,路基设计高程低于天然地面高程时,需进行挖掘;路基设计高程高于天然地面高程时,需进行填筑。由于填挖情况的不同,路基横断面的典型形式有路堤、路堑和填挖结合三种类型。路堤全部用岩土填筑而成,路堑则全部在天然地面上开挖而成。当天然地面横坡大,路基较宽,需要一侧开挖而另一侧填筑时,为填挖结合路基,在丘陵或山区公路上,填挖结合是路基横断面的主要形式。

2.3.3 路基横断面形式与路基边坡坡度

1. 路堤

路堤是在天然地面上用土或石填筑的具有一定密实度的线路建筑物。按路堤的填土高度不同,一般路堤又可以划分为矮路堤($h<1.0\sim1.5$ m)、高路堤($h>18\sim20$ m)、一般路堤($h=1.5\sim18$ m)。

随路堤所处的地质与水文条件和加固类型的不同,还有浸水路堤、护脚路堤及挖沟填筑路堤等形式,非以上特殊情况的路段是普通路堤。

如图 2-6 所示为路堤的常见横断面形式。

(1) 一般路堤。路堤边坡形式和坡率应根据填料的物理力学性质、边坡高度和工程地质条件确定。当地质条件良好,边坡高度不大于 20 m 时,其边坡坡率不宜陡于表 2-7 的规定值。

表 2-7 路基边坡坡度表

填料类别	边坡坡率	
	上部($h\leqslant8$ m)	下部($h\leqslant12$ m)
细粒土	1∶1.5	1∶1.75
粗粒土	1∶1.5	1∶1.75
巨粒土	1∶1.3	1∶1.5

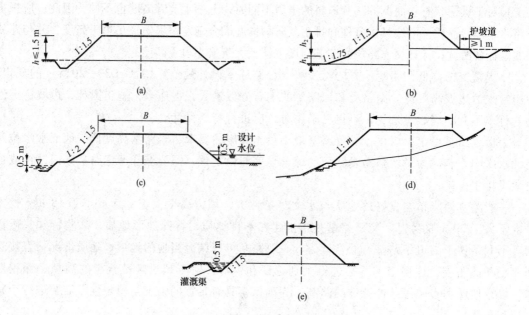

图 2-6 路堤的常见横断面形式
（a）矮路堤；（b）一般路堤；（c）浸水路堤；（d）护脚路堤；（e）挖沟填筑路堤

（2）高路堤与陡坡路堤。高路堤、陡坡路堤应作为独立工点进行勘察设计，设计时应在掌握场地水文地质条件、填料来源及其性质的基础上进行地基处理、结构形式、排水设施、边坡防护等综合设计。施工过程中应根据实际情况变化及时调整设计，保证路基稳定。边坡形式和坡率应根据地形与工程地质条件、路基边坡高度、填料性质等，结合经济与环保因素，经稳定分析计算确定。断面形式宜采用台阶式。

（3）低路堤。低路堤也称矮路堤，是指填土高度小于路基工作区的路堤，通常在平坦地区取土困难时选用。平坦地区地势低，水文条件较差，易受地面水和地下水的影响，设计时应注意满足最小填土高度的要求。力求不低于规定的临界高度，使路基处于干燥或中湿状态，路基两侧均应设边沟。

因低路堤的高度通常小于路基工作区的深度，除填方路堤本身要求满足规定的施工要求外，天然地面也应按规定进行压实，达到规定的压实度，必要时进行换土或加固处理，以保证路基路面的强度和稳定性。

填方高度不大，$h = 2 \sim 3 \text{ m}$ 时，填方数量较少，全部或部分填方可以在路基两侧设置取土坑，使之与排水沟渠结合。为保护填方坡脚不受流水侵害，保证边坡稳定性，可在坡脚与沟渠之间预留 $1 \sim 2 \text{ m}$ 甚至大于 4 m 宽度的护坡道。地面横坡较陡时，为防止填方路堤沿山坡向下滑动，应将天然地面挖成台阶或设置石砌护脚。

2. 路堑

路堑是指全部在原地面开挖而成的路基或低于原地面的挖方路基。其主要作用是缓和道路纵坡或越岭线穿越岭口控制标高。但路基破坏了厚地层的天然平衡状态，不利于排水、通风。路堑常见的断面形式如图 2-7 所示。

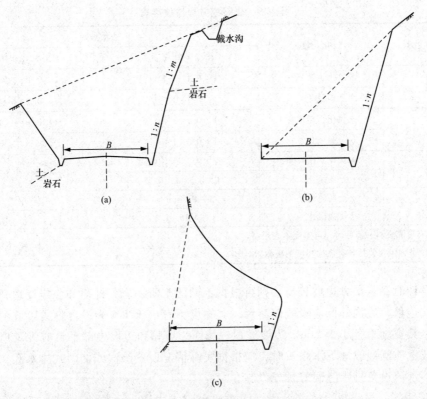

图 2-7 路堑的常见横断面型式
(a) 全挖路堑；(b) 台口式路堑；(c) 半山洞路堑

（1）一般路堑。土质路堑边坡形式及坡率应根据工程地质与水文地质条件、边坡高度、排水防护措施、施工方法等，结合自然稳定边坡、人工边坡的调查及力学分析综合确定。边坡高度不大于 20 m 时，边坡坡率不宜陡于表 2-8 的规定值。

表 2-8 土质路堑边坡坡度表

土的类别		边坡坡率
黏土、粉质黏土、塑性指数大于 3 的粉土		1∶1
中密以上的中砂、粗砂、砾砂		1∶1.5
卵石土、碎石土 圆砾土、角砾土	胶结和密实	1∶0.75
	中密	1∶1

岩质路堑边坡形式及坡率应根据工程地质与水文地质条件、边坡高度、排水防护措施、施工方法等，结合自然稳定边坡、人工边坡的调查综合确定。一般情况下，边坡高度不大于 30 m 时，无外倾软弱结构面的岩石路堑边坡应先确定岩体类型，再按表 2-9 确定边坡坡率。对有外倾软弱结构面的岩质边坡、坡顶附近有较大荷载的边坡、边坡高度超过表 2-9 规定范围时，其边坡坡率应按深路堑的有关规定通过稳定性分析计算确定。

表 2-9 岩石挖方边坡坡度表

边坡岩体类型	风化程度	边坡坡率	
		$h < 15$ m	15 m $\leqslant h \leqslant$ 30 m
Ⅰ类	未风化、微风化	1:0.1~1:0.3	1:0.1~1:0.3
	弱风化	1:0.1~1:0.3	1:0.3~1:0.5
Ⅱ类	未风化、微风化	1:0.1~1:0.3	1:0.3~1:0.5
	弱风化	1:0.3~1:0.5	1:0.5~1:0.75
Ⅲ类	未风化、微风化	1:0.3~1:0.5	—
	弱风化	1:0.5~1:0.75	—
Ⅳ类	弱风化	1:0.5~1:1	—
	强风化	1:0.75~1:1	—

注：1. 有可靠资料和经验时，可不受本表限制。
2. Ⅳ类强风化包括各类风化程度的极软岩。

路堑设计时，若挖方边坡较高，则可根据不同的土质、岩石性质和稳定要求开挖成折线式或台阶式边坡，边沟外侧应设置碎落台，其宽度不宜小于 1.0 m；台阶式边坡中部应设置边坡平台，其宽度不宜小于 2 m。边坡坡顶、坡面、坡脚和边坡中部平台应设置地表排水系统。当边坡土质潮湿或地下水露头时，应根据实际情况设置渗沟或仰斜式排水孔，或在上游沿垂直地下水流设置排水隧洞等排导设施。

（2）深路堑。深路堑边坡宜采用折线式或台阶式边坡，台阶式边坡中部应设置边坡平台，边坡平台的宽度不宜小于 2 m。坚硬岩石边坡可不设平台，其边坡坡率可调查附近已建工程的人工边坡及自然边坡情况，根据边坡稳定性分析综合确定。

边坡防护设计应根据边坡地质和环境条件、边坡高度及公路等级，采取工程防护与植物防护的综合措施。稳定性差的边坡应设置综合支挡工程，并采用分层开挖、分层稳定和坡脚预加固技术。

应设置完善的边坡地表和地下排水系统，及时引排地表水和地下水。季节冻土边坡地下水丰富时，应对地下水排水口采取保暖措施。

高速公路、一级公路深路堑及不良地质、特殊岩土地段挖方边坡应进行施工监测，监测设计应明确监测路段、监测项目、监测点的数量及位置、监测要求等。监测周期应为公路建成运营后不少于一年。

3. 填挖结合路基

位于山坡上的路基，通常取路中心的高程接近原地面高程，以减少土石方数量，避免高填深挖和保持土石方数量的横向填挖平衡，从而形成填挖结合路基（半填半挖路基）。若处理得当，填挖结合路基稳定可靠，是比较经济的路基横断面形式。填挖结合路基常见的断面形式如图 2-8 所示。

填挖结合路基兼有路堤和路堑两者的特点，因此，均应满足前述路堤和路堑的设计要求。挖方区为土质或软质岩石时，应对挖方区路床范围不符合要求的土质或软质岩石进行超挖换填或改良处治；填方区宜采用渗水性好的材料填筑，必要时，可在填挖交界结合部路床范围铺设土工格栅。当挖方区为硬质岩石时，填方区宜采用填石路堤。

填方区地表横坡陡于1∶2.5时，应按陡坡路堤进行设计。当路基稳定性不足时，应采取改善基底条件或设置支挡工程等措施。

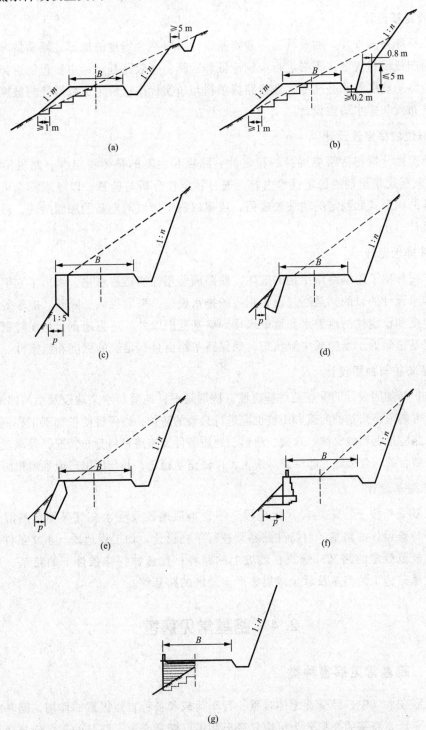

图 2-8 填挖结合路基断面形式

(a) 一般填挖路基；(b) 矮挡土墙路基；(c) 护肩路基；(d) 砌石护坡路基；
(e) 砌石路基；(f) 挡墙路基；(g) 半山桥路基

2.3.4 路基设计的基本内容

1. 一般路基设计

相对于特殊路基设计，通常认为一般路基设计可以结合当地的地形、地质情况，直接选用典型断面图或设计规定，不必进行个别论证和验算。一般路基设计主要包括选择路基断面形式，确定路基宽度与路基高度；选择路堤填料与压实标准；确定边坡形状与坡度；确定路基排水系统布置和排水结构设计。

2. 路基边坡稳定性设计

路基稳定性分析包括路堤堤身的稳定性、路堤和地基的整体稳定性、路堤沿倾斜地面（地基）或软弱层带滑动的稳定性等内容。通过稳定性分析与验算，以寻求安全可靠、经济合理的路基结构形式和稳定的边坡坡度值，或据以确定边坡与地基的加固措施，做出合理的路基结构设计。

3. 路基排水设计

水的作用加剧了路基路面结构的破坏，使路面使用性能迅速恶化，缩短了它们的使用寿命。路基排水设计的目的，是通过设置相应的排水设施，采取拦截、隔断、疏干等措施，将影响路基强度和稳定性的地表水和地下水排到路基范围以外的适当地点，从而降低路基土的湿度，使路基常年处于干燥或中湿状态，确保路基路面具有足够的强度和稳定性。

4. 路基防护与加固设计

路基防护与加固设计的重点是路基边坡，特别是不良地质与水文地段及沿河路基的边坡。有时对附近可能危害路基的河流和山坡也应进行必要的防护，以保证防护加固工程能正常地工作。各级公路应根据当地气候、水文、地形、地质条件及筑路材料分布情况，采取工程防护和植物防护相结合的综合措施，防治路基病害，保证路基稳定，并与周围环境景观相协调。

5. 特殊路基设计

特殊路基是指位于特殊（岩）土地段、不良地质地段及受水、气候等自然因素影响强烈需要进行特殊设计的路基。对特殊路基须进行单独设计，如工程地质、水文条件复杂或边坡高度超过规范规定的路基；修筑在陡坡上的路堤；在各种特殊条件下的路基，如浸水路堤；采用大爆破施工的路基及软土或震害严重地区的路基等。

2.4 路基常见病害

2.4.1 路基常见病害种类

路基裸露在大气中，经受着土体自重、行车荷载和各种自然因素的作用，路基的各个部位都将产生变形。路基的变形分为可恢复变形和不可恢复变形，路基的不可恢复变形将引起路基高程和边坡坡度及形状的改变。严重时，造成土体位移，危及路基的整体性和稳定性，造成路基各种破坏。路基的常见病害有以下几种。

1. 路基沉陷

路基沉陷是指路基垂直方向产生较大的沉落,如图 2-9(a)所示。路基深陷可以有两种情况:一种情况是路基本身的压缩沉降 [图 2-9(b)];另一种情况是由于路基下部天然地面承载能力不足,在路基自重的作用下引起沉陷或两侧挤出而造成的沉降 [图 2-9(c)]。其中,第一种路基沉陷是因为路基填料选择不当,填筑方法不合理,压实度不足,在路基堤身内部形成过湿的夹层等因素,在荷载和水温综合作用下,引起路基沉缩;第二种路基沉陷是因为原天然地面有软土、泥沼或不密实的松土存在,承载能力极低,路基修筑前未经处理,在路基自重作用下,地基下沉或向两侧挤出,引起路基沉陷。

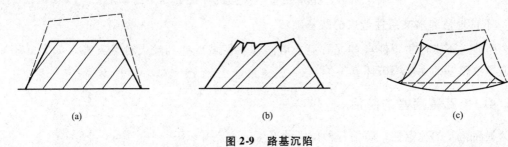

图 2-9 路基沉陷

2. 边坡滑塌

路基边坡滑塌是最常见的病害,根据边坡土质类别、破坏原因和规模的不同,可分为溜方与滑坡两种情况。

(1) 溜方。溜方是由于少量土体沿土质边坡向下移动所形成的。溜方通常指的是边坡上表面薄层土体下溜,主要是由于流动水冲刷边坡或施工不当而引起的,如图 2-10 (a)、(b) 所示。

(2) 滑坡。滑坡是指一部分土体在重力作用下沿某一滑动面滑动。滑坡主要是由于主体的稳定性不足所引起的,如图 2-10(c)所示。路堤边坡坡度过陡,边坡坡脚被冲刷掏空,或填土层次安排不当是路堤边坡发生滑坡的主要原因。路堑边坡滑坡的主要原因是边坡高度和坡度与天然岩土层次的性质不相适应。

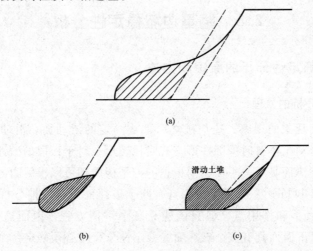

图 2-10 边坡滑塌

黏性土层和蓄水的砂石层交替分层蕴藏，特别是有倾向于路堑方向的斜坡层理存在时，更容易造成滑动。

3. 剥落、碎落和崩塌

剥落和碎落是指边坡风化岩层表面在大气干湿与冷热的交替作用，以及雨水冲刷和动力作用下，表层岩石从坡面剥落下来，向下滚动。大块岩石脱离坡面沿边坡滚落称为崩塌。

4. 路基沿山坡滑动

在较陡的山坡上填筑路基，若路基底部被水浸湿，形成滑动面，坡脚又未进行必要的支撑，在路基自重和行车荷载作用下，整个路基沿倾斜的原地面向下滑动。

5. 不良地质和水文条件造成的路基破坏

公路通过不良地质条件（如泥石流、溶洞等）区域或遇到较大自然灾害（如大暴雨），均可能导致路基的大规模破坏。

2.4.2 路基病害的防治

为提高路基的稳定性，防治各种病害的产生，主要有以下一些措施：
(1) 正确设计路基横断面；
(2) 选择良好的路基用土，必要时对路基上层填土做稳定处理；
(3) 采取正确的填筑方法，充分压实路基，保证达到规定的压实度；
(4) 适当提高路基，防止水分从侧面渗入或从地下水水位上升进入路基工作区范围；
(5) 正确进行排水设计（包括地面排水、地下排水、路面排水及地基的特殊排水）；
(6) 必要时设计隔离层隔绝毛细水上升，设置隔温层减少路基冰冻深度和水分累积，设置砂垫层以疏干土基；
(7) 采取边坡加固、修筑挡土结构物、土体加筋等防护技术措施，以提高路基整体稳定性。

以上各项技术措施的宗旨在于限制水分侵入路基，或使已侵入路基的水分迅速排出，保持干燥，提高路基的整体强度与稳定性。

2.5 路基边坡稳定性分析

2.5.1 边坡稳定性分析的原理和方法

1. 边坡稳定性分析的原理

根据对边坡滑坍现象的观察，边坡破坏时形成一定的滑动面。滑动面的形状与土质有关。对于黏性土，滑动土体有时像圆柱形，有时像碗形；对于松散的砂性土及砂土，滑动面类似于平面。如果下滑面是单一平面，则根据静力平衡原理可以求解力的未知量，这是一个静力平衡问题〔图2-11(a)〕。如果下滑面具有两个破坏面，稳定性分析时必须确定两个破坏面上的法向力的大小和作用点，但只能建立三个平衡方程，因而这是一个超静定问题〔图2-11(b)〕。如果下滑面具有多个破坏面，稳定性分析时必须确定每个破坏面法向力的大小和作用点，同时只能建立三个平衡方程，因而这是个多次超静定问题〔图2-11(c)〕。

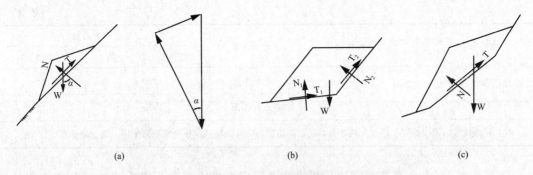

图 2-11 边坡的滑动面
(a) 直线破坏面；(b) 折线破坏面；(c) 曲线破坏面

为求解这些问题，通常需要做出某些假设，使之变为静定问题：

（1）在用力学边坡稳定性分析法进行边坡稳定性分析时，为简化计算，通常都按平面问题来处理；

（2）松散的砂性土和砾（石）土具有较大的内摩擦角和较小的黏聚力，边坡滑坍时，破裂面近似为平面，在边坡稳定性分析时可采用直线破裂面法；

（3）黏性土具有较大的黏聚力，而内摩擦角较小。破坏时滑动面有时像圆柱形，有时像碗形，通常近似于圆曲面，故可采用圆弧破裂面法。

在进行边坡稳定性分析时，大多采用近似的方法，并假设：

（1）不考虑滑动土体本身内应力的分布；

（2）认为平衡状态只在滑动面上达到，滑动土体成整体下滑；

（3）极限滑动面位置要通过试算来确定。

2. 边坡稳定性分析的三种工况及适用条件

（1）高路堤与陡坡路堤。高路堤是指路基填土边坡高度大于 20 m 的路堤，陡坡路堤是指地面斜坡陡于 1∶2.5 的路堤。高路堤与陡坡路堤设计时，应进行路基稳定性计算分析。分析时，应考虑以下三种工况：

1）正常工况：路基投入运营后经常发生或持续时间长的工况；

2）非正常工况Ⅰ：路基处于暴雨或连续降雨状态下的工况；

3）非正常工况Ⅱ：路基遭遇地震等荷载作用的工况。

各等级公路高路堤与陡坡路堤稳定系数不得小于表 2-10 所列稳定安全系数值。

表 2-10 高路堤与陡坡路堤稳定安全系数

分析内容	地基强度指标	分析工况	稳定安全系数	
			二级及二级以上公路	三、四级公路
路堤的堤身稳定性、路堤和地基的整体稳定性	采用直剪的固结快剪或三轴固结不排水剪指标	正常工况	1.45	1.35
		非正常工况Ⅰ	1.35	1.25
路堤的堤身稳定性、路堤和地基的整体稳定	采用快剪指标	正常工况	1.35	1.30
		非正常工况Ⅰ	1.25	1.15

续表

分析内容	地基强度指标	分析工况	稳定安全系数	
			二级及二级以上公路	三、四级公路
路堤沿斜坡地基或软弱层滑动的稳定性	—	正常工况	1.30	1.25
		非正常工况Ⅰ	1.20	1.15

注：区域内唯一通道的三、四级公路重要路段，高路堤与陡坡路堤稳定安全系数可采用二级公路标准。

对非正常工况Ⅱ，路基稳定性分析方法及稳定性安全系数应符合现行《公路工程抗震规范》（JTG B02—2013）的规定。

（2）深路堑。深路堑是指土质挖方边坡高度大于 20 m 或岩石挖方边坡高度大于 30 m 的路堑。边坡稳定性计算应考虑下列三种工况。对季节冻土边坡，还应考虑冻融的影响。

1）正常工况：边坡处于天然状态的工况；
2）非正常工况Ⅰ：边坡处于暴雨或连续降雨状态下的工况；
3）非正常工况Ⅱ：边坡处于地震等荷载作用状态下的工况。

各等级公路路堑边坡稳定系数不得小于表 2-11 所列稳定安全系数值。对非正常工况Ⅱ，路堑边坡稳定性分析方法及稳定安全系数应符合现行《公路工程抗震规范》（JTG B02—2013）的规定。

表 2-11 路堑边坡稳定安全系数

分析工况	路堑边坡稳定安全系数	
	高速公路、一级公路	二级及二级以下公路
正常工况	1.20～1.30	1.15～1.25
非正常工况Ⅰ	1.10～1.20	1.05～1.15

3. 影响路基边坡稳定性的因素

根据土力学原理，路基边坡滑坍是由于边坡土体中的剪应力超过其抗剪强度所产生的剪切破坏。因此，凡是使土体剪应力增加或抗剪强度降低的因素，都可能引起边坡滑坍。这些因素可归纳为以下几点：

（1）边坡的岩土性质。岩土的抗剪强度首先取决于岩土的性质，岩土性质不同则其抗剪强度也不同。对路堑边坡而言，除与土或岩石的性质有关外，还与岩石的风化破碎程度和形状有关。

（2）水的活动。水是影响边坡稳定性的主要因素，边坡的破坏总是或多或少与水的活动有关。土体的含水率增加，既降低了土体的抗剪强度，又增加了土内的剪应力。在浸水情况下，还有浮力和动水压力作用，使边坡处于最不利状态。

（3）边坡的几何形状。边坡的高度、坡度等直接关系到边坡的稳定条件，高大、陡直的边坡，因重心高，稳定条件差，易发生滑坍或其他形式的破坏。

（4）地震及其他振动荷载。

2.5.2 边坡稳定性分析的计算参数

1. 高路堤与陡坡路堤

高路堤与陡坡路堤稳定性分析的强度参数应根据填料来源、场地情况及分析工况的需要，选择有代表性的土样进行室内试验，并结合现场情况确定。试验方法应符合下列要求：

（1）路基填土的强度参数值，可采用直剪快剪或三轴不排水剪试验获得。不同工况下试样制备要求见表2-12。当路基填料为粗粒土或填石料时，应采用大型三轴试验仪或大型直剪试验仪进行试验。

表2-12 路堤填土强度参数试验试样制备要求

分析工况	试样要求	适用范围
正常工况	采用填筑含水率和填筑密度；当难以获得填筑含水率和填筑密度时，或进行初步稳定分析，密度采用要求达到的密度，含水率采用击实曲线上要求密度对应的较大含水率	用于新建路堤
	取路基原状土	用于已建路堤
非正常工况Ⅰ	同正常工况试样要求，但要预先饱和	用于降水渗入影响范围内的填土
非正常工况Ⅱ	同正常工况试样要求	—

（2）地基土参数值，宜采用直剪固结快剪或三轴固结不排水试验获得。

（3）分析高路堤沿斜坡地基或软弱层带滑动的稳定性时，应结合场地条件，选择控制性层面的土层试验获得强度参数值。可采用直剪快剪或三轴不固结不排水剪试验。当存在地下水影响时，应采用饱水试件进行试验。

2. 深路堑

边坡岩土体力学参数可按下列方法确定：

（1）岩体和结构面抗剪强度指标宜根据现场原位试验确定。试验应符合《工程岩体试验方法标准》（GB/T 50266—2013）的规定。当无条件进行试验时，可采用《工程岩体分级标准》（GB/T 50218—2014）、表2-13和反算分析等方法综合确定。

表2-13 结构面抗剪强度指标标准值

结构面类型		结构面结合程度	内摩擦角/°	黏聚力/MPa
硬性结构面	1	结合好	>35	>0.13
	2	结合一般	35~27	0.13~0.09
	3	结合差	27~18	0.09~0.05
软弱结构面	4	结合很差	18~12	0.05~0.02
	5	结合极差（泥化层）	根据地区经验确定	

注：1. 表中数值已考虑结构面的时间效应。
2. 极软岩、软岩取表中最低值。
3. 岩体结构面连通性差时，取表中高值。
4. 岩体表面浸水时，取表中低值。

(2) 岩体结构面的结合程度可按表 2-14 确定。

表 2-14 结构面的结合程度

结合程度	结构面特征
好	张开度小于 1 mm，胶结良好，无填充；张开度 1~3 mm，硅质或铁质胶结
一般	张开度小于 1~3 mm，钙质胶结；张开度大于 3 mm，表面粗糙，钙质胶结
差	张开度小于 1~3 mm，表面平整，无胶结；张开度大于 3 mm，岩屑充填或岩屑夹泥质充填
很差、极差（泥化层）	表面品质光滑，无胶结；泥质充填或泥夹岩屑充填，充填物厚度大于起伏差；分布连续的泥化夹层；未胶结的或强风化的小型断层破碎带

(3) 边坡岩体性能指标标准值可按地区经验确定，重要边坡应通过试验确定。

(4) 岩体内摩擦角可由岩块内摩擦角标准值按岩体裂隙发育程度与表 2-15 所列的折减系数的乘积确定。

表 2-15 边坡岩体内摩擦角折减系数

边坡岩体特性	内摩擦角的折减系数	边坡岩体特性	内摩擦角的折减系数
裂隙不发育	0.90~0.95	裂隙发育	0.80~0.85
裂隙较发育	0.85~0.90	碎裂结构	0.75~0.80

(5) 土体力学参数宜采用原位剪切试验、原状土样室内剪切试验及反算分析等方法综合确定。

(6) 土质边坡按水土合算原则计算时，地下水水位以下的土宜采用三轴试验土的自重固结不排水抗剪强度指标；按水土分算原则计算时，地下水水位以下土宜采用土的有效抗剪强度指标。

3. 相关参数计算

(1) 土的计算参数：
1) 路堑及天然边坡土：原状重度、内摩擦角及黏聚力；
2) 路堤边坡取土：现场压实土的重度、内摩擦角及黏聚力；
3) 多层土体：采用加权平均值。
(2) 边坡的取值：对于折线形或阶梯形边坡，一般可取平均值。
(3) 汽车荷载当量换算：

$$h_0 = \frac{NQ}{\gamma BL} \tag{2-20}$$

式中　　N——横向分布的车辆数；

Q——每一辆车的重力；

γ——路基填料的容重；

L——汽车前后轴（或履带）的总距；

B——横向分布车辆轮胎最外缘之间的总距。

2.5.3 稳定性分析计算方法

边坡稳定性评价宜综合采用工程地质类比法和力学分析法（数值分析法和图解分析法）进行。

1. 工程地质类比法

工程地质类比法是指把所要研究的边坡与已取得勘察资料、建筑经验、地质条件类似的边坡进行对照，并作出工程地质评价的方法，又称工程地质比拟法。工程地质类比法属于实践经验的对比，根据不同土类及其所处的状态，经过长期的生产实践和大量的资料调查，拟定边坡稳定值参考数据，在设计时，将影响边坡稳定性的因素作比拟，采用类似条件下的稳定边坡值。一般情况下，土质边坡的设计先按力学分析法进行验算，再以工程地质法予以校核。岩石或碎石土类边坡主要采用工程地质类比法，有条件时也以力学分析法进行校核。

2. 力学分析法

假定边坡沿某一形状滑动面破坏，根据力学平衡原理，计算岩土体在破坏面上达到极限平衡时的安全系数（K）。其计算公式为

$$K = \frac{R}{T} \geq 1.20 \sim 1.25 \tag{2-21}$$

其基本假定为：破裂面以上的不稳定土体沿破裂面作整体滑动，不考虑其内部的应力分布不均和局部移动；土的极限平衡状态只在破裂面上达到，破裂面的位置要通过计算才能确定。

力学分析法主要包括平面滑动面法（直线法）、传递滑动面法（折线法）、圆弧滑动面法（圆弧条分法）和简化毕肖普（Bishop）法等。

（1）直线法。直线法适用于砂土和土质砂（两者合称砂类土）的边坡稳定性验算，土的抗力以摩擦阻力为主，黏结力甚小，边坡破坏时，滑动破裂面近似平面。

如图2-12所示，填方边坡土楔体 ABD 沿破裂面 AD 滑动，其稳定系数 K 按式（2-22）计算。

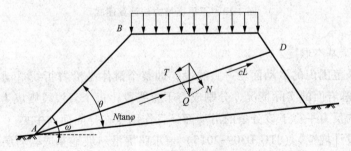

图 2-12 直线法计算图示

$$K = \frac{R}{T} = \frac{Nf + cL}{T} = \frac{Q\cos\omega N\tan\varphi + cL}{Q\sin\omega} \tag{2-22}$$

式中 ω ——破裂面对水平面的角度（°）；

        φ ——填料的内摩擦角（°）；

        f ——破裂面上土体的摩擦系数，$f = \tan\varphi$；

        L ——破裂面 AD 的长度（m）；

N ——破裂面的法向分力（kN）；
T ——破裂面的切向分力（kN）；
c ——破裂面上的土体黏聚力（kPa）；
Q ——滑动土体的重力（kN），包括车辆荷载。

（2）折线法。折线法又称不平衡推力法或传递系数法，适用于滑动面为折线或其他形状的边坡稳定性验算。计算简图如图 2-13 所示。

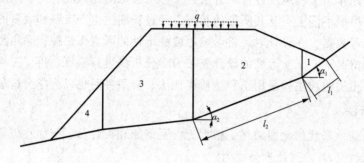

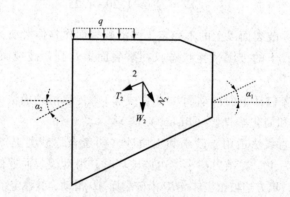

图 2-13 不平衡推力法计算图式

该方法有两个基本假定：

1）每个分条范围内的滑动面为一直线段，即整个滑体是沿着折线滑动。进行边坡稳定计算时，可根据基岩面的实际情况，分割成若干直线段，每个直线段则成为一分条。

2）分条间的反力平行于该分条的滑动面，且作用点在分隔面的中央。

《公路路基设计规范》（JTG D30—2015）要求路堤沿斜坡地基或软弱层带滑动的稳定性分析采用不平衡推力法。稳定系数按式（2-23）和式（2-24）计算。

$$E_i = W_{Qi}\sin\alpha_i - \frac{1}{F_s}(c_i l_i + W_{Qi}\cos\alpha_i \tan\varphi_i) + E_{i-1}\psi_{i-1} \tag{2-23}$$

$$\psi_{i-1} = \cos(\alpha_{i-1} - \alpha_i) - \frac{\tan\varphi_i}{F_s}\sin(\alpha_{i-1} - \alpha_i) \tag{2-24}$$

式中　W_{Qi} ——第 i 个土条重力与外加竖向荷载之和（kN）；
　　　α_i ——第 i 个土条底滑面的倾角（°）；
　　　c_i、φ_i ——第 i 个土条底的黏聚力（kPa）和内摩擦角滑面的倾角（°）；

l_i ——第 i 个土条底滑面的长度 (m);

α_{i-1} ——第 $i-1$ 个土条底滑面的倾角 (°);

E_{i-1} ——第 $i-1$ 个土条传递给第 i 个土条的下滑力 (kPa)。

逐条计算，直至第 n 条的剩余推力为零，由此确定稳定系数 F_s。

（3）圆弧条分法。圆弧条分法适用于黏性土组成的路基边坡滑动面的稳定性验算。计算简图如图 2-14 所示。

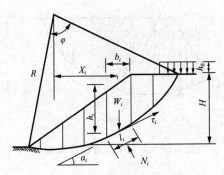

图 2-14 圆弧法计算图示

圆弧条分法原理如下：
1) 破裂面为圆柱面，计算时将破裂棱体划分为若干竖向土条；
2) 计算中不考虑土条间的相互作用力；
3) 边坡稳定的安全系数用破裂面上全部抗滑力矩与滑动力矩之比来定义。即

$$K = \frac{\sum M_y}{\sum M_0} \quad [K] = 1.25 \sim 1.5 \tag{2-25}$$

（4）简化毕肖普 (Bishop) 法。毕肖普 (Bishop) 法是改进的圆弧条分法，适用于一般黏性土组成的路堤堤身稳定性、路堤和地基的整体稳定性或路堑边坡的稳定性验算。毕肖普在圆弧条分法基础上提出了该简化方法。这一方法仍然保留了滑裂面的形状为圆弧形和通过力矩平衡条件求解的特点，但在确定土条底部法向力时，考虑了条间力的作用。

《公路路基设计规范》(JTG D30—2015) 要求高路堤与陡坡路堤宜采用简化毕肖普法进行路堤堤身稳定性、路堤和地基的整体稳定性分析计算。其稳定系数 F 按式 (2-26) 计算。如图 2-15 所示为简化毕肖普法计算图示。

$$F_s = \frac{\sum [c_i b_i + (W_i + Q_i)\tan\varphi_i]/m_{\alpha i}}{\sum (W_i + Q_i)\sin\alpha_i} \tag{2-26}$$

式中 F_s ——路堤稳定性系数;

b_i ——第 i 个土条宽度 (m);

α_i ——第 i 个土条底滑面的倾角 (°);

c_i、φ_i ——第 i 个土条滑弧所在土层的黏聚力 (kPa) 和内摩擦角 (°)，依滑弧所在位置，取对应土层的黏聚力和内摩擦角;

$m_{\alpha i}$ ——系数，按式 (2-27) 计算，式中各符号的意义同前;

$$m_{\alpha i} = \cos\alpha_i + \frac{\sin\alpha_i \tan\varphi_i}{F_s} \tag{2-27}$$

W_i ——第 i 个土条重力（kN）；

Q_i ——第 i 个土条垂直方向外力（kN）。

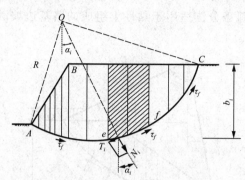

图 2-15　简化毕肖普法计算图示

2.6　路基填料与路基最小填土高度

2.6.1　路基填料和路基压实

1. 路基填料选择原则

（1）路堤宜选用级配较好的砾类土、砂类土等粗粒土作为填料。

（2）泥炭、淤泥、冻土、强膨胀土、有机质土及易溶盐超过允许含量的土等，不得直接用于填筑路基；季节冻土地区路床及浸水部分的路堤不应直接采用粉质土填筑。

（3）液限大于50%，塑性指数大于26的细粒土，不得直接作为路堤填料。

（4）浸水路堤、桥涵台背和挡土墙背宜采用渗水性良好的填料。

2. 路基填料最小强度和最大粒径要求

（1）路床填料应均匀，最大粒径应小于100 mm。其最小承载比应符合表2-3的规定。

（2）路堤填料最大粒径应小于150 mm。路堤填料最小承载比应符合表2-16的规定。

表 2-16　路堤填料最小承载比要求

路基部位		路面底面以下深度/m	填料最小承载比 CBR/%		
			高速公路、一级公路	二级公路	三、四级公路
上路堤	轻、中等及重交通	0.8~1.5	4	3	3
	特重、极重交通	1.2~1.9			
下路堤	轻、中等及重交通	1.5 以下	3	4	—
	特重、极重交通	1.5 以下	3	2	2

注：1. 当路基填料 CBR 值达不到列表要求时，可掺石灰或其他稳定材料处理。
　　2. 当三、四级公路铺筑沥青混凝土和水泥混凝土路面时，应采用二级公路的规定。

3. 路基压实及压实标准

(1) 路基压实的意义。路基施工破坏土体的天然状态,致使结构松散,颗粒重新组合。为使路基具有足够的强度与稳定性,必须予以压实,以提高其密实程度。

(2) 影响路基压实效果的主要因素。路基压实的效果受很多因素影响,对具有塑性的细粒土,影响压实效果的因素有内因和外因两方面:内因主要是土质和含水率;外因主要是压实功能、压实机具和压实方法等。

1) 土质对压实效果的影响。不同的土质具有不同的最佳含水率及最大干密度。分散性(液限、黏性)较高的土,其最佳含水率较高而最大干密度较低;砂类土的压实效果优于黏质土。其机理在于土粒越细,比面积越大,土粒表面水膜所需之水分也越多,加之黏土中含有亲水性较高的胶体物质所致。砂类土的颗粒粗,呈松散状态,水分易散失,故最佳含水率的概念对砂质土没有多大的实际意义。

2) 含水率对压实效果的影响。在路基压实过程中,如能控制工地现场含水率为最佳含水率,就能获得最好的压实效果。试验表明,一般塑性土的最佳含水率(按轻型击实标准)大致相当于该种土液限含水率的 0.58~0.62 倍,平均约为 0.6 倍。

3) 压实功能对压实效果的影响。压实功能是指压实机具重量、碾压次数、作用时间等。压实功能是影响压实效果的又一重要因素。通常,对同一种土,随着压实功能的增大,最佳含水率会随之减小,而最大干密度随之增加。因此,增大压实功能是提高土基密实度的方法之一,然而这种方法有一定局限性,因为压实功能增加到一定程度后,土的密度增长就不明显了,因此,最经济的办法是严格控制含水率,使碾压在接近最佳含水率时进行,这样便容易达到规定的压实度。

4) 压实工具和压实方法对压实效果的影响。不同的压实机具,其压力传布作用深度不同,因而压实效果也不同。通常夯击式作用深度最大,振动式次之,静力碾压式最浅。不同压实厚度其压实效果也不同。通常情况下,夯击不宜超过 20 cm,8~12 t 光面碾不宜超过 20~30 cm。压实作用时间越长,土密实度越高,但随着时间进一步延长,其密实度的增长幅度会逐渐减小,故压实时,要求压实机具以较低速度行驶,以便达到预期的压实效果。

(3) 压实度测定方法。

1) 挖坑灌砂法。挖坑灌砂法适用在现场进行基层(或底基层)、砂石路面及路基土的各种材料压实层的密度和压实度检测。但不适用填石路堤等有大孔洞或大孔隙的材料压实层的压实度检测。当集料的最大粒径小于 13.2 mm,测定层的厚度不超过 150 mm 时,宜采用 ϕ100 mm 的小型灌砂筒测试。当集料的最大粒径等于或大于 13.2 mm,但不大于 31.5 mm,测定层的厚度不超过 200 mm 时,宜采用 ϕ150 mm 的大型灌砂筒测试。

2) 核子密湿度仪法。该法适用于现场用核子密湿度仪以散射法或直接透射法测定路基或路面材料的密度和含水率,并计算施工压实度。用于测定沥青混合料面层的压实密度或硬化水泥混凝土等难以打孔材料的密度时,宜使用散射法;用于测定土基、基层材料或非硬化水泥混凝土等可以打孔材料的密度及含水率时,应使用直接透射法。

3) 环刀法。该法适用于测定细粒土及无机结合料稳定细粒土的密度。但对无机结合料稳定细粒土,其龄期不宜超过 2 d,且宜用于施工过程中的压实度检验。

(4) 路基压实标准。路基野外施工,受种种条件限制,不能达到室内标准击实试验所得的最大干重度,而应予适当降低。路基压实是衡量路基施工质量的一个重要指标。压实度

K 是指筑路材料压实后的干重度 γ 与标准最大干重度 γ_0 之比，以百分数表示，即

$$K = \frac{\gamma}{\gamma_0} \times 100\% \tag{2-28}$$

2.6.2 路基最小填土高度

路基的填挖高度是在路线纵断面设计时，综合考虑路线纵坡要求、路基稳定性和工程经济等因素确定的。从路基的强度和稳定性要求出发，路基工作区应处于干燥或中湿状态，路基高度应根据临界高度并结合公路沿线具体条件和排水及防护措施确定。为保证路基稳定，应尽量满足路基临界高度的要求，若路基高度低于按地下水水位或地面积水水位计算的临界高度，可视为矮路堤。矮路堤通常处于行车荷载应力作用区范围内，同时经受着地面积水和地下水不利水温状态的影响。有时为了增强路基路面的综合强度与稳定性，需要另外增加投资加强路面结构或增设地下排水设施。究竟如何合理确定路基的高度，需要进行综合比较后才可择优取用。

沿河及受水浸淹的路基，其高度还应根据技术标准所规定的设计洪水频率（表 2-17）求得设计水位，再增加 0.5 m 的余量。如果河道因设置路堤而压缩过水面积，致使上游有壅水，或河面宽阔而有风浪，就应再增加壅水高度和波浪侵袭高度。所以，沿河浸水路堤的高度，应高出上述各值之和，以保证路基不被淹没，并据此进行路基的防护与加固。

表 2-17 路基设计洪水频率

公路等级	高速公路	一级公路	二级公路	三级公路	四级公路
路基设计洪水频率	1/100	1/100	1/50	1/25	按具体情况确定
注：区域内唯一通道的公路路基设计洪水频率可采用高一个等级公路的标准。					

综合以上因素，路基最小填土高度应满足下列要求：
（1）满足公路等级所对应的路基设计洪水频率及其设计洪水位；
（2）不含路面厚度的路基高度不宜小于中湿状态路基临界高度；
（3）不含路面厚度的路基高度不宜小于路基工作区深度；
（4）季节冻土地区，路基高度不宜小于当地路基冻深。

路基最小填土高度应按式（2-29）确定。

$$H_{op} = \text{MAX}\{(h_{sw} - h_0) + h_w + h_{bw} + \Delta h, h_l + h_p, h_{wd} + h_p, h_f + h_p\} \tag{2-29}$$

式中 H_{op}——路基最小填土高度（m）；

h_{sw}——设计洪水位（m）；

h_0——地面高程（m）；

h_w——波浪侵袭高度（m）；

h_{bw}——壅水高度（m）；

Δh——安全高度（m）；

h_l——中湿状态路基临界高度（m）；

h_p——路面厚度（m）；

h_{wd}——路基工作区深度（m）；

h_f——季节冻土地区路基冻深。

第 2 章 路基设计

思考与习题

1. 何谓路基工作区？当路基工作区深度大于路基填土高度时应采取什么措施？为什么？
2. 路基横断面有哪三种典型类型？
3. 何谓路基结构？何谓路基设施？
4. 路基设计中应以什么指标作为设计指标，以什么指标作为验算指标？
5. 一般路基设计包括哪些内容？一般路基设计有哪些主要的规定？
6. 路基的几何尺寸主要包括哪三项？如何定义？
7. 路堤设计与路堑设计考虑的问题有什么不同？路堑边坡设计时应考虑哪些因素？
8. 什么是 CBR 值？如何测定 CBR 值？

第 3 章 路基防护与加固

★ 主要内容

本章主要讲述路基坡面防护、路基支挡结构、挡土墙的一般构造与总体设计、挡土墙结构的土压力计算、挡土墙设计、重力式挡土墙设计示例。

★ 学习目标

(1) 了解路基防护工程的基本类型,坡面防护、冲刷防护的基本知识。
(2) 熟悉常见坡面防护工程的形式及技术要点。
(3) 掌握常见冲刷防护工程的形式及技术要点、常见挡土墙的特点及适用条件、挡土墙的一般构造与总体设计、挡土墙稳定性设计和验算方法、增加挡土墙稳定性的措施。

3.1 路基坡面防护

3.1.1 路基防护与加固的分类

1. 防护工程的目的

由岩土填挖而成的路基,改变了原地层的天然平衡状态,裸露于空间并直接承受填土及行车荷载的作用,在各种错综复杂的自然因素,如在雨水、风、气温变化及水流冲刷、行车荷载的长期作用下,路基可能会产生各种变形和破坏。为保证路基的稳定和防治路基病害的产生,除做好路基排水外,还必须根据当地水文、地质及材料等情况,采取有效措施,对各类土石边坡及软弱地基予以必要的防护与加固。

路基防护工程的目的是防止自然因素所引起的路基破坏和过量变形,同时稳定路基,美化路容,提高公路的使用品质。例如,植物防护可以消除施工痕迹,使路基与周围景观相协调,形成良好的视觉效果。

2. 防护工程的分类

防护工程的重点是路堑边坡，尤其是工程地质与水文地质不良地段的路堑、容易受水冲刷的边坡、不稳定的山坡更应该引起重视。

路基防护工程一般可分为坡面防护和冲刷防护两大类。

（1）坡面防护。坡面防护主要用以防护易受自然因素影响而破坏的土质与岩石边坡。常用类型有植物防护和工程防护。植物防护又称为"生命"防护，以土质边坡为主。工程防护又称为"无机"防护，以石质路堑边坡为主。

（2）冲刷防护。冲刷防护用于防止水流对路基的冲刷，可分为直接防护和间接防护两类。直接防护又可分为植物防护和砌石防护两种。间接防护主要指设置导流结构物，如丁坝、顺坝、防洪堤和拦水坝等，必要时疏浚河床或改变河道，以改变流水方向，避免或减缓水流对路基的直接破坏。

3. 路基边坡防护的基本要求

（1）防护前路基边坡必须是稳定的。路基防护的主要功能是封闭路基坡面，使边坡土质或石质与自然隔离，免遭雨水、气温、风雪、冻胀的反复循环作用而达到保护边坡的目的。防护工程不属于加固工程，其本身不能承受土体侧压力作用，故路基边坡必须达到稳定性要求。

（2）防护工程的选择必须考虑区域性。边坡的稳定性与气候条件、工程地质和水文地质条件有关。我国幅员辽阔，气候和地质条件差别很大，不同地区路基边坡防护的侧重点和技术措施各不相同。

（3）技术可行、经济合理。经济指标对边坡防护方式的选择有重要影响。边坡的坡度不同，其稳定性不同，防护方式也不同。边坡坡度和防护要求确定后，再根据经济指标确定边坡防护方式。

（4）实用性与周围自然景观的和谐统一。任何一种边坡防护方式都要考虑其实用性。不同区域温度条件、湿度条件和土质条件相差很大，因此，采用植物防护时，应根据区域特点选择适合该区域生长并有耐生性的植物品种。

防护工程类型种类繁多，在选择具体类型时，必须特别注意与周边自然景观的协调，不能采取"嵌进"式强硬做法。

3.1.2 坡面防护

1. 植物防护

（1）种草。播种的坡面应平整、密实、湿润。播种方法有撒播法、喷播法和行播法等。采用撒播法时，草籽应均匀撒布在已清理好的土质边坡上，同时采取适当的保护措施。对于不利于草类生长的土质，应在坡面上先铺一层 10~15 cm 的种植土。路堑边坡较陡或较高时，可通过试验采用草籽与含肥料的有机质泥浆混合，用喷播法将混合物喷射于坡面。采用行播法时，草籽埋入深度应不小于 5 cm，且行距应均匀。

（2）铺草皮。适用于各种土质边坡，特别是当坡面冲刷较严重，边坡较陡，径流速度大于 0.6 m/s 时，采用铺草皮防护比较适宜，如图 3-1 所示。铺草皮有多种方法，主要分为平铺、竖铺和网格式铺筑。

图 3-1　坡面铺草皮防护

(3) 三维植被网防护。三维植被网以热塑树脂为原料制成，其结构分为上下两层，组成网包。由于网包能降低雨滴的冲蚀能量，阻断坡面雨水，并能很好地固定填充物（土、营养土、草籽），使其不被雨水冲走，为植被生长创造了良好条件。另外，三维网固定在坡面上，直接对坡面起固筋作用。当植物生长茂盛后，根系与三维网盘错、连接、纠缠在一起，坡面和土相接，形成一个固定的绿色复合防护整体，起到复合护坡的作用。

三维植被网适用于砂性土、土夹石及风化岩石，且坡率缓于1:0.75的边坡。

(4) 湿法喷播。湿法喷播是一种以水为载体的机械化植被建植技术。它采用专门的设备（喷播机）施工，种子在较短时间内萌芽、生长成株、覆盖坡面，达到迅速绿化稳固边坡的目的。

湿法喷播适用于土质边坡、土夹石边坡、严重风化岩且坡率缓于1:0.5的路堑和路堤边坡及中央分隔带、立交区、服务区及弃土堆的绿化防护。

(5) 客土喷播。客土喷播是将客土（提供植物生长的基盘材料）、纤维（基盘辅助材料）、侵蚀防止剂、缓效肥料和种子按一定比例加入专门设备中充分混合后，喷播到坡面，使植物获得必要的生长基础，达到快速绿化的目的。当坡率陡于1:1时，宜设置挂网或混凝土框格。

(6) 骨架植草。为了防止冲刷，同时美化环境，高填土路堤边坡应优先选择骨架排水及植草防护。骨架框格内应种植草皮。骨架嵌入压实坡面深度不小于30 cm，应与坡面排水系统一起考虑合理布置。骨架可采用浆砌片石或砖、混凝土预制块砌筑成窗形、菱形、拱形（图3-2）或人字形。骨架所用的片石强度不小于60 Pa，最小厚度不小于15 cm，单个片石质量不小于30 kg。砂浆强度等级为M5或M7.5，勾缝砂浆为M10。砌筑施工时，应采用勾凹缝的施工工艺，且必须采用大块面石。面石应凿成多边形，并应大小相互匹配，以确保浆缝宽度均匀。坡面平整度较差时，可用多空隙混凝土整平。砌筑时应边砌筑边向墙后填充多空隙混凝土，并按规定位置和尺寸设泄水孔。

2. 工程防护

对不适宜草木生长的较陡岩石边坡，可采用封面处治和砌石防护等方法进行工程防护。

第3章 路基防护与加固

图 3-2 拱形骨架排水植草结构图

(1) 封面处治。

1) 抹面。抹面常用于易风化较平整的岩石边坡。抹面工作前,应对被处治的边坡加以清理,去掉风化层、浮土、松动石块,并填坑补洞,洒水湿润,以便牢固耐久。抹面厚度为 3~7 cm,分两次进行,底层抹全厚的 2/3,面层抹全厚的 1/3。在较大面积上抹面时,应设置伸缩缝,其间距不宜超过 10 m。在抹面护坡周边与未防护坡面衔接处应严格封闭,其措施为:弯槽嵌入岩石内,其深度不小于 10 cm,并使相互衔接平顺。坡脚宜设 1~2 m 高的浆砌片石护坡。为防止灰体表面开裂,增强抗冲刷侵蚀能力,可在表面涂沥青保护层,其沥青软化点稍高于当地最高气温,用量为 3 kg/m² 左右。

2) 捶面。捶面适用于破碎的、有裂隙的较平整岩石边坡。捶面厚度为 10~15 cm,一般采用等厚截面。当边坡较高时,采用上薄下厚截面。捶面护坡与未防护坡面衔接处应封闭,其措施与抹面相同。坡脚设 1~2 m 高的浆砌片石护坡。捶面材料常用石灰土、二灰土等。捶面前应清除坡面浮石和松土,填补坑洼,有裂缝时应先用小块料塞缝。在土质边坡上,为使捶面贴牢,可挖小台阶或锯齿。坡面应先洒石灰水润湿,捶面时夯拍要均匀,提浆要及时,表面要光滑,提浆 2~3 h 后进行洒水养生 3~5 d。

3) 喷浆及喷射混凝土。喷浆及喷射混凝土常用于易风化且表面平整度较差的岩石边坡。喷浆厚度不宜小于 5 cm,喷射厚度以 8 cm 为宜,分 2~3 次喷射。喷浆及喷射混凝土护坡的周边与未防护坡面的衔接与抹面护坡相同。坡脚应设 1~2 m 高的浆砌片石护坡。土体表面要平整、密实、湿润。施工前,坡面如有较大裂缝、坑洼,应先嵌补牢固,使坡面平顺整齐。

4) 勾缝、灌缝。勾缝与灌缝常用于不易风化岩且表面有裂隙的石质地带,前者用于裂隙较小的情况,后者用于裂隙较大的情况。灌缝可用体积比为 1:4 或 1:5 的水泥砂浆。裂缝很宽时,可用体积比为 1:3:6 或 1:4:6 的混凝土灌注。勾缝可用体积比为 1:2 或 1:3 的水泥砂浆,也可用 1:0.5:3 或 1:2:9 的水泥石灰砂浆。灌缝和勾缝前应先用水冲洗,并清除裂缝内的泥土、杂草。勾缝时要求砂浆应嵌入缝隙中,与岩体牢固结合。灌缝时要求灌捣密实,灌满缝口并抹平。

(2) 砌石防护。

①浆砌片石实体式护面墙。护面墙是一种浆砌片石覆盖物,多用在易风化的泥岩、页岩、护面墙等岩石及其他风化严重的软弱岩层和较破碎的岩石地段,以防止继续风

化。护面墙仅能承受自重，不能承受侧压力，要求被防护的边坡自身必须稳定，且大致平整。墙的厚度视墙高而定。沿墙身长度每 10 m 应设 2 cm 宽的伸缩缝。墙身横纵方向每隔 2~3 m 设置孔口为 5 cm×10 cm、10 cm×10 cm、10 cm×20 cm 的矩形或直径为 5~10 cm 的圆形泄水孔，泄水孔后面应用碎石和砂砾作反滤层，伸缩缝及泄水孔的布置如图 3-3 所示。

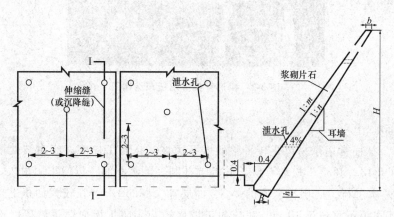

图 3-3　护面墙（尺寸单位：m）

护面墙的基础应置于可靠坚固的地基上，并应埋入当地冰冻线以下 0.25 m，地基承载力不足时应加固。对个别软弱地基段落，可用拱形或搭板的形式跨过，如图 3-4 所示。

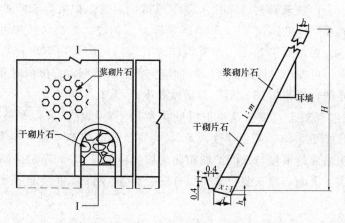

图 3-4　用拱跨过软弱地基（尺寸单位：m）

为了提高护面墙的稳定性，视断面上的基岩好坏，每 6~10 m 高为一级，设宽度不小于 1 m 的平台，墙背每 4~6 m 高设一宽度不小于 0.5 m 的错台（或称耳墙），如图 3-5 所示。

对于防护松散层的护面墙，最好在夹层的底部土层中，留出宽度大于 1.0 m 的边坡平台并进行加固，以增加护面墙的稳定性，如图 3-6 所示。

在边坡开挖时，如岩石中形成凹陷，应以砌石填塞，以支托突出的岩石，或防止岩石继续破损碎落，保证整个边坡稳定，这种墙称为支补墙，如图 3-7 所示。

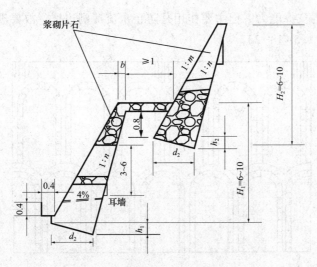

图 3-5 两级护面墙（尺寸单位：m）

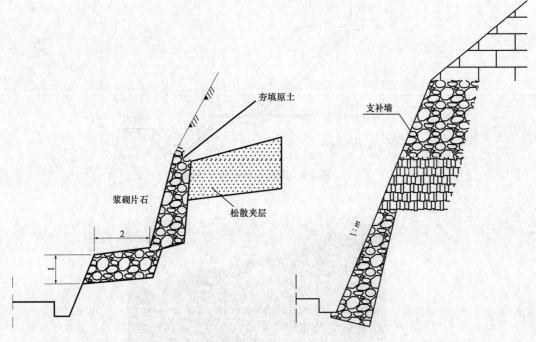

图 3-6 防护松散层的护面墙（尺寸单位：m）　　图 3-7 支补墙（尺寸单位：m）

护面墙在修筑之前，对所防护的边坡，应清出新鲜面，对凹陷处可挖为错台。对于风化迅速的岩层，如云母片岩、绿泥片岩等边坡，清挖出新鲜面后，应立即修筑护面墙。护面墙的顶部应用原土夯填，以免边坡水流冲刷，渗入墙后引起破坏。

②浆砌片石窗孔式护面墙。如图 3-8、图 3-9 所示，窗孔式护面墙主要用于边坡缓于 1∶0.75 的一般土质或破碎岩石边坡。窗孔式护面墙的窗孔为半圆拱形，高度为 3 m，宽度为 2 m，圆拱半径为 1 m。整平层、护面墙的厚度和施工与实体式护面墙相同。这种防护方式的效果与实体护面墙基本相同，但节约砌体数量，总造价较低。

③干砌片石护坡。为防止地面水流或河水对路基坡面的冲刷，可使用干砌片石护坡。干

砌片石护坡有一定的支撑能力，但主要作用是防止水流冲刷边坡，故要求边坡自身应基本稳定（坡度一般为1∶1.5~1∶2）。

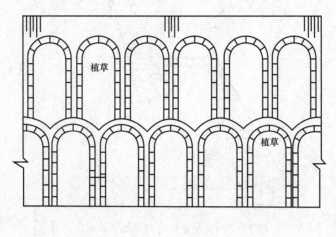

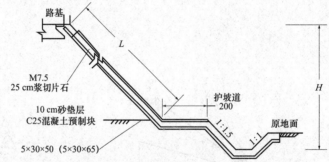

图3-8 窗孔式护面墙结构图

图3-9 窗孔式护面墙示例图

干砌片石防护有单层铺砌（图3-10）和双层铺砌（图3-11）等不同的形式。重要路段或暴雨集中地区的土质高边坡、桥涵附近坡面、岩坡及地面排水沟渠等，也可使用干砌片石加固。

干砌片石护坡，要求坡面稳固，先垫以砂层，然后自下而上平整地铺砌片石。片石应逐块嵌紧且错缝，护面厚度一般不小于25 cm，干砌要勾缝。必要时改用浆砌片石护坡，厚度不宜小于25 cm，护面顶部封闭，以防渗水，并应设置伸缩缝和泄水孔。对严重潮湿或有冻害的路段，一般不宜使用。

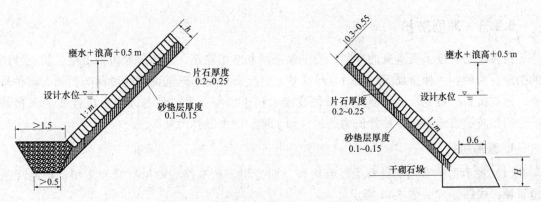

图 3-10 单层铺筑砌片石护坡（尺寸单位：m）

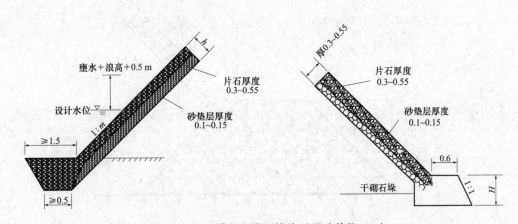

图 3-11 双层铺筑砌片石护坡（尺寸单位：m）

采用干砌片石防护时，为防止水流将铺石下面边坡上的细颗粒土带出来冲走，施工时，应在铺砌层的底面设 0.1～0.2 m 的碎石或砾石混合物垫层，以增加整个铺石防护的弹性使其不易损坏。同时，干砌片石最好用砂浆勾缝，防止水分侵入过多，以提高其整体强度。

④浆砌片石护坡。浆砌片石护坡适用于防护流速较大（4～5 m/s）的沿河路堤，或采用干砌片石不适宜或效果不理想的情况。尤其是与浸水挡土墙或护面墙等结合使用，防护不完全岩层和边坡，效果较好，但对严重潮湿或严重冻害的土质边坡，在未使用排水措施之前，不宜采用。

浆砌片石护坡宜用 0.3～0.5 m 以上的块（片）石砌筑，其厚度一般为 0.2～0.5 m，用于冲刷防护时，最小厚度一般不小于 0.35 m，护坡底面的碎石或砂砾垫层厚度应不小于10 cm（严禁使用石块抛填）。基础要求坚固，底面宜采用 1∶5 向内倾斜的坡度，如遇坚石可挖成台阶，在沿河地段基础应埋置于冲刷线以下 0.5～1.0 m。浆砌片石护坡每长 10～15 m，应留宽约 2 cm 的伸缩缝。护坡的中、下部应设 10 cm×10 cm 的矩形或直径为 10 cm 的圆形泄水孔，一般间距为 2～3 m，泄水孔后 0.5 m 的范围内应设置反滤层。路堤边坡上的浆砌片石护坡，应在路堤沉落密实或夯实后施工，以免因路堤沉落而引起护坡破坏。

3.1.3 冲刷防护

沿河路基直接承受水流的冲刷。为了保证路基坚固稳定，必须采取防护措施。防止冲刷的措施有两种：一种是加固岸坡的直接防护，直接防护措施除前面讲的坡面防护和石砌护坡外，还有抛石、石笼、柔性混凝土板块及浸水挡土墙等；另一种是改变水流性质的间接防护，间接防护措施包括各种导流构造物，如丁坝、顺坝及拦河坝等。

1. 直接防护

（1）抛石防护常用的抛石类型有两种，即适用于新筑路堤的抛石垛和适用于旧路堤的抛石垛，如图 3-12、图 3-13 所示。

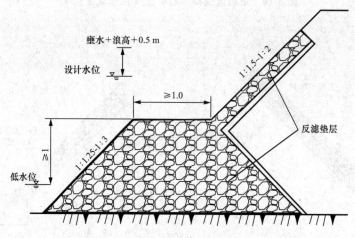

图 3-12　新填路基抛石垛（尺寸单位：m）

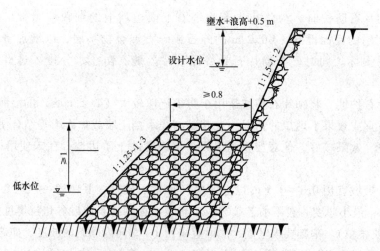

图 3-13　旧路堤抛石垛（尺寸单位：m）

抛石边坡坡度参考值见表 3-1。抛石厚度一般为粒径的 3～4 倍，或为最大粒径的 2 倍。石料要求质地坚硬，耐冻且不易风化崩解。为了在洪水下降后，路堤迅速干燥，减少冲刷，在抛石背后应设置反滤层。抛石时，宜用不小于计算尺寸且大小不同的石块掺杂抛投，使抛石保持一定的充实度。如采用嵌固的抛石防护类型，采用打桩嵌固的方法效果较好。

（2）石笼防护。石笼防护主要用于缺乏大石块的地区，防护沿河路堤坡脚的河岸免受急流和大风浪的破坏，同时也是加固河床，防止冲刷的常用措施。

表 3-1 抛石边坡坡度参考值

水文条件	采用边坡坡度
水浅，流速小	1∶1.25～1∶2
水深 2～6 m，流速较大	1∶2～1∶3
水深大于 6 m，在急流中施工	缓于 1∶2

石笼的优点是有较好的强度和柔性，不需要较大的石料，其缺点是石笼网日久易锈蚀损坏，使其解体。因此，宜采用镀锌铁丝编笼。镀锌铁丝石笼的使用期约为 8～12 年。如用石笼防止冲刷淘底时，一般在河底将石笼铺平，并与坡脚线大致垂直，同时固定靠近坡脚处的一端，另一端不必固定，以便淘底时利于沉落。当石笼用以防止岸坡受冲刷时，则用叠码或平铺于坡面的形式，如图 3-14、图 3-15 所示。

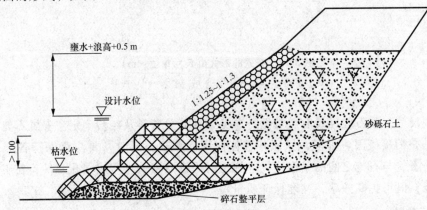

图 3-14 垒码叠砌（尺寸单位：cm）

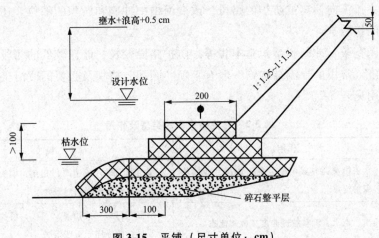

图 3-15 平铺（尺寸单位：cm）

石笼的外形一般为箱形、圆柱形、扁形和柱形等，如图3-16所示。

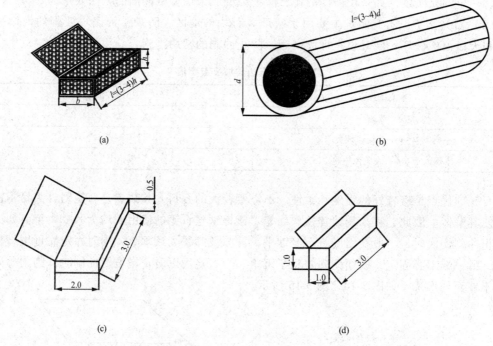

图 3-16 石笼的形式（尺寸单位：m）
(a) 箱形；(b) 圆柱形；(c) 扁形；(d) 柱形

石笼的尺寸、装石粒径及有关数据，参见当地有关资料及经验确定。安置石笼应做到位置正确，搭叠衔接稳固、紧密，保证其整体作用。编制石笼时，要注意保持各部分尺寸正确，以利于石笼与石笼之间的紧密连接。施工时用机器将铁丝弯成网孔元件，在工地上再编结成网或笼，既可提高效率，又能保证质量。

2. 间接防护

采用导流或阻流的方法，改变水流性质，消除或减缓水流对路基边坡的直接冲刷和淘刷，或者迫使主流流向偏离被防护的路段，改变河槽中冲刷和淤积的部位，还有必要的改河工程，均属于间接防护。

一般在河床宽敞、冲刷和淤积基本相等，防护路段较长，流速较低的河段采用间接防护较直接防护经济。常用的导流结构物一般有丁坝、顺坝、格坝及必要的改河工程，导流结构物的类型及作用见表3-2。

表 3-2 导流结构物的类型及作用

类型	作用	说明
丁坝	将水流挑离路基或河岸，束河归槽，改善流态，保护河岸	坝根与河岸（或边滩）相接，坝头伸向河槽，与水流成一定角度的横向建筑物
顺坝	导流、束水、调整航道曲度，改善流态	坝根与河岸（或边滩）相接，坝身与导治线基本重合或平行的纵向导流建筑物

续表

类型	作用	说明
格坝	使水流反射入主要河床，防止高水位时水流溢入顺坝与河岸间而冲刷其间的河床及坝内坡脚与河岸，并促进其间的淤积，可以造田	建于顺坝与河岸之间，其一端与河岸相连，另一端与顺坝坝身相连的横向建筑物
拦河坝	将直接冲刷路基的水流引向旁边，把河道裁弯取直，以便改善路线线形，缩短路线长度，或减少其他路基构造物	建于小河两岸之间，坝根与两河岸相接，与水流成一定角度的横向建筑物

丁坝由坝头、坝身和坝根三部分组成，其横断面为梯形。丁坝所受的外力较小，其断面尺寸主要根据构造要求、施工条件和使用方便等决定。

(1) 坝身。坝身作为坝的主体结构，主要承受波浪的冲击、流冰的撞击及扭转水流方向，关键在于其断面的拟定，包括坝顶宽度及上下游边坡坡度。

(2) 坝头。坝头不但受水流的强烈冲刷，还易受排筏及漂木的撞击，因此，坝头必须进行基础加深及平面防护。一般在坝头的背水面加大坝顶宽度并做成圆滑的曲线形，以及将坝头边坡坡度放缓至1:3。放缓坝头边坡坡度，不但可使坝头稳定，还可以使绕过坝头的水流比较平顺。其防护类型一般宜选用浆砌片石、石笼等坚固耐用的防护类型。

(3) 坝根。坝根与河岸岸坡相连接的地方结构薄弱，往往易被流水冲开，使丁坝逐渐失去作用。坝根处理及其防护范围，与所处河岸的土质、流速、水位变幅及丁坝所处的位置有关。当岸坡较易冲刷或渗透系数较大时，坝根处应开挖基槽，将坝根嵌入岸内，其深度为坝的实际长度的 $0.15 \sim 0.2$ 倍，但不大于 2 m，并在上、下游铺设护坡；当岸坡土不易冲刷或渗透系数较小时，仅在上、下游适当铺设护坡，坝根则不必嵌入岸内。

(4) 顺坝及格坝。当河床断面窄小、不允许过多侵占，或当修建丁坝后河岸的防护加固工作量较大，以及地质条件不适宜修建丁坝时，均适宜修建顺坝。布置顺坝前，必须先有一条合理的导流线。顺坝与上下游河岸的衔接必须协调，顺坝的起点应选在水流平顺的过渡地段，以避免强烈冲刷，坝根应布置在主流转向点稍上的部位。顺坝的终点与河岸可以连在一块，但一般都采用开口式，以利于淤积。

顺坝的构造与丁坝相似，也分坝头、坝身、坝根三部分，坝身的横断面为梯形，坝顶也具有一定的纵坡。不同点是顺坝起导流作用，基本不改变原有水流方向，故坝头水流较平顺，坝头不需加宽。为保护坝头，可将坝头部分的边坡适当放缓至 $1:3 \sim 1:5$。顺坝常与格坝联合使用，格坝设置在顺坝的后部，以促进淤积，防止边坡或河岸受冲刷影响。格坝的间距，视具体情况而定，以使两格坝间流速变慢为原则。当顺坝长度 l 大于 20 m 时，较合理的布置是坝头与第一格坝相距为 $0.25l$，其余间距为 $0.75l$。

(5) 拦河坝。拦河坝即改河工程，在公路上应用不多，通常适用于较短的小河段上，拦河坝具有以下作用：

1) 将直接冲刷路基的水流引向旁边；
2) 路基占用河槽，致使水流断面面积过于压缩，需改移河道以保护路基；

3）将蜿蜒弯曲的河道取直，以便改善路线线形或减少构造物的数量，降低工程造价；

4）常用的拦河坝横断面有梯形和扇形两种，材料一般为浆砌块石及混凝土。拦河坝宜设在水流稳定、不易冲刷的地段，附近最好没有急弯。

3.2　路基支挡结构

为了满足公路线形和路基稳定性的要求，在地形起伏较大的丘陵及山岭地区修建公路将会用到大量的支挡结构。路基支挡结构的整体稳定性和局部稳定性分析与设计是支挡结构形式优选和设计的关键，它不仅与断面结构设计有关，还与填料类型、排水方式、地基条件等有关。本节主要介绍路基支挡结构的用途和类型。

3.2.1　支挡结构的用途

为保证边坡稳定与安全，需对边坡采取支挡、加固与防护措施，即形成支挡结构。支挡结构包括挡土墙、抗滑桩、预应力锚索等支撑和锚固结构。支挡结构可用于稳定路基和路堑边坡，减少土石方工程量和占地面积，防止水流冲刷路基，并经常用于整治塌方、滑坡等路基病害。应根据工程具体情况而设置支挡结构，在遇到下列情况时可考虑修建：

（1）陡坡路堑边坡薄层开挖、路堤边坡薄层填方地段，或为加强路堤本体稳定地段；

（2）为避免大量挖方、降低高边坡或加强边坡稳定性的路堑地段；

（3）不良地质条件下，为加固地基、边坡、山体、危岩或拦挡落石地段；

（4）水流冲刷影响路堤稳定的沿河、滨海路堤地段；

（5）为节约用地、少占农田或为保护重要的既有建筑物地段；

（6）满足其他特殊条件的需要，如环境景观等方面的要求。

3.2.2　支挡结构的类型和适用范围

由于各类支挡结构的修建费用较高，因此，应与其他可能的方案进行经济比较，择优选定。

按支挡结构的位置不同，可分为路堑挡土墙、路堤挡土墙、路肩挡土墙和山坡挡土墙等；按支挡结构的墙体材料不同，可分为石砌挡土墙、混凝土挡土墙、钢筋混凝土挡土墙、砖砌挡土墙、木质挡土墙和钢板墙等；按支挡结构的结构形式与作用机理不同，可分为重力式挡土墙、悬臂式挡土墙、扶壁式挡土墙、杆式挡土墙、抗滑桩、土钉墙、预应力索等多种结构形式。

支挡结构类型的选择应根据与所支挡土体的稳定平衡条件，考虑荷载的大小和方向、地形、地质状况、冲刷深度、基础的埋置深度、基底的承载力设计值和不均匀沉降、可能的地震作用、与其他构造物的衔接、墙面的外观美感、施工难易、造价高低及环境特点等因素综合确定。

挡土墙是最常用的路基支挡结构。各类挡土墙的特点见表3-3。

第3章 路基防护与加固

表 3-3 各类挡土墙的特点

名称	示意图	特点
路堑挡土墙		1. 在山坡陡峻处，用以减少挖方数量，降低边坡高度，避免山坡因开挖而失稳。 2. 在地质不良地段，用以支挡可能滑坍的山坡坡体。
路堤挡土墙		1. 在较陡山坡上填筑路堤时，用以支挡路堤下滑。 2. 收缩坡脚，避免与其他建筑物相互干扰，减少填方量。 3. 保证沿河路堤不受水流冲刷
路肩挡土墙		1. 支挡陡坡路堤下滑。 2. 抬高公路路基高程。 3. 收缩坡脚，减少占地，减少填方数量
山坡挡土墙		支挡山坡覆盖层或滑坡下滑
桥头挡土墙		支承桥梁上部建筑及保证桥头填土稳定
重力式挡土墙		依靠墙身自重承受土压力。结构简单，施工简便，由于墙体重，对地基承载力的要求也较高。墙身一般用浆砌片石或块石砌筑。在墙身不高时，也可用干砌，在缺乏石料地区或条件许可时，也可用混凝土浇筑
衡重式挡土墙	衡重台	设置衡重台使墙身重心后移，并利用衡重台上的填土，增加墙身稳定。上墙背俯斜而下墙背仰斜，可降低墙高及基础开挖，以及节约墙身断面尺寸。适用于开挖较陡的路肩墙、路堤墙和路堑墙（兼有拦挡落石作用）

续表

名称	示意图	特点
混凝土半重力式挡土墙		在墙背设少量钢筋,并将墙趾展宽(保证基底必要的宽度),以减薄墙身,节省圬工。一般用于低墙
悬臂式挡土墙		墙身及基础均采用钢筋混凝土浇筑,断面尺寸较小。由立壁、墙趾板和墙踵板三部分组成。立壁下部弯矩较大,特别是墙高时,需设置较多钢筋。适用于缺乏石料地区及挡土墙高度不大于7 m的情况
扶壁式挡土墙		相当于悬臂式墙的墙长,每隔一定距离设置一道扶壁,增强墙面板(立壁)与墙踵板的连接,以承受较大的弯矩作用。当墙较高时较悬臂式墙经济
锚杆式挡土墙		由肋柱、挡板和锚杆组成,锚杆嵌固在山体内拉住肋柱。肋柱、挡板可预制。一般常用于墙身较高的路堑墙或路肩墙
锚定板式挡土墙		类似于锚杆式,仅锚杆的固定端用锚定板固定在山体内。适用于路堤墙与路堑墙
桩板式挡土墙		由桩柱和挡板组成。利用深埋的桩柱前土层的被动土压力来平衡墙后主动土压力。适用于土压力大,要求基础埋深地段,可用于路堑墙、路肩墙
土钉墙		由土体、土钉和护面板三部分组成。利用土钉对天然土体就地实施加固,并与喷射混凝土护面板相结合,形成类似于重力式挡土墙的加强体,从而使开挖坡面稳定。对土体适应性强、工艺简单、材料用量与工程量较少,可随挖施工逐步推进,自上而下分级施工。常用于稳定挖方边坡,也可作为挖方工程的临时支护

3.2.3 各类挡土墙的适用条件

我国《公路路基设计规范》(JTG D30—2015)规定应根据路基横断面、地形、地质条件和地基承载能力,合理确定挡土墙位置、起讫点、长度和高度,并按表3-4进行技术经济比较后选择适宜的挡土墙类型。

表3-4 各类型挡土墙的适用条件

挡土墙类型	适用条件
重力式挡土墙	适用于一般地区,浸水地段和高烈度区的路堤和路堑等支挡工程。墙高不宜超过12 m,干砌挡土墙的高度不宜超过6 m
半重力式挡土墙	适用于不宜采用重力式挡土墙的地下水水位较高或较软弱的地基上,墙高不宜超过8 m
石笼式挡土墙	可用于地下水较多的土质,风化破碎岩石路段
悬臂式挡土墙	宜在石料缺乏,地基承载力较低的填方路段采用,墙高不宜超过5 m
扶壁式挡土墙	宜在石料缺乏,地基承载力较低的填方路段采用,墙高不宜超过15 m
锚杆挡土墙	宜用于墙高较大的岩质路堑地段。可用作抗滑挡土墙。可采用肋柱式或板壁式单级墙或多级墙。每级墙高不宜大于8 m,多级墙的上、下级墙体之间应设置宽度不小于2 m的平台
锚定板挡土墙	宜使用在缺少石料地区的路肩墙或路堤挡土墙,但不应建筑于滑坡、坍塌、软土及膨胀土地区。可采用肋柱式或板壁式,墙高不宜超过10 m。肋柱式锚定板挡土墙可采用单级墙或双级墙,每级墙高不宜大于6 m,上、下级墙体之间应设置宽度不小于2 m的平台。上、下两级墙的肋柱宜交错布置
加筋土挡土墙	分为有面板加筋土挡土墙和无面板土工格栅加筋挡土墙。有面板加筋土挡土墙可用于一般地区的路肩式挡土墙、路堤式挡土墙,无面板土工格栅加筋挡土墙可用于一般地区的路堤式挡土墙,但均不应修建在滑坡、水流冲刷、崩塌等不良地质地段;高速公路、一级公路墙高不宜大于12 m,二级及二级以下公路不宜大于20 m;当采用多级墙时,每级墙高不宜大于10 m,上、下级墙体之间应设置宽度不小于2 m的平台
桩板式挡土墙	用于表土及强风化层较薄的均质岩石地基,挡土墙高度可较大,也可用于地震区的路堑或路堤支挡或滑坡等特殊地段的治理

3.3 挡土墙的一般构造与总体设计

常用石砌挡土墙及钢筋混凝土挡土墙,一般由墙身、基础、排水设施、沉降缝与伸缩缝等构成。

3.3.1 墙身

挡土墙靠近回填土的一面称为墙背,暴露在外侧的一面称为墙面或墙胸,墙的顶面称为墙顶,墙的底面称为基底。挡土墙的底部,称为基础或基脚,根据需要可与墙身分开建造。基底的外侧前缘部分称为墙趾,基底的内侧后缘部分称为墙踵。如图3-17所示。

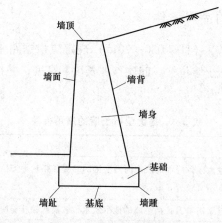

图 3-17 挡土墙组成示意

1. 墙背

根据墙背倾斜方向的不同,墙身断面形式可分为仰斜式、垂直式、俯斜式、凸形折线式和衡重式等,通过分析仰斜、垂直和俯斜三种不同墙背所受的土压力可见,仰斜墙背所受的压力最小,垂直墙背次之。如图 3-18 所示。

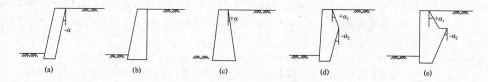

图 3-18 石砌挡土墙断面形式图

仰斜式的墙身断面较经济,且当用作路堑墙时,墙背与开挖的边坡较贴合,所以,开挖与回填量均较小;但当墙趾处地面横坡较陡时,采用仰斜式墙背会使墙高增加,断面增大,因此,仰斜式墙背不宜用于地面横坡较陡处。对于仰斜式挡土墙,墙背越缓,所受土压力越小,但施工越困难,故仰斜式墙背不宜过缓,一般常控制 $\alpha < 14°$(即墙背斜度为 1∶0.25)。

俯斜墙背所受的土压力较大,因此,墙身断面比仰斜式要大。但当地面横坡较陡时,俯斜式挡土墙可采用陡直的墙面减小墙高。俯斜墙背的坡度减缓固然对施工有利,但所受土压力也随之增加,致使断面增大,因此,墙背坡度不宜过缓,通常控制 $\alpha < 21°48′$(即墙背斜度为 1∶0.4)。凸形折线式墙背的上部俯斜,下部仰斜,故其断面较为经济。衡重式墙背可视为在凸形线折线式的上下墙之间设一衡重台,并采用陡直墙面。上墙墙背的坡度通常为 1∶0.25~1∶0.45,下墙墙背的坡度通常为 1∶0.25,上下墙的墙高比通常采用 2∶3。

2. 墙面

通常,基础以上的墙面均为平面,墙面坡度除应与墙背的坡度相协调外,还应考虑墙趾处地面的横坡。当地面横坡较陡时,墙面可直立或外斜,一般外斜坡度为 1∶0.05~1∶0.2,以减小墙高;当地面横坡平缓时,墙面可放缓,一般采用 1∶0.20~1∶0.35 较为经济,但不宜缓于 1∶0.4,以免过多增加墙高。

3. 墙顶

对于石砌挡土墙墙顶的最小宽度，浆砌不小于 50 cm，干砌不小于 60 cm。当用作路肩时，一般用粗料石或低强度等级混凝土做成帽石，帽石厚度为 40 cm。对于路堑墙和路堤墙通常可不做帽石，墙顶选用大块石砌筑，并用砂浆抹平。

4. 护栏

当挡土墙较陡时，为增加驾乘人员心理上的安全感，保证行车安全，墙顶应设护栏。护栏材料及高度、宽度应符合有关规范。护栏距路面边缘的距离应满足路肩最小宽度要求。

3.3.2 基础

基础设计主要包括基础形式的选择和基础埋深的确定。挡土墙通常采用浅基础，绝大多数挡土墙的基础直接设置在天然地基上。当地基软弱，墙身较高时，为减少基底压应力，增加稳定性，墙趾可伸出台阶，以拓宽基底。台阶宽度不小于 20 cm，高宽比可采用 3:2 或 2:1。当地基为较弱土层时，可采用砂砾、碎石、矿渣或石灰土等质量较好的材料换填，以提高地基承载力。

基础埋置深度取决于地质条件、水文情况、冻结深度和邻近建筑物的基础影响等。为保证挡土墙的稳定，基础埋置深度应满足下列要求：

（1）基础最小埋置深度不应小于 1.0 m。风化层不厚的硬质岩石地基，基底应置于基岩未风化层以下。

（2）受水流冲刷时，应按路基设计洪水频率计算冲刷深度，基底应置于局部冲刷线以下不小于 1.0 m。

（3）当冻结深度小于或等于 1.0 m 时，基底应在冻结线以下不小于 0.25 m，且最小埋置深度不小于 1.0 m。冻结深度大于 1.0 m 时，基础最小埋置深度不应小于 1.25 m，并应对基底至冻结线以下 0.25 m 深度范围的地基土采取措施，防止冻害。

（4）路堑挡土墙基底在路肩以下不应小于 1.0 m，并低于边沟砌体底面不小于 0.2 m。

（5）基础位于稳定斜坡地面上时，前趾埋入深度和距地表的水平距离应满足表 3-5 的规定。位于纵向斜坡上的挡土墙，当基底纵坡大于 5% 时，基底应设计为台阶式。当挡土墙采取倾斜基底时，其倾斜度则应符合表 3-6 的规定。

表 3-5 斜坡地面基础埋置条件

土层类别	最小埋入深度 h/m	距离地表水平距离 L/m	图示
较完整的硬质岩石	0.25	0.25 ~ 0.50	
一般硬质岩石	0.60	0.60 ~ 1.50	
软质岩石	1.00	1.00 ~ 2.00	
土层	≥1.00	1.50 ~ 2.50	

表 3-6 基底倾斜度

土层类别		基底倾斜度（$\tan\alpha_0$）
一般地基	岩石	≤0.3
	土质	≤0.2
浸水地基	$\mu<0.5$	0.0
	$0.5\leq\mu\leq0.6$	≤0.1
	$\mu>0.6$	≤0.2

注：基底倾斜角，α——基底面与水平线的夹角；μ——基底与地基间的摩擦系数。

3.3.3 排水设施

挡土墙应设置完善的排水设施，以疏干墙后填料中的水分，防止地表水下渗造成墙后积水，使墙身承受额外的静水压力；消除黏性土填料因含水率增加而产生的膨胀压力；减小季节性冰冻地区填料的冻胀压力。

挡土墙的排水设施通常由地面排水和墙身排水两部分组成。

（1）地面排水，主要是防止地表水渗入墙背填料或地基。可设置地面排水沟，以截留地表水。夯实回填土顶面和地表松土，以减少雨水和地面水下渗，必要时应加设铺砌，采取封闭处理。为防止地表水渗入地基，可采取夯实墙前回填土及加固边沟等措施。

（2）墙身排水，主要是为了迅速排除墙后积水。通常在非干砌的挡土墙身的适当高度处设置一排或数排泄水孔，如图 3-19 所示。对于重力式、悬臂式、扶壁式等整体式墙身的挡土墙，应沿墙高和墙长设置泄水孔，泄水孔应具有向墙外倾斜的坡度，其间距一般为 2~3 m；浸水挡土墙泄水孔间距为 1~1.5 m，上下交错设置。折线墙背可能积水处，也应设置泄水孔。干砌挡土墙可不设泄水孔。最下排泄水孔的底部应高出地面 0.3 m，若为浸水挡土墙，应设于常水位以上 0.3 m。泄水孔的进水侧应设反滤层，厚度不应小于 0.3 m。在最下排泄水孔的底部，应设置隔水层。当墙背填料为非渗水性土质时，应在最低排泄水孔至墙顶以下 0.5 m 高度内，填筑不小于 0.3 m 厚的砂、砾石竖向反滤层，反滤层的顶部应用 0.3~0.5 m 厚的不渗水材料做封闭。当泄水量大时，可在排水层底部加设纵向渗沟，配合排水层把水排至墙外。

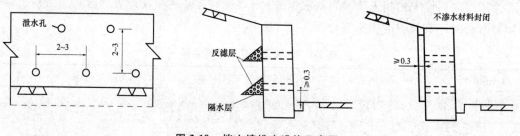

图 3-19 挡土墙排水设施示意图

一般情况下，墙身可不设防水层，但在严寒地区或附近有环境水侵蚀时，应做防水处理。通常对石砌挡土墙先抹一层水泥砂浆，再涂热沥青；对混凝土挡土墙则直接涂热沥青。

3.3.4 沉降缝与伸缩缝

为防止因地基不均匀沉陷而引起墙身开裂,应根据地基地质条件、墙高、墙身断面变化情况,设置沉降缝。为了减少圬工砌体因硬化收缩和温度变化而产生的裂缝,须设置伸缩缝。通常,把沉降缝与伸缩缝结合在一起,统称为沉降伸缩缝或变形缝。各类挡土墙应根据构造特点,设置容纳构件收缩、膨胀及适应不均匀沉降的变形缝构造。

重力式、半重力式、悬臂式、扶壁式等具有整体式墙身的挡土墙,一般应沿墙长10~15 m与其他建筑物连接处设置伸缩缝;应在挡土墙高度突变或基底地质、水文情况变化处,设置沉降缝。平曲线路段挡土墙按折线布置时,转折处宜设置沉降缝。伸缩缝与沉降缝可全高设置,其宽度宜取2~3 cm,缝内沿墙内、外、顶三面填塞沥青麻筋或沥青木板,塞入深度不应小于15 cm。当墙背为填石且冻害不严重时,可仅留空隙,不塞填料。钢筋混凝土挡土墙表面须设置垂直的V形槽,间距不大于10 m,设槽处钢筋不截断;在沉降或伸缩缝处水平钢筋应截断,接缝可做成企口或前后墙面槽口式。干砌挡土墙可不设伸缩缝与沉降缝。位于岩石地基上的整体式墙体的挡土墙,设缝间隔可适当增长,但不应大于20 m。加筋土挡土墙的分段设缝距离可适当加长,但不应大于25 m。

3.3.5 挡土墙结构布置

挡土墙的布置是挡土墙设计的一个重要内容,通常是在路基横断面图和墙趾纵断面图上布设。个别复杂的挡土墙应做平面布置。

1. 挡土墙的横向布置

横向布置主要是在路基横断面图上进行,其内容为确定断面形式和选择挡土墙的位置。

挡土墙的断面形式和位置,均应根据实际情况分析计算后确定。例如,若路肩墙与路堤墙的墙高与圬工数量相近,基础情况也相仿时,宜做路肩墙,因为采用路肩墙,可减少填方和占地;但若路堤墙的墙高或圬工数量比路肩墙显著降低,且基础也可靠时,则宜做路堤墙。无论是路肩墙,还是路堤墙,当地形陡峻时,可采用俯斜式或衡重式;当地形平坦时,则可采用仰斜式。对路堑墙来说,宜用仰斜式或折线式。

2. 挡土墙的纵向布置

挡土墙纵向布置应在墙趾纵断面图上进行,布置后绘成挡土墙正面图,如图3-20所示。纵向布置的内容如下:

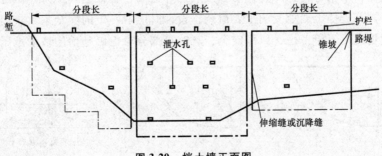

图3-20 挡土墙正面图

（1）确定挡土墙的起讫点和墙长，选择挡土墙与路基或其他结构物的衔接方式。路肩挡土墙端部可嵌入石质路堑中，或采用锥坡与路堤衔接；与桥台连接时，为了防止墙后回填土从桥台尾端与挡土墙连接处的空隙中溜出，需在台尾与挡土墙之间设置隔墙及接头墙。

路堑挡土墙在隧道洞口处应结合隧道洞门、翼墙的设置做到平顺衔接；与路堑边坡衔接时，一般将墙高逐渐降低至 2 m 以下，使边坡坡脚不致伸入边沟内，有时也可与横向端墙连接。

（2）按地基及地形情况进行分段，确定伸缩缝与沉降缝的位置。

（3）布置各段挡土墙的基础。墙趾地面有纵坡时，挡土墙的基底宜做成不大于 5% 的纵坡。但地基为岩石时，为减少开挖，可沿纵向做成台阶。台阶尺寸视纵坡大小而定，但其高宽比不宜大于 1∶2。

（4）布置泄水孔的位置，包括数量、间距和尺寸等。

在布置图上注明各特征点的桩号，以及墙顶、基础顶面、基底、冲刷线、冰冻线、常水位线或设计洪水位的高程等。

3. 挡土墙的平面布置

对于个别复杂的挡土墙，如较高或较长的沿河挡土墙和曲线挡土墙，除横、纵向布置外，还应做平面布置，并绘制平面布置图。

在平面图上，应标示挡土墙与路线平面位置的关系，与挡土墙有关的地物、地貌等情况。对于沿河挡土墙，还应标示河道及水流方向，以及其他防护、加固工程等。

挡土墙的布置，往往需要在平、纵、横三面上多次反复比较，方能得到技术可靠、经济合理、施工简便的最佳方案。

3.4 挡土墙结构的土压力计算

3.4.1 作用于挡土墙的土压力类型

土压力是挡土墙承受的主要荷载。因挡土墙的位移情况不同，可形成不同性质的土压力，如图 3-21 所示。当挡土墙向外移动（位移或倾覆）时，土压力随之减小，直到墙后土体沿破裂面下滑而处于极限平衡状态，此时作用于墙背的土压力称为主动土压力；当挡土墙向墙后土体方向挤压移动，土压力随之增大，土体被推移向上滑动处于极限平衡状态，此时土体对挡土墙的抗力称为被动土压力；挡土墙处于原来位置不动时，土压力介于两者之间，称为静止土压力。采用哪种土压力作为挡土墙设计荷载，要根据具体条件而定。主动土压力按库仑理论计算，是挡土墙承受的主要荷载，设计时应取一定的安全系数。墙趾前的被动土压力，在一般情况下不予考虑，以保安全；有时可部分考虑墙趾前的被动土压力。

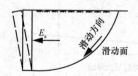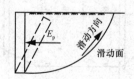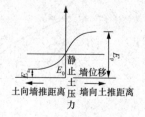

图 3-21　三种不同性质的土压力

3.4.2 计算库仑主动土压力的一般公式

库仑理论的基本假定如下：

(1) 当挡土墙向前滑移时（图3-22），墙后土体将形成一个沿墙背和破裂平面向下滑动的棱体（或称土楔），此时土楔处于主动应力状态。

(2) 墙后土体为均质松散颗粒，粒间仅有摩阻力而无黏结力存在。挡土墙和土楔都是无压缩或拉伸变形的刚体。

(3) 土楔刚形成时，土楔在自重与墙背反力及破裂面反力的作用下保持静力平衡，故土体处于极限平衡状态。根据静力平衡原理，作用于挡土墙墙背的最大主动土压力按式（3-1）计算。

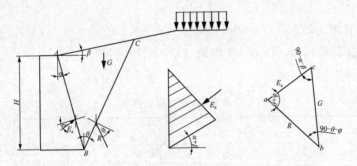

图 3-22 破裂面交于内边坡

$$E_a = \frac{1}{2}\gamma H^2 K_a \tag{3-1}$$

式中 E_a ——每米墙长的主动土压力（kN）；

γ ——墙后填土的重度（kN/m³）；

H ——挡土墙的高度（m）；

K_a ——主动土压力系数，按照式（3-2）计算，其大小取决于边界条件。

$$K_a = \frac{\cos^2(\varphi - \alpha)}{\cos^2\alpha\cos(\alpha + \delta)\left[1 + \sqrt{\frac{\sin(\alpha + \delta)\sin(\varphi - \beta)}{\cos(\alpha + \delta)\cos(\alpha - \beta)}}\right]^2} \tag{3-2}$$

式中 φ ——填土的内摩擦角（°）；

α ——墙背倾斜角（°），俯斜墙背角度为正，仰斜墙背角度为负；

δ ——墙背与填土间的摩擦角（°）；

β ——墙后填土表面的倾斜角（°）。

土压力的水平分力和垂直分力按式（3-3）计算。

$$\begin{aligned} E_x &= E_a \cdot \cos(\alpha + \beta) \\ E_y &= E_a \cdot \sin(\alpha + \beta) \end{aligned} \tag{3-3}$$

式中 E_x、E_y ——分别为土压力的水平分力和垂直分力（kN）；

α ——墙背倾斜角，俯斜墙背为正，仰斜墙背为负；

β——墙背与填土间的摩擦角,即外摩擦角。

这里只讲述破裂面交于内边坡的情况,破裂面交于路基顶面和交于外边坡的情况从略,涉及土压力计算请参考土力学知识。

3.4.3 车辆荷载及计算参数

作用于墙后破裂棱体上的车辆荷载,使土体中出现附加的竖直应力,从而产生附加的侧向压力。考虑到这种影响,可将车辆荷载近似地按均布荷载考虑,换算成单位体积的重力与墙后填料相同的均布土层。

车辆荷载引起的附加土体侧压力按式(3-4)计算:

$$h = \frac{q}{\gamma} \tag{3-4}$$

式中 γ——墙背填土的重度(kN/m^3);
  q——附加荷载强度,按表 3-7 取用(kN/m^2);
  h——换算土层厚(m)。

表 3-7 附加荷载强度

墙高 H/m	$q/(kN \cdot m^{-2})$	墙高 H/m	$q/(kN \cdot m^{-2})$
<2.0	20.0	>10.0	10.0

注:H 在 2.0~10.0 m 的中间值可用表中数值线性内插计算。

3.5 挡土墙设计

3.5.1 挡土墙稳定性验算

1. 作用在挡土墙的力系(荷载)

作用在挡土墙上的力系,按其作用性质分为永久作用(主要力系)、可变作用(附加力系)和偶然作用(特殊力)。主要力系中的永久作用是经常作用于挡土墙的各种力,包括:挡土墙自重 G 及位于墙上的恒载;墙后土体的主动土压力(包括作用在墙后填料破裂棱体上的荷载,简称超载);基底的法向力 N 和摩擦力 T;墙前土体的被动土压力;预加力、混凝土收缩及徐变、基础变形影响力等;对于浸水挡土墙而言,永久作用中还应包括常水位时的静水压力和浮力。

可变作用(附加力系)是指车辆荷载引起的土侧压力、人群荷载引起的土侧压力、施工荷载、温度应力,以及季节性地作用于挡土墙的各种力(如洪水时的静水压力和浮力、动水压力、波浪冲击力,以及冻胀压力等)。

偶然作用(特殊力)是偶然出现的各种荷载力,如地震力、水流漂浮物的撞击力、滑坡与泥石流作用力,以及作用于墙顶栏杆上的车辆碰撞力等。各种作用(荷载)的取舍,应根据挡土墙所处的具体工作条件,按最不利组合作为设计的依据,具体见表 3-8。

表 3-8　常用作用（或荷载）组合

组合	作用（或荷载）名称
Ⅰ	挡土墙结构重力、墙顶上的有效永久荷载、填土重力、填土侧压力及其永久荷载组合
Ⅱ	组合Ⅰ与基本可变荷载相组合
Ⅲ	组合Ⅱ与其他可变荷载、偶然荷载相组合

注：1. 洪水与地震力不同时考虑。
　　2. 冻胀力、冰压力与流水压力或波浪压力不同时考虑。
　　3. 车辆荷载与地震力不同时考虑。

2. 挡土墙设计原则

挡土墙设计计算采用以极限状态设计的分项系数法为主的设计方法，挡土墙设计极限状态分为构件承载力极限状态和正常使用极限状态，承载力极限状态是指当挡土墙出现以下任何一种状态，即认为超过了承载力极限状态：

（1）整个挡土墙或挡土墙的一部分作为刚体失去平衡。

（2）挡土墙构件或连接部件因材料承受的强度超过极限而破坏，或因过量塑性变形而不适于继续承载。

（3）挡土墙结构变为机动体系或局部失去平衡。

正常使用极限状态是指挡土墙出现下列状态之一时，即认为超过了正常使用极限状态：

（1）影响正常使用或外观变形。

（2）影响正常使用或耐久性的局部破坏（包括裂缝）。

（3）影响正常使用的其他特定状态。

挡土墙按构件承载能力极限状态设计时，采用下列表达式：

$$\gamma_0 S \leq R(\cdot) \tag{3-5}$$

$$R(\cdot) \leq R\left(\frac{R_k}{\gamma_f}, \alpha_d\right) \tag{3-6}$$

式中　γ_0——结构重要性系数，按表 3-9 取值；
　　　S——作用（或荷载）效应的组合设计值；
　　　$R(\cdot)$——挡土墙结构抗力函数；
　　　R_k——抗力材料的强度标准值；
　　　γ_f——结构材料、岩土性能的分项系数，按表 3-10 取值；
　　　α_d——结构或者结构构件几何参数的设计值，当无可靠数据时，可采用几何参数标准值。

表 3-9　结构重要性系数

墙高/m	公路等级	
	高速公路、一级公路	二级及二级以下公路
≤5.0	1.0	0.95
>5.0	1.05	1.0

表 3-10 承载能力极限状态作用（或荷载）分项系数

情况	荷载增大对挡土墙结构起有利作用时		荷载增大对挡土墙结构起不利作用时	
组合	Ⅰ、Ⅱ	Ⅲ	Ⅰ、Ⅱ	Ⅲ
垂直恒载 γ_G	0.90		1.20	
恒载或车辆荷载的主动土压力 γ_{Q1}	1.00	0.95	1.40	1.30
被动土压力 γ_{Q2}	0.30		0.50	
水浮力 γ_{Q3}	0.95		1.10	
静水压力 γ_{Q4}	0.95		1.05	
动水压力 γ_{Q5}	0.95		1.20	
地震力 γ_{Q6}	0.90		1.10	

挡土墙按正常使用极限状态设计时，通常采用表 3-10 所列的各分项系数；当 γ_G 取为 0.9 或 1.2 时，滑动稳定方程计算结果与总安全系数法比较，安全度水平提高或降低过大，故采用 1.1；当 γ_G 取为 0.9 时，抗倾覆稳定方程验算与总安全系数法比较，安全度水平略有下降，且最大负误差超过 10%，故取 $\gamma_G = 0.8$ 较适宜；当对挡土墙进行基础合力偏心距计算时，除被动土压力 γ_{Q2} 采用 0.3 外，其他全部荷载系数规定采用 1.0。

3. 稳定性验算的项目和控制指标

在规定的墙高范围内，验算挡土墙的抗滑动和抗倾覆稳定时，计算图式如图 3-23 所示，验算项目和稳定系数控制指标见表 3-11。

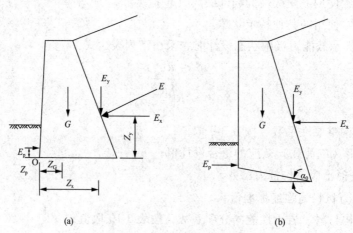

图 3-23 挡土墙稳定性计算图示
（a）抗倾覆稳定；（b）抗滑动稳定

表 3-11 抗滑动和抗倾覆的稳定系数

荷载情况	验算项目	稳定系数
荷载组合Ⅰ、Ⅱ	抗滑动 K_c	1.3
	抗倾覆 K_0	1.5

续表

荷载情况	验算项目	稳定系数
荷载组合Ⅲ	抗滑动 K_c	1.3
	抗倾覆 K_0	1.3
施工阶段验算	抗滑动 K_c	1.2
	抗倾覆 K_0	1.2

(1) 挡土墙的抗滑动稳定方程应满足式（3-7）的要求，抗滑动稳定系数应按式（3-8）计算。

$$[1.1G + \gamma_{Q1}(E_y + E_x\tan\alpha_0) - \gamma_{Q2}E_p\tan\alpha_0]\mu + (1.1G + \gamma_{Q1}E_y)\tan\alpha_0 - \gamma_{Q1}E_x + \gamma_{Q2}E_p > 0 \tag{3-7}$$

$$K_c = \frac{[N + (E_x - E_p')\tan\alpha_0]\mu + E_p'}{E_x - N\tan\alpha_0} \tag{3-8}$$

式中 G——位于基底以上的重力（kN），浸水挡土墙的浸水部分应计入浮力；

E_y——墙后主动土压力的竖向分量（kN）；

E_x——墙后主动土压力的水平分量（kN）；

E_p——墙前被动土压力的水平分量（kN），当为浸水挡土墙时，$E_p = 0$；

E_p'——墙前被动土压力水平分量的0.3倍（kN）；

α_0——基底倾斜角（°），基底为水平时，$\alpha_0 = 0$；

γ_{Q1}、γ_{Q2}——主动土压力分项系数、墙前被动土压力分项系数；

μ——基底与地基间的摩擦系数。

(2) 挡土墙的抗倾覆稳定方程应满足式（3-9）的要求，抗倾覆稳定系数应按式(3-10)计算。

$$0.8GZ_G + \gamma_{Q1}(E_yZ_x - E_xZ_y) + \gamma_{Q2}E_pZ_p > 0 \tag{3-9}$$

$$K_0 = \frac{GZ_G + E_yZ_x + E_p'Z_p}{E_xZ_y} \tag{3-10}$$

式中 Z_G——墙身重力、基础重力、基础上填土的重力及作用于墙顶的其他荷载的竖向力合力重心到墙趾的距离（m）；

Z_x——墙后主动土压力竖向分量到墙趾的距离（m）；

Z_y——墙后主动土压力水平分量到墙趾的距离（m）；

Z_p——墙前被动土压力的水平分量到墙趾的距离（m）。

其余符号意义同前。

3.5.2 基底应力及合力偏心距验算

为保证挡土墙在土压力及外荷载作用下，有足够的强度及稳定性，在设计挡土墙时，应验算挡土墙沿基底的抗滑动稳定性、绕墙趾的抗倾覆稳定性、基底应力和偏心距以及墙身强度等。一般情况下，主要由基底承载力和滑动稳定性来控制设计，墙身应力可不必验算，挡土墙的力学计算取单位长度计算。

1. 作用于挡土墙的力系

挡土墙设计所用的荷载主要包括：挡土墙自重及位于墙上的恒载；作用于墙背上的主动土压力（包括墙后填料破坏棱体上的荷载）；基底的法向反力及摩阻力。浸水地质还应考虑附加力，而在地震区应考虑地震对挡土墙的影响，各种力的取舍，应根据挡土墙所处的具体工作条件，按最不利的组合作为设计的依据。

2. 基底应力及合力偏心距验算

（1）基底合力的偏心距 e_0，结合计算如图 3-24 所示，可按式（3-11）~式（3-13）计算：

$$e_0 = \frac{M_d}{N_d} \leq [e_0] \tag{3-11}$$

式中 N_d ——作用于基底上的垂直力组合设计值（kN/m）；

M_d ——作用于基底形心的弯矩组合设计值（MPa）。

$$M_d = W\left(\frac{B}{2} - Z_w\right) + E_x Z_x - E_y\left(Z_y - \frac{B}{2}\right) \tag{3-12}$$

$$N_d = W + E_y \tag{3-13}$$

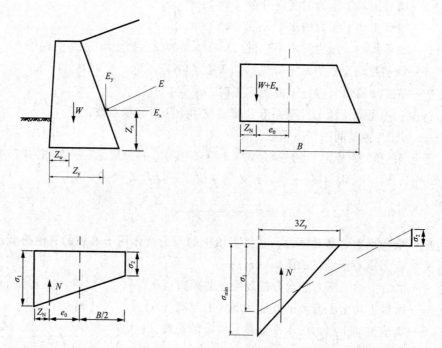

图 3-24 基底应力分布图

挡土墙地基应力验算时，各类作用（或荷载）组合下，作用效应组合设计值计算式中的作用分项系数，除被动土压力分项系数 $\gamma_{Q2} = 0.3$ 外，其余作用（或荷载）的分项系数规定均等于 1。重力式挡土墙轴向力的偏心距 e_0 应符合表 3-12 的规定。

表 3-12 圬工结构轴向力合力的容许偏心距 e_0

荷载组合	容许偏心距	荷载组合	容许偏心距
Ⅰ、Ⅱ	0.25B	施工荷载	0.33B
Ⅲ	0.3B		

注：B 为沿力矩转动方向的矩形计算截面宽度。

（2）基底压应力 σ 应按下式计算：

轴心受压：

$$\sigma = \frac{N_d}{A} = \frac{W + E_y}{B} \leq [\sigma] \tag{3-14}$$

偏心受压：

$$\sigma = \frac{N_d}{A} \pm \frac{\sum M}{W_0} = \frac{W + E_y}{B}\left(1 \pm \frac{6e_0}{B}\right) \leq [\sigma] \tag{3-15}$$

式中 σ——挡土墙基底的压应力（kPa）；

B——基底宽度，倾斜基底为其斜宽；

A——基础底面每延米的面积，矩形基础为基础宽度 $B \times 1$（m²）。

其余符号意义同前。

从上述分析可知，合力偏心距直接影响到基底应力的大小和性质（拉或压），如偏心距过大，即使基底应力小于地基容许承载力，但由于墙趾压应力 σ_1 与墙踵压应力 σ_2 相差过大，也可能引起基础产生不均匀沉陷，从而导致墙身过分倾斜，为此应控制偏心距。偏心距应符合下列要求：土质地基不应大于 $B/6$，基底压应力按照式（3-16）计算；岩石地基不应大于 $B/6$，挡土墙基底压应力按式（3-17）、式（3-18）计算。

$$|e_0| \leq \frac{B}{6} \text{ 时，} \quad \sigma_{1,2} = \frac{N_d}{A}\left(1 \pm \frac{6e_0}{B}\right) \tag{3-16}$$

$$e_0 > \frac{B}{6} \text{ 时，} \quad \sigma_1 = \frac{2N_d}{3\alpha_1}, \quad \sigma_2 = 0 \tag{3-17}$$

$$\alpha_1 = \frac{B}{2} - e_0 \tag{3-18}$$

基底应力及合力偏心距不满足要求时，采取以下措施可降低基底压应力及减少偏心距：

1）加宽墙趾或扩大基础，可加大承压面积，调整偏心距。

2）加固地基或换土，以提高地基承载力。

3）调整墙背坡度或断面形式以减小偏心距。

采用加宽墙趾的方法时，如地面横坡较陡，则会因此增加墙身高度，所以，应与其他方法进行比较后再予确定。

3.5.3 墙身截面强度验算

重力式挡土墙一般均属于偏心受压，故截面强度应按偏心受压构件进行验算。通常选择一两个控制性断面进行墙身应力和偏心距验算,如墙身底部、墙身中部和断面形状突变处,如图 3-25 所示。

挡土墙验算方法详见《公路路基设计规范》(JTG D30—2015),当挡土墙墙身高度小于 12 m 时,可依据当地地质、墙体类型及荷载情况直接应用标准图集。

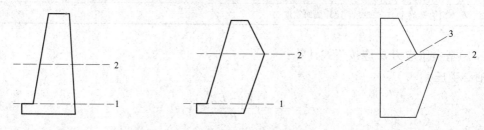

图 3-25 墙身强度验算图示

3.5.4 增加挡土墙及挡土墙抗倾覆稳定性的措施

1. 增加挡土墙稳定性的措施

当挡土墙的抗滑稳定性不足时,可考虑采用下列措施,以增加其抗滑动稳定性。

(1) 采用倾斜基底。设置向内倾斜的基底,可以增加抗滑力和减少滑动力,从而增加抗滑稳定性,如图 3-26 所示,基底倾斜角越大,越有利于抗滑稳定性,但应考虑挡土墙连同地基土体一起滑走的可能性,因此对地基倾斜度应加以控制。通常,对于土质地基基底倾角不陡于 1:5;对于岩石地基不陡于 1:3,浸水地基,$\mu<0.5$,不宜采用倾斜基底;$0.5<\mu<0.6$,基底倾斜率不大于 1:10;$\mu\geqslant 0.6$,基底倾斜率不大于 1:5。

(2) 采用凸榫基础。在挡土墙基础底面设置混凝土凸榫,与基础连成整体,利用凸榫前土体所产生的被动土压力以增加挡土墙的抗滑稳定性,如图 3-27 所示。

(3) 更换基底土层,以增大基础底面与地基之间的摩擦系数。

(4) 改变墙身断面形式和尺寸,以增大垂直力系,但单纯扩大断面尺寸,收效不大,也不经济。

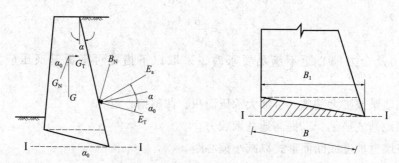

图 3-26 倾斜基底增加挡土墙抗滑稳定性

2. 增加抗倾覆稳定性的措施

挡土墙的抗倾覆稳定性不足时,可考虑采用下列措施,以增加抗倾覆稳定性。

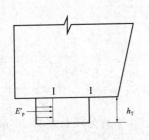 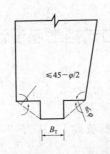 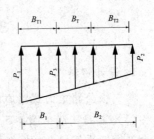

图 3-27　凸榫基础

（1）展宽墙趾，即在墙趾处加宽基础，以增大力臂，但当墙趾前底面横坡较陡时，会因加宽墙趾而使墙高增加。

（2）改变墙面及墙背坡度，改缓墙面坡度可增加稳定力臂，改陡俯斜墙背或改为仰斜墙背可减少土压力，如图 3-28 所示。在地面纵坡较陡处，均需注意对墙高的影响。

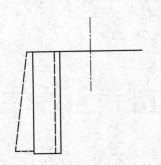 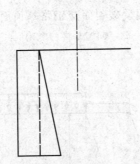 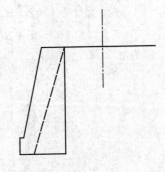

图 3-28　改变墙面及墙背坡度

（3）改变墙身断面类型。当地面横坡较陡时，应使墙胸尽量陡立。这时可改变墙身断面类型，如改用衡重式墙或者墙后加设卸荷平台、卸荷板，如图 3-29 所示。以减少土压力并增加稳定力矩。

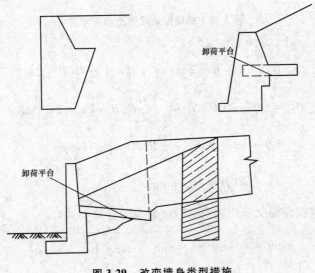

图 3-29　改变墙身类型措施

3.6 重力式挡土墙设计示例

1. 设计资料

某二级公路重力式路肩墙设计资料如下：

（1）墙身构造：墙高 5 m，墙背仰斜坡度 1：0.25（=14°02′），墙身分段长度为 20 m，其余初始拟采用尺寸如图 3-30 所示。

（2）土质情况：墙背填土重度 $\gamma = 18 \text{ kN/m}^3$，内摩擦角 $\varphi = 35°$；填土与墙背之间的摩擦角 $\delta = 17.5°$；地基为岩石，地基容许承载力 $[f_a] = 500 \text{ kPa}$，基底摩擦系数 $f = 0.5$。

（3）墙身材料：砌体重度 $\gamma = 20 \text{ kN/m}^3$，砌体容许压应力 $[\sigma] = 500 \text{ kPa}$，容许剪应力 $[\tau] = 80 \text{ kPa}$。

2. 破裂棱体位置确定

（1）破裂面（θ）的计算。假设破裂面交于路基顶面，则有

$$\theta = \alpha + \beta + \varphi = -14°2′ + 17°30′ + 35° = 38°28′$$

因为 $\theta < 90°$，取正。

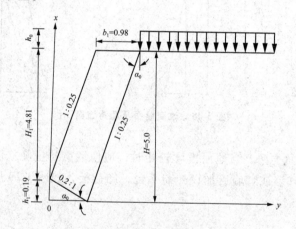

图 3-30 初始拟采用挡土墙尺寸图

$$A_0 = \frac{1}{2}(a + H + 2h_0)(a + H) = \frac{1}{2}H(H + 2h_0)$$

$$B_0 = \frac{1}{2}ab + (b + d)h_0 - \frac{1}{2}H(H + 2a + 2h_0)\tan\alpha$$

$$= 0 + (0 + 0)h_0 - \frac{1}{2}H(H + 2h_0)\tan\alpha$$

$$= -\frac{1}{2}H(H + 2h_0)\tan\alpha$$

根据路堤挡土墙破裂面交于荷载内部时破裂角的计算公式：

$$\tan\theta = -\tan\varphi + \sqrt{(\cot\varphi + \tan\varphi)\left(\frac{B_0}{A_0} + \tan\varphi\right)}$$

$$= -\tan\varphi + \sqrt{(\cot\varphi + \tan\varphi)(\tan\varphi - \tan\alpha)}$$
$$= -\tan 38°28' + \sqrt{(\cot 35° + \tan 38°28')(\tan 38°28' + \tan 14°2')}$$
$$= -0.7945 + \sqrt{(1.428 + 0.7945)(0.7945 + 0.25)}$$
$$= 0.7291$$
$$\theta = 36°5'44''$$

（2）验算破裂面是否交于荷载范围内。

破裂棱体长度：
$$L_0 = H(\tan\theta - \tan\alpha) = 5 \times (0.7291 - 0.25) = 2.4(\text{m})$$

车辆荷载分布长度：
$$L = Nb + (N-1)m + d = 2 \times 1.8 + 1.3 + 0.6 = 5.5(\text{m})$$

所以 $L_0 < L$，即破裂面交于荷载范围内，符合假设。

3. 荷载当量土柱高度计算

墙高 5 m，按墙高确定附加荷载强度进行计算。按照线性内插法，计算附加荷载强度：$q = 16.25 \text{ kN/m}^2$，则

$$h_0 = \frac{q}{\gamma} = \frac{16.25}{18} = 0.9 \text{ (m)}$$

4. 土压力计算

$$A_0 = \frac{1}{2}(a + H + 2h_0)(a + H)$$
$$= \frac{1}{2}(0 + 5.0 + 2 \times 0.9)(0 + 5.0)$$
$$= 17$$
$$B_0 = \frac{1}{2}ab + (b+d)h_0 - \frac{1}{2}H(2a + H + 2h_0)\tan\alpha$$
$$= 0 + 0 - \frac{1}{2} \times 5.0 \times (5 + 0 + 2 \times 0.9) \times \tan(-14°2')$$
$$= 4.25$$

根据路堤挡土墙破裂面交于荷载内部的土压力计算公式：
$$E_a = \gamma(A_0\tan\theta - B_0)\frac{\cos(\theta+\varphi)}{\sin(\theta+\varphi)}$$
$$= 18 \times (17 \times 0.7291 - 4.25)\frac{\cos(36°5'44'' + 35°)}{\sin(36°5'44'' + 38°28')}$$
$$= 49.25(\text{kN})$$
$$E_x = E_a\cos(\alpha + \delta) = 49.25 \times \cos(-14°2' + 17°30')$$
$$= 49.14(\text{kN})$$
$$E_y = E_a\sin(\alpha + \delta) = 49.25 \times \sin(-14°2' + 17°30')$$
$$= 2.97(\text{kN})$$

5. 土压力作用点位置计算

$$K_1 = 1 + 2h_0/H = 1 + 2 \times 0.9/5 = 1.36$$

$$Z_{y1} = H/3 + h_0/(3K_1) = 5/3 + 0.9/(3 \times 1.36) = 1.89(\text{m})$$

式中 Z_{y1}——土压力作用点到墙踵的垂直距离（m）。

6. 土压力对墙趾力臂计算

基底倾斜，土压力对墙趾的力臂：

$$Z_y = Z_{y1} - h_1 = 1.89 - 0.19 = 1.7(\text{m})$$

$$Z_x = b_1 + Z_y\tan\alpha = 0.98 + 1.7 \times 0.25 = 1.41(\text{m})$$

7. 稳定性计算

(1) 墙体重量及其作用点位置计算。挡土墙按单位长度计算，为方便计算，从墙趾处沿水平方向把挡土墙分成两部分，上部分为四边形，下部分为三角形：

$$V_1 = b_1 \times H_1 = 0.98 \times 4.81 = 4.714(\text{m}^2)$$

$$G_1 = V_1 \times \gamma_1 = 4.714 \times 20 = 94.28(\text{kN})$$

$$Z_{G1} = 1/2(H_1\tan\alpha + b_1) = 1.09(\text{m})$$

$$V_2 = 1/2 \times b_1 \times h_1 = 0.5 \times 0.98 \times 0.19 = 0.093(\text{m}^2)$$

$$G_2 = V_2 \times \gamma_1 = 1.86(\text{kN})$$

$$Z_{G2} = 0.651 \times b_1 = 0.64(\text{m})$$

$$G = G_1 + G_2 = 94.28 + 1.86 = 96.14(\text{kN})$$

(2) 抗滑稳定性验算。

倾斜基底 0.2∶1（$\alpha = 11°18'36''$），验算公式：

$$[1.1G + \gamma_{Q1}(E_y + E_x\tan\alpha_0) - \gamma_{Q2}E_p\tan\alpha_0]\mu + (1.1G + \gamma_{Q1}E_y)\tan\alpha_0 - \gamma_{Q1}E_x + \gamma_{Q2}E_p$$

$$= [1.1 \times 96.14 + 1.4 \times (2.97 + 49.14 \times 0.198)] \times 0.5 + (1.1 \times 96.14 + 1.4 \times 2.97) \times 0.198 - 1.4 \times 49.14$$

$$= 14.73 > 0$$

所以抗滑稳定性满足要求。

(3) 抗倾覆稳定性验算。

$$0.8GZ_G + \gamma_{Q1}(E_yZ_x - E_xZ_y) + \gamma_{Q2}E_pZ_p$$

$$= 0.8 \times (94.28 \times 1.09 + 1.86 \times 0.64) + 1.4 \times (2.97 \times 1.41 - 49.14 \times 1.7) + 0$$

$$= -27.9 < 0$$

所以倾覆稳定性不足，应采取改进措施以增强抗倾覆稳定性。重新拟定 $b_1 = 1.20$ m，倾斜基底，土压力对墙趾力臂：

$$Z_y = 1.7 \text{ m}$$

$$Z_x = b_1 + Z_y\tan\alpha = 1.20 + 1.7 \times 0.25 = 1.63(\text{m})$$

$$V_1 = b_1 \times H_1 = 1.20 \times 4.81 = 5.772(\text{m}^2)$$

$$G_1 = V_1 \times \gamma_1 = 5.773 \times 20 = 115.46(\text{kN})$$

$$Z_{G1} = 1/2(H_1\tan\alpha + b_1) = 1.20(\text{m})$$

$$V_2 = 1/2 \times b_1 \times h_1 = 0.5 \times 1.20 \times 0.19 = 0.114(\text{m}^2)$$

$$G_2 = V_2 \times \gamma_1 = 2.28 \text{ (kN)}$$

$$Z_{G2} = 0.651 \times b_1 = 0.78 \text{ (m)}$$

$$0.8GZ_G + \gamma_{Q1}(E_y Z_x - E_x Z_y) + \gamma_{Q2} E_p Z_p$$

$$= 0.8 \times (115.44 \times 1.20 + 2.28 \times 0.78) + 1.4 \times (2.97 \times 1.63 - 49.14 \times 1.7) + 0$$

$$= 2.069 < 0$$

所以倾覆稳定性满足要求。

8. 基底应力和合力偏心距验算

(1) 合力偏心距计算。

$$e_0 = \left|\frac{M}{N_1}\right| = \left|\frac{M_E + M_G}{(G + E_y)\cos\alpha_0 + E_x\sin\alpha_0}\right|$$

上式中，弯矩为作用于基底形心的弯矩，所以计算时，先要计算对形心的力臂，根据前面计算过的对墙趾的力臂，可以计算对形心的力臂。

倾斜基底的宽度 B' 经计算：

$$B' = \frac{b_1 \cos\alpha}{\cos(\alpha - \alpha_0)} = 1.17 \text{ (m)}$$

$$Z'_{G1} = Z_{G1} - \frac{B'}{2} = 1.20 - 0.59 = 0.61(\text{m})$$

$$Z'_{G2} = Z_{G2} - \frac{B'}{2} = 0.78 - 0.59 = 0.19(\text{m})$$

$$Z'_y = Z_y + \frac{B'}{2}\tan\alpha_0 = 1.7 + 0.59 \times 0.198 = 1.82(\text{m})$$

$$Z'_x = Z_x - \frac{B'}{2}\tan\alpha_0 = 1.63 - 0.59 = 1.04(\text{m})$$

挡土墙自重及基底合力偏心距为

$$G = G_1 + G_2 = 115.46 + 2.28 = 117.74(\text{kN})$$

$$e = \left|\frac{M}{N_1}\right| = \left|\frac{M_E + M_G}{(G + E_y)\cos\alpha_0 + E_x\sin\alpha_0}\right|$$

$$= \left|\frac{(E_y Z'_y - E_x Z'_x) + (G_1 Z'_{G1} + G_2 Z'_{G2})}{(G + E_y)\cos\alpha_0 + E_x\sin\alpha_0}\right|$$

$$= \left|\frac{(2.97 \times 1.03 - 49.14 \times 1.82) + (115.46 \times 0.6 + 2.28 \times 0.18)}{(117.74 + 2.97) \times 0.98 + 49.14 \times 0.19}\right|$$

$$= |-0.13|(\text{m}) < \frac{B'}{6} = 0.195(\text{m})$$

所以基底合力偏心距满足规范的规定。

(2) 基底应力验算。

$$N_1 = 127.61$$

$$|e_0| < \frac{B'}{6}$$

$$P_{1,2} = \frac{N_1}{A}\left(1 \pm \frac{6e_0}{B'}\right) = 176.75 \text{ kPa} < [\sigma] = 500 \text{ kPa}$$

所以基底应力满足要求。

9. 截面内力计算

墙面墙背平行,截面最大应力出现在接近基底处。由基底应力验算可知,偏心距及基底应力满足地基承载力,墙身应力也满足要求。墙顶顶宽1.20 m,墙高5 m。

10. 设计图纸及工程量

(1) 典型断面图如图3-31所示,平面布置图如图3-32所示,立面图如图3-33所示。

(2) 挡土墙工程数量见表3-13。

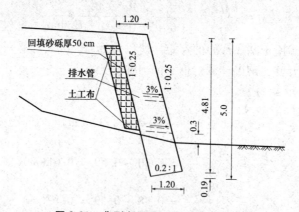

图 3-31 典型断面图(尺寸单位:m)

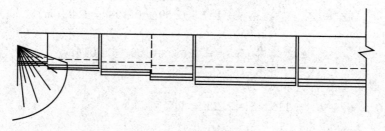

图 3-32 平面布置图

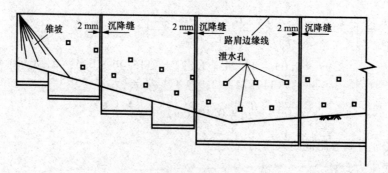

图 3-33 立面布置图

表 3-13 工程数量表

墙高/m	断面尺寸/m				M7.5/(m³·m⁻¹)
	h_1	H	H_1	b_1	
5.0	0.19	5.0	4.81	1.20	4.84

路肩墙墙体间隔 20 m 设置沉降缝一道，缝内用沥青麻絮嵌塞；泄水孔尺寸为 10 cm × 10 cm，每 2~3 m 布置一个，泄水孔应高出地面不小于 30 cm；墙背均应设置 30 cm 厚的砂砾透水层，并做土工布封层。

思考与习题

1. 防护工程的目的是什么？防护工程有哪些基本要求？防护工程分为哪几种类型？
2. 植物防护分为几种类型？各种类型的适用情况如何？简述各种植物防护的设置方法。
3. 工程防护分为几种类型？各种类型的适用情况如何？简述各种工程防护的设置方法。
4. 间接防护分为几种类型？各种类型的适用情况如何？简述各种间接防护的设置方法。
5. 挡土墙纵向布置有哪些主要要求？
6. 挡土墙抗滑、抗倾覆或基底承载力不足时应分别采取哪些措施？
7. 挡土墙土压力计算中如何考虑车辆荷载的作用？

第 4 章

路基施工

★ 主要内容

本章主要讲述湿软地基处理方法、路堤填筑与压实、路堑开挖、路基变形分析与监测、路基施工新技术。

★ 学习目标

(1) 了解石质路堑爆破施工。
(2) 熟悉路基变形分析及监测、路基施工新技术。
(3) 掌握湿软地基处理方法,路基填方施工、挖方施工的方法及路基压实要求。

4.1 湿软地基处理

路基铺设计于天然地基上,自身荷载较大,要求地基应具有足够的承载力,以保持地基稳定。另外,在某些自然因素(如地下水、坑穴、湿陷、胀缩等)作用下,不致使路基产生有害变形。

4.1.1 地基表层处理要求

稳定的斜坡上,地面横坡缓于 1∶5 时,清除地表草皮、腐殖土后可直接铺筑路堤;地面横坡为 1∶5～1∶2.5 时,原地面应挖成台阶,台阶宽度不应小于 2 m。当其岩面上的覆盖层较薄时,宜先清除覆盖层再挖台阶,当覆盖层较厚且稳定时,可予以保留。地面横坡陡于 1∶2.5 的陡坡路堤,必须验算路堤整体沿基底及基底下软弱层滑动的稳定性。抗滑稳定系数不得小于规定值,否则应采取改善基底条件或设置支挡结构物等防滑措施。

当地下水影响路堤稳定时,应采取拦截引排地下水或在路堤底部填筑渗水性好的材料等措施。

地基表层应碾压密实。一般土质地段,高速公路、一级公路和二级公路基底的压实度

（重型）不应小于 90%；四级公路不应小 85%。低路堤应对地基表层土进行超挖、分层回填压实，其处理深度不应小于路床深度。

稻田、湖塘等地段，应视具体情况采取排水、清淤、晾晒、换填、加筋、外掺无机结合料等处理措施。当为软土地基时，其处理措施应按本节 4.1.2 中湿软地基处理常用方法进行处理。

二级及二级以上公路路堤与桥台、横向构造物（涵洞、通道）连接处应设置过渡段。过渡段路基压实度不应小于 96%，并应做好填料、地基处理、台背防排水系统等综合设计。过渡段长度宜按式（4-1）确定。

$$L = (2\sim3)H + 3\sim5 \tag{4-1}$$

式中 L——过渡段长度（m）；

  H——路基填土高度（m）。

4.1.2 湿软地基处理方法

湿软地基处理是通过单一或综合处理方式，达到提高地基抗剪强度和压缩模量的目的，确保在上部荷载作用下路基稳定且减小变形，满足工后沉降要求的处理方式。

根据路床排水条件及地表土性质的不同，可分为硬壳层的处理及加固、排水垫层、置换垫层等处理方式。

根据处理材料的不同，可将垫层及置换材料分为砂垫层，碎石垫层，粉煤灰、灰土、二灰土、水泥土垫层，干砌垫层及素土垫层等。

按施工方法的不同，可分为机械压实法、砂石挤淤法、垫层法、换填法、排水固结法、挤密法和化学固结法等。下面依次对这几种常用的施工方法作简要介绍。

1. 机械压实法

通过详细勘察资料，确定现场硬壳层有效厚度及土层物理力学指标，如根据荷载形式计算的硬壳层临界厚度大于实际厚度，则可通过振动碾压、冲击压实及强夯等方式改变其厚度和物理力学指标，使硬壳层尽量改善，达到充分利用软土地基潜力的目的。机械压实法特别对于黏土硬壳层下卧砂性软土、纵向排水条件较差、路基填土高度较低（2.5 m 以下）及湿陷性黄土地基的处理较为经济适用。

（1）重锤夯实法。利用起重机，将重锤提升至一定高度后，用重锤自由下落时产生的冲击力来夯实浅层地基，使其表面形成一层较为均匀的硬壳层。此方法适用于处理距地下水水位为 0.8 m 高度以上的稍湿无黏性土、杂填土、非饱和黏性土及湿陷性黄土和分层填土等地基，但在其影响深度范围内存在软黏土层时不宜采用。因为饱和土在瞬间冲击力作用下水不容易排出，很难夯实，容易夯成"橡皮土"。

1）主要机具设备及夯击参数。重锤夯实法的主要机具设备为起重机、夯锤、钢丝绳和吊钩等。宜用带有摩擦式卷扬机的起重机。

重锤夯实的影响深度及加固效果与锤重、锤底直径、落距、夯打遍数及土质条件等因素有关，重锤夯实的锤重、锤底直径、落距和夯打遍数一般需要通过现场试夯来确定。根据一些地区的经验，常用锤重为 15~32 kN，落距为 2.5~4.5 m，夯打遍数一般取 6~10 遍。重锤夯实的影响深度大致相当于锤底直径。对于湿和稍湿、稍密、中密状态的建筑垃圾杂填土，夯实时如用重 15 kN、底面直径为 1.15 m 的夯锤，落距为 3~4 m，其有效夯实深度为 1.1~1.2 m（相当锤底直径）。在湿陷性黄土地区，当设计有效夯实深度为 1 m 时，宜用重为 18~25 kN、底面直径为 1.1~1.3 m 的夯锤，当设计有效夯实深度为 1.5 m 时，宜用重为 25~32 kN、底面直径为 1.5 m 的夯锤。

夯实效果与土的含水量关系十分密切，只有在土处于最优含水量的条件下，才能得到好的夯实效果。如果含水量很大，夯击后会出现"橡皮土"等不良现象。此外，施工宜尽量避免在雨季进行。

2）施工要点。重锤夯实施工前应在现场试夯，试夯面积不小于 10 m × 10 m。

在正常施工时，夯击前应检查作业面内土的含水量。如含水量偏高，可采用翻拌、晾晒、均匀掺入吸水材料（干土、生石灰）、铺设 15~20 cm 碎石垫层等措施；如含水量偏低，应洒水湿润并待渗透均匀后夯实。第一遍宜一夯挨一夯进行，第二遍应在第一遍的间隙点夯击，如此反复，最后一遍应一夯套半夯。

（2）机械碾压法。利用压路机、推土机、羊足碾、平碾或其他压路机械在土层上来回开动把土压实，每次压实深度为 30~40 cm，分层铺土，分层碾压。这种方法常用于地下水水位以上大面积填土的压实，以及一般非饱和黏性土和杂填土地基的浅层处理。分层填土压实需要较好的土料。有时也可适量添加石灰、水泥、碎石等，以提高地基强度。

1）主要机具设备及其参数。碾压法施工时应根据压实机械的压实能量，控制碾压土的含水量符合最佳含水量，选择适当的碾压分层厚度和碾压遍数。对于一般黏性土，通常用 8~10 t 的平碾或 12 t 的羊足碾，每层铺土厚度 30 cm 左右，碾压 8~12 遍。对饱和黏性土进行表面压实时，要考虑适当的排水措施以加快土体固结。对于淤泥及淤泥质土，一般应予挖除或者结合碾压进行挤淤充填，先在土面上堆土、块石等，然后用机械压入以置换和挤出淤泥，堆积碾压分层进行，直到把淤泥全部挤出、置换完毕为止。

碾压法对表层地基加固的深度一般可达 2~3 m。

2）施工要求。碾压的质量标准以分层压实土的干密度和含水量控制。一般黏性土经表层压实处理后其地基承载力特征值可达 80~100 kPa。

（3）振动压实法。用振动压路机在地基表面施加振动力以振动松散地基，使土颗粒受震动容易移动至稳固位置，减小土的孔隙而压实。此种方法一般适用于松散砂性土、杂填土、含少量黏性土的建筑垃圾、工业废料和炉灰填土等地基的补强压实。实践证明：用振动压实法处理砂土地基以及碎石、炉渣等渗透性较好的无黏性土为主的松散填土地基效果良好。振密后的地基具有较强的抗震能力。

1）主要机具设备及其参数。振动压实的效果与填土成分、机械功率及振动时间等因素有关。振动压实用的机械，有手动的振动压实机，一般工作原理是由电动机带动两个偏心块以相同速度反向转动产生振动；一些非手动振动压实机，如利用振动沉桩机的底部安装一传振钢板作为振动压实机使用。

2）施工要点。通常振动时间越长，效果较好，但到一定时间后，振动效果就趋于稳定。所以在施工前必须进行试振，以决定获得稳定下沉量所需要的时间。对主要由炉渣碎砖、瓦块组成的建筑垃圾，振实时间大于 1 min。对含炉灰等细颗粒的填土，振实时间为 3~5 min，有效振实深度为 1.2~1.5 m。

振实范围应从基础边缘放出 0.6 m 左右,先振基槽中间。振实标准是以振动机原地振实不再继续下沉为合格,一般杂填土地基经过振实处理后地基承载力特征值可达 100~150 kPa。

地下水水位过高会影响振实效果,当地下水水位距振实面小于 60 cm 时,应降低地下水水位。另外,施振前应对工程场地周围环境进行调查。一般情况下,振源与邻近建筑物、地下管线或其他设施的距离应大于 3 m。如果有危房和重要地下管线,应事先进行加固处理。

2. 砂石挤淤法

在软土地基淤泥层上,用砂石抛投将淤泥挤出路基范围,使路床顶面形成一层硬壳层,再在其上填筑路堤,称为砂石挤淤法。此法包括抛石挤淤及砂碎石挤淤,适用于湖、塘、河底等积水洼地。对于地下水水位高、塘水不易抽干、表面无硬壳、软土液性指数大、厚度薄、片石能下沉至下卧层表面的区域,宜采用抛石挤淤。

(1) 对材料的要求。应使用不易风化石料,片石大小随淤泥稠度而定。对于容易流动的淤泥,片石应稍小些,但不宜小于 30 cm,且粒径小于 30 cm 的片石含量不得超过 30%。

(2) 施工要点。当软土地层平坦时,抛石从中部开始,逐次向两旁展开,使淤泥向两边挤出;当软土地层横坡陡于 1∶10 时,应自高侧向低侧抛投,并在低侧边部多抛投,使低侧边部约有 2 m 宽的平台顶面。在片石高出水位 50 cm 后,应用较小石块填塞垫平,用重型压实机械碾压、夯压,然后在其上铺设反滤层辅以土工格栅后填土,对于软基段沟塘,如淤泥层较厚,无明显下卧硬层,难以确定清淤深度,机械无法在塘底操作的条件下,宜采用填砂或石屑挤淤。为保证挤淤后路基稳定,可在坡脚线外填筑土体围堰兼作反压护道及填料的包边土。围堰排水后,挤淤从中部开始向两旁展开,先在中部开挖出 3~5 m 宽的清淤槽,以保证填料有足够侧向挤压力。第一层填砂厚度 1.5 m 左右,以轻型压路机可稳压为度,两侧挤出的淤泥在围堰与填砂之间及时清出,塘基稳定后,以上填砂 30 cm 一层,采用中型压路机碾压,保证 90% 以上的密实度。填料高出围堰顶 50 cm 后,两侧设置干砌片石及土工布反滤层,并在砂石面以上铺设土工布或土工格栅后填土,由于砂石增加了塘底软弱层的透水性,塘底淤泥在路堤及砂石荷载下水分迅速渗透入砂石层,加速塘底下层淤泥的固结,可有效提高地基承载力。

3. 垫层法

在软土地基上铺设一层特殊材料,再在其上填筑路堤,称为垫层法。如地表无硬壳层或为透水性硬壳层,垫层材料宜选用砂石等透水性材料,统称为排水垫层。排水垫层直接铺设在软土地基表面,使其在软土和填土之间增设一排水面,从而使地基在填土荷载作用下,加速了地基的排水固结,提高地基强度。垫层厚度以保证不致因沉降发生断裂为宜,目前多选用 50 cm 左右。当辅以土工布或格栅时,由于变形趋于均匀,可适当减少垫层厚度。

(1) 对材料的要求。砂垫层材料宜采用洁净中、粗砂,含泥量不应大于 5%,并将其中植物、杂质除去。也可采用天然级配砂砾料,其最大粒径不应大于 5 cm,砾石强度不低于四级(洛杉矶法磨耗率小于 60%)。级配较好的碎石废料,最大粒径 20 cm,含泥量 5% 以下,连续级配,可直接按 30 cm 一层使用。

(2) 施工要点。

1) 采用砂垫层处理时,应分层摊铺,每层压实厚度宜控制在 15~20 cm,砂垫层摊铺后,适当洒水,分层压实。

2) 采用砂砾石或矿渣施工时,应无粗细粒料分离现象。

3) 无论是砂垫层还是其他垫层,宽度均应宽出路基边脚 0.5~1.0 m,两侧端以片石护砌或其他方式防护,以免砂料流失。压实度应采用碾压遍数控制。

4. 换填法

换填法就是将基底以下一定深度范围内的软弱土层挖除,换填无侵蚀性的低压缩性散体材料(中砂、粗砂、砾石、碎石、卵石、矿渣、灰土及素土等),分层夯实作为基础的持力层。换填法适用于淤泥、淤泥质土、湿陷性黄土、素填土、杂填土地基及暗沟、暗塘等的浅层地基处理。

(1) 对材料的要求。黏性土、砂类土、砾石、碎石、石渣、矿渣、灰土、二灰土和细砂掺砾石等均可作为垫层材料,可根据具体情况选用,尽量就地取材。如果采取砂料作垫层,对有抗震设防要求的工程,还需满足防震要求。

1) 砂石应级配良好,不含植物残株、垃圾等杂质。当使用粉细砂时,应掺入 25%~30% 的碎石或卵石,最大粒径不宜大于 5 cm。对湿陷性黄土地基,不得选用砂石等渗水材料。

2) 石屑:其粒径 $d<2$ mm 部分不得超过总重的 40%,含粉量(粒径 $d<0.075$ mm)不得超过总重的 9%,含泥量不得超过总重的 3%。

3) 素土:土料中有机质含量不得超过 5%,不得含有冻土或膨胀土。当含有碎石时,其粒径不宜大于 5 cm。用于湿陷性黄土的素土垫层,土料中不得含有砖石。

4) 灰土:体积配合比宜为 2∶8 或 3∶7。土料宜用黏性土及塑性指数大于 4 的粉土,不得混入植物、生活垃圾和有机质等杂物。

5) 其他质地坚硬、性能稳定、透水性强、无侵蚀性的材料垫层,必须通过现场试验证明其技术经济效果良好及施工措施完善后方可使用。

6) 砂垫层应选用中砂或中砂以上的粗粒砂石,其含泥量不得超过 3%。

(2) 施工要点。

1) 砂和砂石垫层。

①砂垫层施工中的关键是将砂加密到设计的密实度。加密的方法常用的有振动法(包括平振、插振、夯实)和碾压法等。这些方法要求在基坑内分层铺砂,然后逐层振密或压实,分层的厚度视振动力的大小而定,一般为 15~20 cm。每层铺筑厚度不超过规定的数值。分层厚度可用样桩控制。施工时,下层的密实度检验合格后,方可进行上层施工。

②铺筑前,应先进行验槽。清除浮土,边坡必须稳定,防止塌土。基坑(槽)两侧附近如有低于地基的孔洞、沟、井和墓穴,应在未做垫层前填实。

③开挖基坑铺设砂垫层时,必须避免扰动软弱土层的表面;否则,坑底土的结构在施工前就遭到破坏,其强度就会显著降低,以致在建筑物施加荷载后,将会产生很大的附加沉降。因此,基坑开挖后应及时回填,不应暴露过久或浸水,并防止践踏坑底。

④砂石垫层底面宜铺设在同一高程上,如深度不同时,基坑地基土面应挖成台阶,各分

层搭接位置应错开 0.5~1.0 m 的距离，搭接处应注意捣实。铺筑砂石垫层时应按先深后浅的顺序施工。

⑤人工级配的砂石垫层，应将砂石拌和均匀后，再进行铺填捣实。

⑥捣实砂石垫层时，应注意不要破坏基坑底面和侧面土的强度。因此，对基坑下灵敏度大的地基土，在垫层最下一层宜先铺设一层 15~20 cm 的松砂，只用木夯夯实，不得使用振捣器，以免破坏基底土的结构。

⑦采用细砂作为垫层的填料时，应注意地下水的影响，且不宜使用平振法和振捣法。

2）灰土和素土垫层。

①灰土垫层施工前必须验槽，如果发现坑（槽）内有局部软弱土层或孔穴，应挖出后用素土或灰土分层填实。

②施工时，应将灰土拌和均匀，控制含水量，如土料水分过多或不足时，应晾干或洒水湿润。一般可按经验在现场直接判断，其方法为：手握灰土成团，两指轻捏即碎。这时，灰土接近最佳含水量。

③分段施工时，上下两层灰土的接缝距离不得小于 50 cm。接缝处的灰土应夯实。

④掌握分层虚铺厚度，必须按所使用的夯实机具来确定。每层灰土夯打遍数应根据设计的干土重度通过现场试验确定。

⑤在地下水水位以下的基坑（槽）内施工时，应采取排水措施。夯实后的填土，在 3 d 内不得受水浸泡。

⑥灰土垫层筑完后，应及时修建基础、回填基坑，或做临时遮盖，防止日晒雨淋。夯实完毕或未夯实的灰土如果遭受雨淋浸泡，则应将积水及松软灰土除去并补填夯实，受浸湿的灰土，应在晾干后再夯实。

3）碎石和矿渣垫层。碎石或矿渣垫层施工，一般是将软弱土层挖至需要深度，先铺砂垫层，用平板式振捣器捣实。然后再将碎石或矿渣分层铺设和压实。压实可采用机械碾压法或平板振动法。大面积施工宜采用机械碾压法，即采用 8~12 t 的压路机或拖拉机牵引 5 t 的平碾分层碾压。每层铺设厚度为 30 cm，用人工或推土机推平后，往复碾压 4 遍以上。每次碾压均与前次碾压轮迹宽度重合一半。碾压时宜浇水湿润以利压实。小面积施工宜采用平板振动器振实，即用功率大于 1.5 kW、频率为 2 000 次/min 以上的平板振捣器往复振捣，每层铺设厚度为 20~25 cm，振捣时间不小于 60 s，振捣遍数由试验确定，一般为 3~4 遍，接缝做到交叉错开和重叠。施工时，按铺设面积大小，以总的振捣时间来控制碎石或矿渣分层捣实的质量。

5. 排水固结法

饱和软土在荷载作用下，排水固结后，抗剪强度可得到提高，达到加固目的。此法在建筑工程中，常用于加固软弱地基，包括天然沉积层和人工充填的土层，如沼泽土、淤泥土及淤泥质土、水力冲积土等。

排水固结法的实际效果，取决于土层固结特性、厚度、预压荷载和预压时间。厚度小于 5 m 的浅软土层，或固结系数大于 1×10^{-2} cm^2/s 的土层，较短时间预压即可。

排水固结是运用堆载预压，挤出土中的过多含水，达到挤紧土粒和提高强度的目的。为了缩短预压时间，加设砂井竖向排水通道或铺设砂垫层效果更好。美国加州公路局曾采用砂井处理沼泽地段的路基，获得了满意的结果。利用路基填土自重压密地基，不需另备预压材料。所以，砂井堆载预压法在路基工程中是一种经济有效的方法。

砂井堆载预压，需进行地基固结计算，以确定加载及砂井布置的有关数据。一般情况下，加载量大致与设计荷载接近，预压至80%固结度。砂井直径多为8~10 cm，间距大约是井径的6~8倍。砂井长度应穿越地基可能的滑动面，井长如能穿越主要受压层，对沉降有利；如果软土层较浅，有透水性下卧层，则井长深入透水层，对排水固结更有利。为加速排水，缩短固结时间，在设置竖井的同时，可加设井顶砂垫层或纵横连通砂井的排水砂沟及砂垫层，砂垫层厚度为0.5~1.0 m。

砂井成孔分为沉管法和水冲法两类。沉管法是用锤击或振动方式将带靴的钢管沉入地基，管内灌砂，在振动作用下拔出钢管，最后在土中形成砂井；水冲法是利用高压水冲孔，孔内灌砂，此法施工速度快，但难以保证孔径匀称，质量较差。砂井用砂，以中粗粒径为宜，含泥量不宜大于3%，灌砂量（按质量计）大于井管外径所形成体积的95%。

排水固结法中除采用砂井堆载预压外，还可采用降水预压和真空预压等技术。

6. 挤密法

路基中成孔后，在孔中灌以砂、石、土、灰土或石灰等材料，捣实成直径较大的桩体，利用横向挤紧的作用，使地基土粒彼此靠紧，减少空隙，而且孔被填满和压紧，形成具有较高承载能力的桩体，群桩的面积约占松散土加固面积的20%，以致桩和原土组成复合地基，达到加固目的。

孔中灌砂，形成砂桩与上述砂井相比，形式相仿，但作用不同。砂井的作用是排水固结，井径较小而间距较大；砂桩的作用是将地基土挤紧，井径较大而间距较小。砂井适用于过湿软土层，而砂桩适用于处理松砂、杂填土和黏粒含量不大的普通黏性土，也可有效地防止砂土基底的振动液化。但饱和软黏土的渗透性较小、灵敏度较大，夯击过程中土内产生的超孔隙压力不易迅速扩散，砂桩的挤密效果较差，甚至能破坏地基土的天然结构。

孔中填石灰而成灰桩，用于挤密软土地层，是近年来在国外广泛应用的一种新方法。石灰桩主要作用是挤密，而生石灰的吸水、膨胀、发热及离子交换作用可使桩体硬化，不仅改善了原地基土的性质，还可减小因周围土的蠕变所引起的侧向位移。利用石灰桩加固软土地基，关键在于石灰桩在地下水中能否结硬。石灰桩施工的基本要求：一是生石灰必须密封储存，最好选用新鲜灰块；二是灰块必须粉碎至一定要求。

砂桩和石灰桩的布置与尺寸，需通过设计计算而定，一般桩径为20~30 cm，桩的间距约为桩径的3.5倍，可在平面上按梅花形布置，应根据桩的长度与加固土层厚度及加固要求选择柱孔的施工方法，一般有冲击和振动力等工法，在湿陷性黄土中还可选用爆扩成孔法，即先钻孔，孔直径约10 cm，孔内每隔50 cm置炸药筒，引爆扩孔挤压，再灌以黄土或灰土，分层捣实，可以消除黄土的湿陷性。

7. 化学加固法

利用化学溶液或胶结剂，采用压力灌注或搅拌混合等措施，使土颗粒胶结起来，达到对土基加固的目的，称为化学加固法，又称胶结法。此法加固效果取决于土的性质和所用化学剂，也与施工工艺有关。目前化学溶液主要有以水玻璃溶液为主的浆液、以丙烯酸氨为主的浆液、水泥浆液、以纸浆溶液为主的浆液4类，目前以水泥浆液使用较多。

化学加固的施工工艺有注浆法、旋喷法和深层搅拌法。注浆法（灌浆）是利用机械压力将浆液通过注入管，均匀注入地层，浆液以填充和渗透方式排挤土粒间或石隙中的水分和空气，占据其位置，待一定时间后，浆液凝固，可使原土层或缝隙固结成整体。其用途广泛，路基中除用于防护坡面和堤岸外，也可用于加固土基和整治滑坡等病害，用于加固流沙或流石地基，可以提高强度和不透水性，改善地下工程的开挖条件等。

注浆法所用的浆液，分为无机和有机两种。以水泥为主的浆液为无机类，其料源多、价格较低，但不易灌入孔隙细微的土内，一般常用于砂卵石及岩石较大裂隙的地质条件中。水泥浆的水胶比为 0.8～1.0。为了改善浆液性能，可掺加外加剂。如需速凝时，加水玻璃或氯化钙等；需缓凝时，加岩粉或木质亚酸等。化学浆液的种类很多，以水玻璃和纸浆废液为主剂。水泥及化学浆液均属无机化学材料，其共同特点是速凝（几分钟）、强度高（水泥浆液 28 d 试验样品的抗压强度达 7.0 MPa 以上）、固结率高、可灌性好，但弯拉强度低（0.14 MPa 左右）、适宜用于潮湿条件或水中（暴露空气中会龟裂剥落）、不耐冻、难以注入细缝隙内。

旋喷法是在注浆法基础上发展起来的一项新技术，又称为化学搅拌成型法。旋喷法是用钻机钻孔至设计深度，用高脉冲泵，通过安装在钻杆下端的特殊喷射装置，向土中喷射化学浆液。在喷浆的同时，钻杆以一定速度旋转并逐渐往上提升，高压射流使一定范围内的土体结构破坏，强制破坏的土体与化学浆液混合，胶结硬化后在土层中形成直径较匀称的圆柱体。旋喷的浆液以水泥浆液为主，如果土的渗水性较大或地下水流速较快，为防止浆液流失，可在浆液中加速凝剂（如三乙醇胺和氯化钙等）。

以上几种地基加固方法，有的已在国内公路路基工程中运用，有的技术国内还处在研讨阶段，关键在于机械设备和料源。

4.2　路堤填筑与压实

4.2.1　基本要求

土质路基的挖填，首先必须做好施工排水，包括开挖地面临时排水沟槽及设法降低地下水水位，以便始终保持施工场地的干燥。从有效控制土的含水率需要出发，土质路基的施工作业面不宜太大，以有利于组织快速施工，随挖随运，及时填筑并压实成型，减少施工过程中的日晒、雨淋，以保持土的天然湿度，避免过干或过湿。一般条件下，土的天然含水率接近最佳值，必要时，应考虑人工洒水或晾干措施。雨期施工，尤其应按照施工技术操作规程的有关规定，加强临时排水，确保路基质量。过湿填土经碾压后易形成弹簧现象，必须挖除重填，必要时可采取其他相应的加固措施。

对于路基挖填范围内的地表障碍物事先应予以拆除，其中包括原有房屋的拆迁、树木和茎根的清除，以及表层种植土与设计文件或规程所规定的杂物等的清除。在此前提下，必要时应按设计要求对路堤上层进行加固。

土质路堤一般情况下应在全宽范围内，分层填平充分压实，每日施工结束时，表层填土应压实完毕，防止间隔期间雨淋或暴晒。分层厚度视压实工具而定，一般压实厚度为 20～25 cm。路堤加宽或新旧土层搭接处，原土层应挖成台阶，逐层填筑新土。

4.2.2 填筑方案

土质路堤(包括石质土),按填土顺序可分为分层平铺和竖向填筑两种施工方案。分层平铺是基本的方案,如符合分层填平和压实的要求,则效果较好,且质量有保证,有条件时应尽量采用。竖向填筑是在特定条件下,局部采用的路堤填筑方案。

1. 分层平铺

分层平铺,有利于压实,可以保证不同用土按规定层次填筑。图4-1所示为不同土质的填筑方案示意图。其中,图4-1(a)所示正确的填筑方案:不同土质水平分层,以保证强度均匀;透水性差的土质,如黏性土等,一般宜填于下层,表面成双向横坡,有利于排除积水,防止水害;同一层次有不同土质时,接搭处成斜面,以保证在该层厚度范围内,强度比较均匀,防止产生明显变形。图4-1(b)所示不正确的填筑方案:未水平分层,有反坡积水,夹有冻土块和粗大石块,还有陡坡斜面等,易导致路堤强度不均匀和排水不利。此外,还应注意路堤填筑用土不应含有害杂质(草木、有机物等)及未经处治的劣质土(细粉土、膨胀土、盐渍土、腐殖土等)。桥涵、挡土墙等结构物的回填土,以砂性土为宜,可防止不均匀沉降,并按有关规程分层回填和夯实。

2. 竖向填筑

竖向填筑是指沿路中心线方向逐步向前深填,如图4-2所示。路线跨越深谷或池塘时,地面高差大,填土面积小,难以水平分层卸土。另外,在陡坡地段上填挖路基,局部路段横坡较陡或难以分层填筑,可以采用竖向填筑方案。竖向填筑的质量在于填筑土的密实程度,为此宜采用如下必要的技术措施:选用振动式或锤式夯击机;选用沉陷量较小及粒径较均匀的砂石填料;路堤全宽一次成型;暂不修建较高级的路面,容许短期内自然沉落。此外,尽量采用混合填筑方案,即下层竖向填筑,上层水平分层,必要时可考虑参照地基加固的注入、扩孔或强夯等措施,以保证填土具有足够的密实度。

4.2.3 路基压实

路基施工破坏了土体的天然状态,致使其结构松散,颗粒重新组合。为使路基具有足够的稳定性,必须予以压实,以提高其密实程度。所以,路基压实工作,是路基施工过程中的一个重要工序,也是提高路基强度与稳定性的根本技术措施。

1. 压实机具的选择与操作

压实机具的选择,以及合理的操作,会影响路基压实效果。

路基压实机具的类型较多,大致分为碾压式、夯击式和振动式三大类型:碾压式(又称静力碾压式),包括光面碾(普通的两轮和三轮压路机)、羊足碾和气胎碾等;夯击式中除人工使用的石硪、木夯外,机动设备中有夯锤、夯板、风动夯及蛙式夯机等;振动式中有振动器、振动压路机等。

不同压实机具,适用于不同土质和不同土层厚度,这也是选择压实机具的主要依据,表4-1所列是几种常用压实机具的一般技术性能。一般情况下,对于砂质土的压实效果,振动式较好,夯击式次之,碾压式较差;对于黏质土,则宜选用碾压式或夯击式,振动式较差

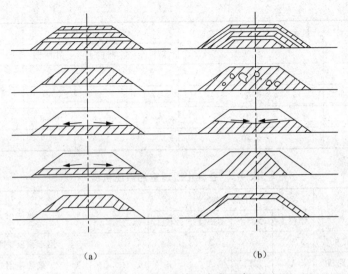

图 4-1 土路堤填筑方案示意

(a) 正确方案；(b) 错误方案

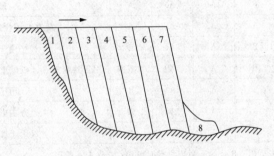

图 4-2 竖向填筑方案示意

甚至无效。不同压实机具，在路基最佳含水率条件下，适应于一定的压实厚度及压实遍数。表 4-2 是各种土质适宜的碾压机械的建议。

表 4-1 压路机的技术性能

机具名称	最大有效压实厚度（实厚）/m	碾压行程次数			适宜的土类
		黏性土	粉性土	砂性土	
人工夯实	0.10	3~4	1~3	2~3	黏性土与砂性土
牵引式光面碾	0.15	—	7	5	黏性土与砂性土
羊足碾（2个）	0.20	10	6	—	黏性土
自动式光轮压路机 5 t	0.15	12	7		黏性土与砂性土
自动式光轮压路机 10 t	0.25	10	6	—	黏性土与砂
轮胎压路机 25 t	0.45	5~6	3~4	1~3	黏性土与砂性土
轮胎压路机 50 t	0.70	5~6	3~4	2~3	黏性土与砂性土
夯击机 0.5 t	0.40	4	2	1	砂性土

续表

机具名称	最大有效压实厚度（实厚）/m	碾压行程次数			适宜的土类
		黏性土	粉性土	砂性土	
夯击机 1.0 t	0.60	5	3	2	砂性土
夯板 1.5 t，落高 2 m	0.65	6	2	1	砂性土
履带式压路机	0.25	6~8	6~8	6~8	黏性土与砂性土
振动式压路机	0.40	—	2~3	2~3	砂性土

表 4-2　各种土质适宜的碾压机械

机械名称	土的分类				备注
	细粒土	砂类土	砾石土	巨粒土	
6~8 t 两轮光轮压路机	A	A	A	A	用于预压整平
12~18 t 两轮光轮压路机	A	A	A	B	最常使用
25~50 t 轮胎压路机	A	A	A	A	最常使用
羊足碾	A	C 或 B	C	C	粉土、黏土质砂可用
振动压路机	B	A	A	A	最常使用
凸块式振动压路机	A	A	A	A	最宜使用含水率较高的细粒土
手扶式振动压路机	B	A	A	C	用于狭窄地点
振动平板夯	B	A	A	B 或 C	用于狭窄地点，机械重量 >800 kN 的可用于巨粒土
手扶式振动夯	B	A	A	B	用于狭窄地点
夯锤（板）	A	A	A	A	夯击影响深度最大
推土机，铲土机	A	A	A	A	仅用于摊平土层和预压

注：1. 表中符号：A 代表适用；B 代表无适当机械时可用；C 代表不适用。
　　2. 土的类别按现行《公路土工试验规程》（JTG 3430—2020）的规定划分。
　　3. 对特殊土和黄土（CLY）、膨胀土（CHE）、盐渍土等的压实机械选择可按细粒土考虑。
　　4. 自行式压路机宜用于一般路堤、路堑基底的换填等压实，宜采用直线式进退运行。
　　5. 羊足碾（包括凸块碾、条式碾）应有光轮压路机配合使用。

压实机具对土施加的外力应有所控制，以防功能太大，压实过度，造成失效、浪费。一般认为，压实时的单位压力，不应超过土的极限强度。不同土的极限强度，与压实机具的重量、相互接触面积、施荷速度及作用时间（遍数）等因素有关。表 4-3 所列是在最佳含水率条件下几类压实机具对不同土质作用时的强度，可供选择机具和控制压实功能时参考。

表 4-3　压实时的极限强度

土类	土的极限强度/MPa		
	光面碾	气胎碾	夯板（直径 70~100 cm）
低黏性土（砂质土）	0.3~0.6	0.3~0.4	0.3~0.7
中等黏性土（粉质土）	0.6~1.0	0.4~0.6	0.7~1.2
高黏性土（黏质土）	1.0~1.5	0.6~0.8	1.2~2.0

实践经验证明，路基压实时，在机具类型、土层厚度及碾压遍数已经选定的条件下，压

实操作时宜先轻后重、先慢后快、先边缘后中间（超高路段等，则宜先低后高）。压实时，相邻两次的轨迹应重叠轮宽的1/3，保持压实均匀，不漏压，对于压不到的边角，应辅以人力或小型机具压实。压实全过程中，应经常检查含水率和密实度，以达到规定压实度要求。

2. 路基压实标准

路基野外施工，受种种条件限制，不能达到室内标准击实试验所得的最大干重度 γ_0，应予适当降低。令工地实测干重度为 γ，它与 γ_0 值之比的相对值，称为压实度 K，已知 γ_0 值，规定压实度 K，则工地实测干重度 γ 值应符合下式要求：

$$\gamma = K \cdot \gamma_0 \tag{4-2}$$

压实度 K 就是现行规范规定的路基压实标准。正确选择 K 值，关系到路基受力状态、路基路面设计要求和施工条件，必须兼顾需要与可能，讲究实际效果和经济效益。

图4-3是路基受力时，土中应力 σ 随深度 Z 变化的关系曲线示意图，表明路基表层受行车作用力影响最大，由顶部向下，受力急剧减小，在行车荷载作用下，其影响深度为 1.0～2.0 m，深度 Z 更大时路基主要承受本身自重。因此，路基填土的压实度，应是由下而上逐渐提高标准。

公路等级越高，对路基强度要求应相应提高；自然条件越差，对路基的强度与稳定性越不利；路基挖填不同，对于路基的强度与稳定性也有差异。基于上述分析，《公路路基设计规范》（JTG D30—2015）规定的路基压实度 K，见表4-4。

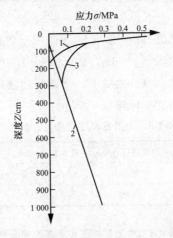

图 4-3 路基应力随深度变化曲线示意
1—行车荷载；2—路基自重曲线；3—两者叠加曲线

表 4-4 路基压实度要求

路基部位		路面底面以下深度/m	路基压实度/%		
			高速公路、一级公路	二级公路	三、四级公路
上路床		0～0.3	≥96	≥95	≥94
下路床	轻、中等及重交通荷载等级	0.3～0.8	≥96	≥95	≥94
	特重、极重交通荷载等级	0.3～1.2	≥96	≥95	—

续表

路基部位		路面底面以下深度/m	路基压实度/%		
			高速公路、一级公路	二级公路	三、四级公路
上路堤	轻、中等及重交通荷载等级	0.8~1.5	≥94	≥94	≥93
	特重、极重交通荷载等级	1.2~1.9	≥94	≥94	—
下路堤	轻、中等及重交通荷载等级	>1.5	≥93	≥92	≥90
	特重、极重交通荷载等级	>1.9			

注：1. 表列压实度系按现行《公路土工试验规程》（JTG 3430—2020）重型击实试验法求得的最大干密度的压实度。
2. 当三、四级公路铺筑沥青混凝土和水泥混凝土路面时，其压实度应采用二级公路的压实度标准。
3. 路基采用粉煤灰、工业废渣等特殊填料，或处于特殊干旱或特殊潮湿地区时，在保证路基强度和回弹模量要求的前提下，通过试验论证，压实度标准可降低1~2个百分点。

表4-5所列压实度以《公路工程技术标准（平装版）》（JTG B01—2014）重型击实试验法为准。由于特殊干旱地区雨水较少，地下水水位也较低，压实度稍有降低不致影响路基的坚固、稳定和耐久性能，加之水量稀少，天然土的含水率大大低于土的最佳含水率，要使路基到最佳含水率并压实到表4-5的规定确有困难。因此，特殊干旱地区的压实度可适当降低。当三、四级公路修筑沥青混凝土或水泥混凝土路面时，路基压实度应采用二级公路标准。

填石路堤，包括分层填筑爆破石块的路堤，不能用土质路基的压实度来判定路基的密实程度。我国《公路路基施工技术规范》（JTG/T 3610—2019）规定，填石路堤施工质量按压实后的石料孔隙率作为检验标准，填石路堤上、下路堤压实质量标准见表4-5～表4-7，填筑石料的分类根据石料饱和抗压强度指标按表4-8进行。

表4-5 硬质石料压实质量控制标准

路基部位	路面底面以下深度/m	摊铺层厚/cm	最大粒径/mm	压实干密度/(kN·m⁻³)	孔隙率/%
上路堤	0.80~1.50（1.20~1.90）	≤40	小于层厚2/3	由试验确定	≤23
下路堤	>1.50（>1.90）	≤60	小于层厚2/3	由试验确定	≤25

表4-6 中硬石料压实质量控制标准

路基部位	路面底面以下深度/m	摊铺层厚/cm	最大粒径/mm	压实干密度/(kN·m⁻³)	孔隙率/%
上路堤	0.80~1.50（1.20~1.9）	≤40	小于层厚2/3	由试验确定	≤22
下路堤	>1.50（>1.9）	≤50	小于层厚2/3	由试验确定	≤24

注："路面底面以下深度"栏，括号中数值分别为特重、极重交通的上路堤、下路堤的深度范围。

表4-7 软质石料压实质量控制标准

路基部位	路面底面以下深度/m	摊铺层厚/cm	最大粒径/mm	压实干密度/(kN·m⁻³)	孔隙率/%
上路堤	0.80~1.50（1.20~1.90）	≤30	小于层厚	由试验确定	≤20
下路堤	>1.50（>1.90）	≤40	小于层厚	由试验确定	≤22

表 4-8 填石料的分类

岩石类型	单轴饱和抗压强度/MPa	代表性岩石
硬质岩石	≥60	1. 花岗岩、闪长岩、玄武岩等岩浆岩类；
中硬岩石	30~60	2. 硅质、铁质胶结的砾岩及砂岩、石灰岩、白云岩等沉积岩类； 3. 片麻岩、石英岩、大理岩、板岩、片岩等变质岩类
软质岩石	5~30	1. 凝灰岩等喷出岩类； 2. 泥砾岩、泥质砂岩、泥质页岩、泥岩等沉积岩类； 3. 云母片岩或千枚岩等变质岩类

土质路基的压实度试验方法可采用灌砂法、环刀法、灌水法（水袋法）或核子密度湿度仪法。采用核子密度湿度仪法时，应先进行校正和标定。

4.3 路堑开挖

路堑开挖应根据具体情况，采用横向全宽掘进法，即对路堑整个断面沿纵向的一端或两端向前开挖。对深路堑还可分成几个台阶，同时在几个不同高度上掘进，以增加工作面；也可采用纵向通道掘进法，即先沿路堑纵向挖出通道，再向两侧拓宽。对挖方量大、施工期短的深路堑，也可采用双层式纵横通道的混合掘进方式，同时沿纵横的正反方向掘进，以扩大施工面。路堑底面，如土质坚实，应尽量不扰动，予以整平压实；如果土质较差、水平条件不良，应根据路面强度设计要求，采取加深边沟、设置地下盲沟及挖松表层一定深度原土层，重新分层填筑与压实，或必要时予以换土和加固，以确保路堑底层土基的强度与稳定性，达到规定标准。这对于修筑耐久性路面尤为重要。

4.3.1 土质路堑

土质路堑开挖，按掘进方向可分为纵向全宽掘进和横向通道掘进两种，同时又可在高度上分为单层或双层和纵横掘进混合等（以上掘进方向，依路线纵横方向命名）。

纵向全宽掘进是在路线一端或两端，沿路线纵向向前开挖，如图 4-4 所示。单层掘进的高度，即等于路堑设计深度。掘进时逐段成型向前推进，运土由相反方向送出。单层纵向掘进的高度，受到人工操作安全及机械操作有效因素的限制，如果工期紧迫，对于较深路堑，可采用双层掘进法，上层在前，下层随后，下层施工面上留有上层操作的出土和排水通道。

横向通道掘进是先在路堑纵向挖出通道，然后分段同时向横向掘出，如图 4-5 所示。此法可扩大施工面，加速施工进度，在开挖长而深的路堑时用。施工时可以分层和分段，层高、段长视施工方法而定。该法工作面多，但运土通道有限制，施工的干扰性增大，必须周密安排。以防在混乱中出现质量或安全事故。个别情况下，为了扩大施工面，加快施工进度，对土质路堑的开挖，还可以考虑采用双层式纵横通道的混合掘进方案，同时沿纵横的正反方向，多施工面同时掘进，如图 4-5（b）所示。混合掘进方案的干扰性更大，一般仅限于人工施工，对于深路堑，如果挖方工程数量大及工期受到限制时可考虑采用。

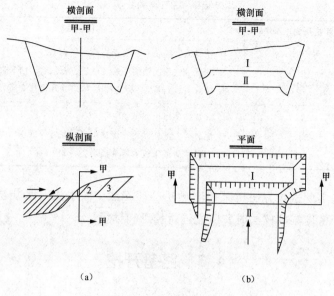

图 4-4 纵向掘进示意
(a) 单向；(b) 双向

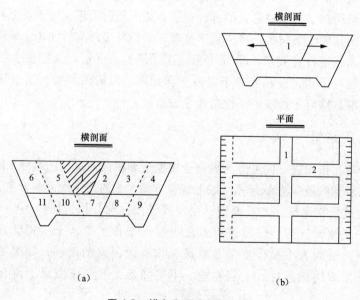

图 4-5 横向和混合掘进示意
(a) 双层横向；(b) 双层混合

4.3.2 石方路堑

石方路堑的开挖方式主要有爆破法和松土法。其中，爆破法主要包括钢钎法、深孔爆破、葫芦炮、光面/预裂爆破及抛坍爆破。爆破法是石质路基开挖的基本方法，如果采用钻岩机钻孔与机械清理，也是岩石路基机械化施工的必备条件。除石质路堑开挖外，爆破法还可用于冻土、泥沼等特殊路基施工，以及清除路面、开石取料与石料加工等。

石方路堑的开挖应根据不同地质、不同开挖断面、不同位置，选择不同的开挖方式，对深度小于 4 m 的路堑，均采取线孔爆破，深路堑采用深孔爆破，边坡采用光面爆破，控制坡率，其他部位采用松动爆破。石方开挖前，应进行爆破试验，以便选择爆破最佳参数。爆破后，采用挖掘机装渣，自卸汽车运输，人工配合机械刷坡，修整路堑底面。

在路基工程施工中，除需要修筑路堤和开挖路堑外，当线路通过山区、丘陵及傍山沿溪段时，还会遇到集中和分散的岩土地区，这样就必须进行石方施工。此外，在路面和其他附属工程中也需要大量的石料，因此也需要开采加工。

1. 爆破的基本概念

所谓爆破，就是利用炸药爆炸时产生的热量和高压，使岩体和周围介质受到破坏和移位。

为了爆破某一岩体，可在岩体内或表面放置一定数量的炸药，这种炸药称为药包。药包在均质的岩体内爆炸时，爆炸力是向四周扩展的，紧靠药包部分的岩石受到的冲击挤压力最大，随着离药包距离的增大，作用力逐渐减弱。按照岩体受爆炸波作用而破坏的程度，可以把爆炸作用范围由近及远划分成四个作用圈，即压缩圈、抛掷圈、松动圈和振动圈。其中，压缩圈范围内的岩石受到极度压缩而粉碎；抛掷圈内的岩石由于受爆炸波的冲击较大，岩石被压碎成小块，如果岩体的抵抗力不足，就会被抛掷出去；松动圈内的岩石由于受爆炸波影响较小，岩体破裂而产生松动现象；振动圈内由于受爆炸影响很小，所以，岩体只受到振动。这些作用圈的半径分别被称为压缩、抛掷、松动和振动半径。前三个圈统称为破坏圈，其半径称为破坏半径。

在一个岩体性质相同的地面下，不同的位置和不同的深度上，放置药量相等的药包，这时的地面是一个自由面，或称临空面。药包到自由面的垂直距离称最小抵抗线 W，是岩体抵抗力最弱的一个方向。当药包埋置较深，最小抵抗线 W 较大时，爆破后药包周围的岩石产生粉碎和裂隙，自由面只受到振动，并无破坏，这种爆破称为压缩爆破。当最小抵抗线 W 减少到某一临界值时，爆破后，药包以上直到表面岩石都受到破坏而松动，但无抛掷现象，这种爆破称为松动爆破。当最小抵抗线 W 再减少时，爆破后岩石不但松动，而且有向四周抛出的现象，这种爆破称为抛掷爆破。

在松动爆破和抛掷爆破的情况下，从药包到临空面的上方形成一个漏斗状的爆坑，称为爆破漏斗，它由以下几个尺寸构成，即最小抵抗线 W、漏斗口半径 r 和漏斗可见深度 h。很显然，r 和 W 两者的尺寸决定着爆破漏斗的基本形状，也反映了不同的爆破效果。通常 r 和 W 的比值称为爆破作用指数 n，即

$$n = r/W \tag{4-3}$$

为了进一步区别不同的爆破效果，可将爆破漏斗按爆破作用指数 n 的大小分为三种情况：当 $n=1$ 时称为标准爆破漏斗，爆破后只有部分岩石抛到漏斗外面，产生这种漏斗所用的炸药称为标准抛掷药包；当 $n>1$ 时称为加强抛掷漏斗，爆破后绝大部分岩石抛掷到漏斗外部，所用的药包称为加强抛掷药包；当 $n<1$ 时称为弱抛掷漏斗，此时只有一小部分岩石抛到漏斗外部，所用药包称为弱抛掷药包；当 $n=0.75$ 和 $n<0.75$ 时，所用药包分别形成松动爆破和压缩爆破。

抛掷爆破多用于大爆破工程，其中定向爆破就是抛掷方向、距离、数量和时间都有所控制的一种抛掷爆破。松动爆破多用于开挖路堑、巷道掘进及采石工程等。

2. 炸药、起爆器材和起爆方法

炸药的种类很多，在石方爆破中常用的有起爆炸药和爆破炸药两种。

(1) 起爆炸药。起爆炸药是一种爆炸速度极高的烈性炸药，爆速可达 2 000 ~ 8 000 m/s，主要用于制造雷管和速燃导火索等。常用的有雷汞、叠氮铅等。

(2) 爆破炸药。爆破炸药指用于对岩石或其他介质进行爆破的炸药，其敏感性低，需在起爆炸药强力的冲击下才能爆炸，工程常用的爆破炸药有下列几种。

1) 黑色炸药：是由硝酸钾（或硝酸钠）、硫黄和木炭所组成的混合物，对火星和冲击极敏感，易燃烧爆炸，怕潮湿，威力低，适用于石料开采。

2) 硝铵炸药：是由硝酸铵、TNT（三硝基甲苯）和少量木粉所组成的混合物，对冲击或摩擦不敏感，吸湿能力强，受潮后不能充分爆炸，常用的如下：

①岩石铵梯炸药：有 1 号和 2 号两种（号数大的威力小）。其特点是威力大，适用于没有煤尘和沼气爆炸危险的矿井和岩石爆破。

②露天铵梯炸药：有 1 号、2 号、3 号三种，这种炸药爆炸后产生的有毒气体较多，只能在露天爆破工程中使用。

③铵油炸药：爆炸威力稍低于 2 号岩石铵梯炸药，但抛掷效果好，起爆较难，易受潮。制造方便，成本低，是目前露天爆破中使用最多的一种。

3) 胶质炸药：由硝化甘油和硝酸铵的混合物，另外混入一些木粉和稳定剂制成。其特点是对冲击、摩擦和火星都很敏感。但抗水性较强，爆炸威力大，适用于水下和硬岩石爆破。

4) TNT（三硝基甲苯）：呈结晶粉末状，淡黄色，压制后呈黄色，熔铸块呈褐色，不吸湿，爆炸威力大。但本身含氧不足，爆炸时会产生有毒的一氧化碳气体，不宜用于地下作业。

雷管是常用的起爆器材，按照引爆方式分为火雷管和电雷管。火雷管（普通雷管）是用导火线点燃起爆药包用的，一般分为 10 个规格，工程上常用规格为 6 ~ 8 号。电雷管与火雷管类似，所不同的是用一个电器点火装置代替了导火索起爆，分为即发雷管、延发雷管和毫秒雷管。

通过电爆网路实现起爆的称为电力起爆。电雷管的连接形式有串联、并联和混联三种。

火花起爆是利用导火索燃烧引爆雷管，从而使药包爆炸。此外，还有传爆线起爆法。传爆线的索芯是用高级烈性炸药制成的，但着火较难，使用时须在药室外的一段传爆线上捆扎一个 8 号雷管来传爆。传爆网路与药包的连接方式有关，有串联、并联和并串联等。

3. 凿岩工程

凿岩工程中的钻孔工作，在整个爆破工程中所占的时间比例较大，因此，提高钻孔工程的效率对工程进度影响相当重要。

在钻孔工程中，采用的机械设备有空气压缩机、凿岩机和穿孔机等。

根据使用的动力不同，凿岩机有风动式、电动式、液压式及内燃凿岩机等。目前使用较多的是风动式凿岩机。空气压缩机是风动凿岩机的动力源，目前使用的有活塞式、滑片式和螺杆式三种。各种类型的空气压缩机有移动式和半固定式。

凿岩机与空气压缩机是通过输气管道连接的，一般多用高压胶管。在工程量大而集中、施工期长的工地中应选用钢管作为输出主管。输气管的内径应根据通过的总气量和输送的长短而定。其原理是保证最远的施工点有足够气压（不低于 600 kPa），以保证凿岩机正常工作。

凿岩机采用的钻孔工具有两种：一种是钢钎；另一种是活动钻头。前者是钻杆和钻头制成一体；后者是钻杆和钻头通过螺纹连接，一般钢钎和钻杆都是用六角形或圆形空心碳素钢制成的，因此，只能用于硬度不大的岩石。钢钎磨钝后可用锻钎机修整。活动钻头在钻头的刃口处镶有硬质合金刀头（铬钨钢或铬钒钢），钻头磨钝后，可随时卸下更换，因此，工作效率高，同时也减少锻钎过程所消耗的钢材。

4. 爆破工程

石方爆破施工包括炮孔位置的选择、凿孔、装药、堵塞、引爆和清方等工序。

(1) 炮孔位置的选择。炮孔位置的选择是十分重要的。因为炮孔的位置、方向和深度都会直接影响爆破效果。选择孔位时应注意岩石的结构，避免在层理和裂缝处凿孔，以免药包爆炸时气体由裂缝中泄出，使爆破降低或完全失效。炮孔应选在临空面较多的方位；或者有意识地改造地形，使第一次爆破为第二次爆破创造较多的临空面。其爆破参数应根据工地的具体情况和实践经验来确定，一般经验数值如下：

1) 最小抵抗线。最小抵抗线过大会使岩块过大，且容易残留炮根，过小会导致岩石飞散和炸药的消耗量增加。一般为梯段高度的 70%~80%。

2) 炮孔深度。采用台阶式爆破时，炮孔的深度应使爆破后的地面尽量与原地面平齐。较硬的岩石易留炮眼，炮眼的深度应大于岩层厚度。对于软岩石可小于台阶高度。

3) 炮孔距离。两炮孔之间的距离称为孔距 a，它的大小与起爆方法和最小抵抗线有关。

火花起爆 $\qquad a = (1.4 \sim 2.0)W \qquad (4\text{-}4)$

电力起爆 $\qquad a = (0.8 \sim 2.3)W \qquad (4\text{-}5)$

采用多排炮孔爆破时，炮孔应呈梅花形交错布置。两排炮孔之间行距 b 约为 $0.86a$。

(2) 凿孔。选孔工作完成后，即可进行凿孔。凿孔的技术要求与采用何种爆破方法有关。目前使用的有浅孔爆破和深孔爆破两种。

1) 浅孔爆破。一般爆破的岩石数量不大，药包是装入平行排列的工作面内的，可凿成一行或多行炮孔。通常多用手提式凿岩机凿孔，孔径在 75 mm 以内，孔深不超过 5 m 的，可用电力或速燃引爆线引起药包同时爆炸。这种爆破适用于工程不大的路堑开挖、采石和大块石的再爆破等。其用药量各根据炮孔深度和岩石性质而定。一般装药深度为孔深的 $1/3 \sim 1/2$。

2) 深孔爆破。深孔爆破即对孔深大于 5 m、孔径大于 7.5 cm 的炮孔进行爆破，通称为深孔爆破。钻凿大型炮孔多采用冲击式钻机或潜孔钻机。因一次爆破的石方量大，从而加快施工进度，如果有适当的装运机械配合，则可以全面实现机械化快速施工，是今后石方开挖的发展方向。

(3) 装药。装药就是把炸药按照施工要求装入凿好的药孔内。装药的方式根据爆破方法和施工要求不同而各异，有以下几种。

1) 集中药包：将炸药完全安装在炮孔的底部。这种方式对于工作面较高的岩石，崩落效果较好，但不能保证岩石均匀破碎。

2) 分散药包：炸药沿孔深的高度分散装置。这种方式可以使岩石均匀地破碎，适用于高作业面的开挖段。

3) 药壶药包：是在炮孔的底部制成葫芦形的储药室，以增大装药量。这种方式适用于岩石量大而集中的石方施工。

4) 坑道药包：它不同于上述各种方法的是将药包安装在竖井或平洞底部的特制的储药室内。

（4）堵塞。堵塞一般可用干砂、石粉、黏土和碎石等。堵塞物捣实时，切忌使用铁棒，一般用木棒或黄铜棒。棒的直径为炮孔直径的0.75倍，下端稍粗，约为炮孔直径的0.9倍。在棒的下端开有供导火索穿过的纵向导槽。

（5）引爆。引爆就是利用起爆炸药制成的雷管、引火剂或导火索从炮孔的外部引入炮孔的药室，使炸药爆炸。目前工程中常用的有火花起爆、电力起爆等。

5. 清方工程

当石方爆破后，还需按爆破次数分次清理，清理时一定要根据施工要求和石料的利用情况分别清理。由于路基施工不同于采石场和矿山开挖，一方面场地狭小，机械设备的布置和使用受限制；另一方面要求机械设备的能力大、效率高，又要机动灵活，有一定的越野性能和爬坡能力。因此，在选择清方机械时，要考虑以下技术经济条件：工程期限所要求的生产能力；工程单价；爆破岩石和岩堆的大小；机械设备进入工地的运输条件，以及机械撤离和重新进入工作面是否方便等。

4.4 路基变形分析与监测

路基变形包括两个方向上的指标：竖向位移和水平位移。顶面或土层内的这两类指标加上地下水水位、裂缝、斜度及土压力等指标，构成了施工期与运营期路基稳定性观测的核心内容。

一般情况下，地下水水位急剧变化（孔隙水压力变化），路基出现快速增大的竖向或水平位移，伴随裂缝发展及土压力异常是路基失稳的主要表现。通过监测上述指标，能及时发现路基失稳征兆，从而为干预措施提供时机和决策依据。

填方路基的竖向位移常被定义为沉降，它是路基变形分析的主要内容和稳定性监测的重要指标。路基沉降指的是施工期或运营期内，路基某基准点（如地基表面或路基顶面），在自重应力、施工与交通荷载作用下，伴随自然环境和时间因素的影响，因软弱地基或路基填方的压缩变形而产生的高程差。沉降又可分为施工期沉降和工后沉降。而不均匀沉降则是指路基顶面上不同位置的沉降有差异的现象，其差值就是不均匀沉降值，一般用横断面上路基顶面中心处和边缘的沉降差值来表征。

需要进行沉降分析及施工期变形观测的工况包括高填路堤、软土地基上的填方路基、重要高速公路路段、其他特殊工况（如路基拓宽工程、可能的桥头跳车发生位置等）。

4.4.1 沉降分析

在路基稳定性正常情况下，沉降产生的主要原因是地基的固结压缩；在失稳情况下，滑动土体上基准点的沉降还包括滑体位移的竖向分量。沉降分析主要是预测路堤填筑过程中及填筑完成后可能产生的沉降。

含有软土层的地基称为软土地基，软土的鉴别参照表4-9进行。软土地基上的公路路基应进行沉降分析。

表 4-9 软土鉴别指标

土类	天然含水率/%	天然孔隙比	直剪内摩擦角/°	十字板剪切强度/kPa	压缩系数 $a_{0.1-0.2}$/MPa^{-1}
黏质土、有机质土	≥35	≥1.0	宜小于 5	<35	宜大于 0.5
粉质土	≥30	≥液限 ≥0.90	宜小于 8		宜大于 0.3

根据沉积的地质年代不同,软土层在地基中的埋深差异较大。有些情况下,软土之上有其他非软土层分布;软土的含水率一般都较大,即使是新近沉降的软土层,其表层也会因暴露在大气中而导致其含水率下降、强度指标有所变化。因此,软土层一般均有上覆层,其厚度从二三厘米至几米均有,其强度指标高于软土,这种上覆层称为硬壳层。软土所处的层位越深、厚度越薄,其危害性就越小。

岩土工程学中,将软土地基的固结分为主固结和次固结,不同的固结类型均会产生相应的沉降,且造成固结的荷载施加时引起的瞬时变形也包含在沉降中。因此,软土地基的总沉降可分为瞬时沉降、主固结沉降和次固结沉降三个组成部分,后两者与固结时间有很大关系。

路基沉降分析时,为简化起见,可选用主固结沉降 S_c 为主要计算指标,通过固结系数 m_s 修正该指标以获得总沉降 S:

$$S = m_s S_c \tag{4-6}$$

沉降固结系数 m_s 为经验系数,与地基条件、荷载强度、加载速率等因素有关,其范围为 1.1~1.7,应根据现场沉降观测资料确定,也可采用下面的经验公式进行估算:

$$m_s = 0.123\gamma^{0.7}(\theta H^{0.2} + VH) + Y \tag{4-7}$$

式中 θ——地基处理类型系数,地基用塑料排水板处理时取 0.95~1.1,用粉体搅拌桩处理时取 0.85,一般预压时取 0.90;

H——路基中心高度(m);

γ——填料重度(kN/m³);

V——填土速率修正系数,填土速率为 0.02~0.07 m/d 时,取 0.025;

Y——地质因素修正系数,满足软土层不排水抗剪强度小于 25 kPa、软土层的厚度大于 5 m、硬壳层厚度小于 2.5 m 三个条件时,$Y = 0$,其他情况下可取 $Y = -0.1$。

总沉降还可以由瞬时沉降 S_d、主固结沉降 S_c 及次固结沉降 S_s 之和计算:

$$S = S_d + S_c + S_s \tag{4-8}$$

任意时刻地基的沉降量,考虑主固结随时间的变化过程,按下式计算:

$$S_t = (m_s - 1 + U_t)S_c \text{ 或 } S_t = S_d + S_c U_t + S_s \tag{4-9}$$

上式中地基平均固结度 U_t 采用太沙基一维固结理论计算,对于砂井、塑料排水板等竖向排水体处理的地基,固结度按巴隆给出的太沙基-伦杜立克固结理论轴对称条件固结方程在等应变条件下计算。

软土地基工后沉降应控制在一定范围之内,路面设计使用年限(沥青路面 15 年、水泥混凝土路面 30 年)内的工后沉降要满足表 4-10 的规定,不满足时要针对沉降进行处治设计。

表 4-10　允许的工后沉降

m

道路等级	工程位置		
	桥台与路堤相邻处	涵洞、通道处	一般路段
高速公路、一级公路	≤0.10	≤0.20	≤0.30
二级公路	≤0.20	≤0.30	≤0.50

4.4.2　变形监测

路基变形监测的主要目的是发现路基在施工和运营期间可能发生的稳定性问题，及时预警，以便采取积极的主动干预措施，保障路基工程的安全。

目前，路基变形实时监测采用了很多新技术，如基于 GIS 的卫星实时变形观测系统、基于光纤的分布式数据采集系统、基于物联网的数据传输系统等，使得工程技术人员能实时把握运营期路基变形发展状况。边坡稳定性预警依赖两种基本的方法进行：工程类比法和计算分析法。前者是根据本地已有工程地质资料和边坡灾害历史资料总结出边坡灾害发生规律与判断依据，并据此对被监测的路基的稳定性做出评价；后者则是基于监测到的变形指标分析路基的安全状态。紧急干预和控制技术包括两个方面：一是交通控制范畴的紧急应对措施；二是公路工程范畴的临时处治技术措施。

对于高填、软土等危险断面的路基，应进行路基的变形观测，其常规观测内容可按表 4-11 路堑边坡或滑坡监测及表 4-12 高路堤稳定和沉降观测来选择。

表 4-11　路堑边坡或滑坡监测

监测内容		监测方法	监测目的
地表监测	水平位移监测	全站仪、光电测距仪	监测地表位移、变形发展情况
	垂直变形监测	水准仪	
	裂缝监测	标点桩、直尺或裂缝计	监测裂缝发展情况
地下位移监测		测斜仪	探测相对于稳定地层的地下岩体位移，证实和确定正在发生位移的构造特征，确定潜在滑动面深度，判断主滑方向，定量分析评价边（滑）坡的稳定状况，评判边（滑）坡加固工程效果
地下水水位监测		人工测量	观测地下水水位变化与降雨关系，评判边坡排水措施的有效性
支挡结构变形、应力		测斜仪、分层沉降仪压力盒、钢筋应力计	支挡构造物岩土体的变形监测，支挡构造物与岩土体间接触压力监测

表 4-12　高路堤稳定和沉降观测

观测项目	仪具名称	观测目的
地表水平位移量及隆起量	地表水平位移（边桩）	用于稳定监控，确保路堤施工安全和稳定
地下土体分层水平位移量	地下水平位移计（测斜管）	用于稳定监控与研究，掌握分层位移量，推定土体剪切破坏位置，必要时采用
路堤顶沉降量	地表型沉降计（沉降板或桩）	用于工后沉降监控，预测工后沉降趋势，确定路面施工时间

软土地基上的路基需作为变形观测的重点对象,填筑过程中,路堤中心线地面沉降速率应不大于 10~15 mm/d,坡脚水平位移速率应不大于 5 mm/d,应结合沉降和位移发展趋势对观测结果进行综合分析,填筑速率应以水平位移控制为主,超过标准应立即停止填筑。

软土地基上二级及其以上公路路堤施工中,必须进行沉降和稳定的动态观测,要求见表4-13。

表 4-13 沉降和稳定动态观测

观测项目	常用仪具名称	观测内容及目的
地表沉降量	地表型沉降计(沉降板)	根据测定数据调整填土速率;预测沉降趋势,确定预压卸载时间和结构物及路面施工时间;提供施工期间沉降土方量的计算依据
地表水平位移量及隆起量	地表水平位移桩(边桩)	监测地表水平位移及隆起情况,以确保路堤施工的安全和稳定
地下土体分层水平位移量	地下水平位移计(测斜管)	用作掌握分层位移量,推定土体剪切破坏的位置。必要时采用

观测仪表应在软土地基处理之后埋设,并在观测到稳定的初始值后,方可进行路堤填筑。在地基条件差、地形变化大、实际问题多的部位和土质调查点附近应设置观测点。同一路段不同观测项目的测点宜布置在同一横断面上。施工期间,应按设计要求进行沉降和稳定的跟踪观测,观测频率应与沉降、稳定的变形速率相适应,每填筑一层应观测一次;如果两次填筑间隔时间较长,每 3 d 至少观测一次。路堤填筑完成后,堆载预压期间观测应视地基稳定情况而定,半月或每月观测一次,直到预压期结束。如地基稳定出现异常,应立即停止加载并采取处理措施,待路堤恢复稳定后,方可继续填筑。

进行软土地基稳定性观测时,一般路段沿纵向每 100~200 m 设置一个观测断面,同时,每一路段应不少于 3 个断面;桥头路段应设置 2~3 个观测断面;桥头纵向坡脚、填挖交界的填方端、沿河等特殊路段应增设观测点。

位移观测一般按埋设边桩方式进行,应根据需要埋设在路堤两侧坡脚或坡脚以外 3~5 m 处,并结合稳定分析,在预测可能的滑动面与地面的切点位置布设测点,一般在坡脚以外 1~10 m 范围设置 3~4 个位移边桩。同一观测断面的边桩应埋在同一横轴线上。边桩应埋置稳固,校核基点四周必须采用保护措施,并定期与工作基点桩校核。地面位移观测仪器要求测距精度 ±5 mm,测角精度 2″。沿河、临河等临空面大而稳定性很差的路段,必要时需进行地基土体内部水平位移的观测。

沉降观测一般通过在原地面上埋设沉降板进行地基沉降的高程观测。沉降板埋置在路基中心、路肩及坡趾的基底。沉降板观测仪器要求往返测量精度为 1 mm/km。用于观测水平位移标点桩、校核基点桩,也同时用于沉降观测,埋设于坡趾及以外的标点桩一般检测地面沉降。堆载预压期间观测应视地基稳定情况而定,一般情况下,第一个月每 3 d 观测 1 次,第二、三个月每 7 d 观测一次,从第四个月起,每 15 d 观测 1 次,直至预压期结束。

4.5 路基施工新技术

我国幅员辽阔、地理条件复杂多样,许多地区因为地理、地质条件的限制而在公路建设中面临着相当多的技术难题。近年来，在广大建设者的不懈努力下，在公路工程建设中各种新技术、新工艺和新材料不断涌现，许多技术难题已经被攻克。本节主要介绍轻质路堤及道路拓宽改建中涉及的处治技术。

4.5.1 路基填料和压实、加固

当前，针对软土地基的施工技术主要包括轻质路堤、土工合成材料加固、CFG 桩和薄壁管桩加固等施工工艺。

1. 轻质路堤

轻质路堤主要指用轻质（粉煤灰）或超轻质材料（聚苯乙烯泡沫塑料）填筑的路基。作为燃煤电厂废料的粉煤灰，用于筑路可减少占地，利于环境。同时，它具有自重小、强度高、混合料强度随时间增长、可压实性好、固结快、造价低等特点，在软土地基路段中使用，具有可增加路基填筑高度、减少路基和地基沉降的明显优势，自 20 世纪 80 年代在沪宁高速公路路基填筑中研究和应用以来，已形成设计和施工技术规范，这里不再赘述。

超轻质材料（EPS）的体积重度为 $0.18 \sim 0.4$ kN/m^3，为普通土重度 $14 \sim 20$ kN/m^3 的 1/50、1/70。EPS 的吸水率极小，隔热性能和耐水性能都很好，它具有一定的强度，抗压强度为 $100 \sim 300$ kPa，通常，路基所承受上覆路堤压力小于 100 kPa。因此，可用 EPS 作为路堤填料，以减轻路堤重量，减小路基沉降量，同时保证路堤稳定性，特别适用于软土地基的路堤填筑，某些情况下，还可不处理软土地基。EPS 用作路堤填料时，施工非常方便，EPS 块体大小可根据需要进行生产，通常采用的 EPS 块体的尺寸为：长 3 m、宽 1 m、厚 0.5 m，类似于手摆积木，无须大型机械。EPS 自身强度足以满足路堤荷载与边坡稳定性要求，应用中 EPS 填筑高度一般在 5 m 左右，可填高度高达 20 m。另外，EPS 用作路堤填料时，EPS 两侧坡面用土包边，其路堤边坡的稳定性取决于包边土体的稳定性，而包边土体的稳定性则可用常规土力学中边坡稳定性分析的方法确定。由于 EPS 本身是块体，且内聚力强，使用 EPS 填筑的路堤会使路堤边坡更趋稳定。

EPS 路堤施工中，EPS 必须平放，为确保 EPS 填筑路基良好的排水性能，在最底层的 EPS 底部需要垫铺透水砂层，要严格控制砂层及 EPS 铺砌层的平整度；铺砌的 EPS 块体之间不能留任何空隙，排列紧密，用黏结材料或合缝钉将 EPS 块体结合在一起，以防路堤填筑过程中 EPS 块体的相互错动与移位；若 EPS 块体之间产生缝隙或高度差，必须用无收缩水泥砂浆调整。EPS 用作路堤超轻质填料的不利因素在于其抗风化性、耐冲击性和化学药剂性能差，但它作为路堤填料时被埋于土中，所受紫外线的影响小，老化缓慢，因此，强度劣化很小。同时，EPS 不适用在地表洪水泛滥地区用作路堤超轻质填料，以免地表洪水浮力将 EPS 路堤抬起，从而导致路堤破坏。另外，由于 EPS 造价较高，在国外主要应用于抢修工程的填筑，以及对作用于结构的上覆压力有限制的工程。

2. 土工合成材料加固

对于浅层（厚度一般小于 3 m）的软土地基，可采用先在地表铺筑土工布，再填筑路堤。土工布起到分隔、过滤、排水和加速固结等作用，从而取代常规的置换方法。软土层厚度为 $3 \sim 5$ m，可采用土工布与砂垫层联合处治，排水砂垫层的厚度可由 50 cm 减薄至 30 cm。

也有在路堤下面与地表之间铺设多层土工织物，利用材料的高抗拉强度克服地基的滑动变形来保持稳定，通过控制填土速率，配合超载预压，使地基迅速固结。

3. CFG 桩和薄壁管桩加固

CFG 桩通过碎石、石屑、砂、粉煤灰掺水泥加水拌和，用各种成桩机械制成可变强度桩。通过调整水泥掺量及配比，其强度等级在 C15～C25 变化，是介于刚性桩与柔性桩之间的一种桩型。CFG 桩和桩间土一起，通过褥垫层形成 CFG 桩复合地基共同工作，可根据复合地基性状和计算进行工程设计。CFG 桩一般不用计算配筋，并且还可利用工业废料粉煤灰和石屑作掺和料，以进一步降低工程造价。

CFG 桩应根据现场条件选用下列施工工艺：长螺旋钻孔灌注成桩，适用于地下水水位以上的黏性土、粉土、素填土、中等密实以上的桩土；长螺旋钻孔、管内泵压混合料灌注成桩，适用于黏性土、粉土、砂土，以及对噪声或泥浆污染要求严格的场地；振动沉管灌注成桩，适用于粉土、黏性土及素填土地基。

水泥混凝土薄壁管桩是用水泥混凝土和钢筋通过离心成型法制成空心薄壁管桩，利用打桩机械将桩打入地基形成桩基平台。先张法预应力高强混凝土管桩称为 PHC 桩，先张法预应力混凝土管桩称为 PC 桩，先张法预应力高强混凝土薄壁管桩称为 PTC 桩，现浇混凝土薄壁管桩称为 PCC 桩。水泥混凝土薄壁管桩在同一建筑物基础中，可使用不同直径的管桩，容易解决布桩问题，可充分发挥每根桩的承载能力；单桩可接成任意长度，不受施工机械能力和施工条件局限；成桩质量可靠，沉桩后桩长和桩身质量可用直接手段进行监测；桩身耐锤击和抗裂性好，穿透力强；造价低，其单位承载力价格仅为钢桩的 1/3～2/3，并具有节省钢材、施工速度快、工后沉降少等特点。

4.5.2 新老路基结合处治技术

21 世纪以来，我国许多道路交通量饱和，不得不实施拓宽改造，其中需解决的关键技术问题是新老路基结合部位的协调变形。不同条件下，新老路基不协调变形的组成不同，在保证路基稳定的前提下，须采取措施控制路基的不协调变形。按照处治措施的部位和处治机理，可以将不协调变形的控制技术划分为四大类：路面内部处治、路基内部处治、外部处治和综合处治，见表 4-14。

表 4-14　新老路基结合部处治技术的初步分类

路面内部处治	增加厚度
	提高抗变形能力（加筋、设置网片等）
路基内部处治	结合面处理
	填料及压实控制
	路基加筋
	轻质路堤
外部处治	轻质路堤
	地基处理
	支挡结构

续表

综合处治	设置分隔带
	完善排水系统
	过渡性路面
	内、外部综合处治

如果按新老路基结合部位不协调变形的主要来源划分，表4-14中的处治技术可分为：针对新老路基结合部不良地质条件的地基处理技术；针对新老路基结合强度不足的老路边坡处理和结合部的加筋技术；针对路基自身的压缩变形过大的控制路基填料和压实度、采用轻质路基等措施。如果新老路基结合部的不协调变形由上述几种因素共同组成，则应采取综合处治技术。针对不协调变形来源的处治技术及适用条件见表4-15。

表4-15 针对不协调变形来源的处治技术及适用条件

新老路基结合部不协调变形的主要来源	结合部处治技术	适用条件
新路基用下地基的固结沉降	采取换填、抛石挤淤、复合地基、排水固结法处理结合部地基	不良地质条件下的路基拓宽、高填路堤等
新老路基结合部结合强度不足	老路边坡覆土处理、台阶开挖，结合部设置土工格栅等	老路边坡土受自然风化等作用强度较低，新老路基拼接困难
新老路基的自身压缩变形	优选新路基填料，提高压实度，新路基采用二灰、EPS轻质路堤	地质条件较好的路基拓宽
上述几种因素的组成	上述处治技术综合使用，同时考虑设置挡墙、路面辅助处治技术和完善排水系统等	各种不良地基、路基以及结合面条件

实际拓宽改建工程中，常常根据具体的工程特点，因地制宜地选用不同处治方式，有时综合使用多种处治技术。

思考与习题

1. 常见的湿软地基处理方法有哪些？
2. 简述路基施工的重要性。
3. 简述路基压实的意义、原理及压实原则。
4. 什么是压实度？检测压实度常用的方法有哪些？
5. 影响路基压实的因素有哪些？路基压实标准应根据哪些要求确定？
6. 填筑路堤的方法有哪些？各自适用条件是什么？
7. 路堑开挖有哪些方式？各自适用条件是什么？
8. 路基施工前应做好哪些准备工作？
9. 对软土地基应如何观测其沉降？
10. 对新老路基结合部位可用哪些处治措施？

第 5 章

路面结构类型及路面基层

★ 主要内容

本章主要讲述路面结构类型、粒料类基层和沥青结合料类基层、无机结合料稳定类基层。

★ 学习目标

(1) 了解路面结构分类及特点。
(2) 熟悉粒料类基层、沥青结合料类基层、无机结合料类稳定层材料组成及特点。
(3) 掌握沥青路面、水泥混凝土路面的特性及分类，影响无机结合料类稳定层强度的因素。

5.1 路面结构类型

5.1.1 路面基本性能要求及影响因素

1. 路面基本性能要求

(1) 路面的结构性能。路面的结构性能包括承载能力、稳定性和耐久性，即路面结构整体或某一组成部分必须具有承载行车荷载的能力，必须经受住温度和湿度变化带来的不利影响，保持工程设计时确定的物理力学性质和几何形态，同时还要抵抗老化和衰变，保证其设计使用年限。

(2) 路面的使用性能。表面平整度和抗滑性能是影响行车安全、舒适及运输效益的重要使用性能。路面表面要求平整但不宜光滑，这样才能保证汽车路面上行驶时，车轮与路面之间具有足够的附着力或摩擦力，这样不但可以提高行车速度，增强舒适性，同时还能保证行车安全，在雨天高速行车、紧急制动或突然启动、爬坡、转弯时，车轮不致产生空转或打滑。

2. 路面影响因素

（1）行车荷载。行车荷载是造成路面结构损伤的主要成因。为了保证路面结构达到预计的功能，具有良好的结构性能，应对行驶的车辆进行分析，包括车重与轴重的大小与特性、不同车辆的车轴布置、轴型的分布及设计期限内车轴通行量逐年增长的规律、汽车静态荷载与动态荷载特性的比较等。

（2）环境因素。路面结构直接暴露在大气之中，除直接承受车轮荷载作用外，还经常受水、温度、阳光、空气等自然因素的影响。其中，温度和湿度是对路面结构有重要影响的自然环境因素。路面结构的温度和湿度状况随周围环境的变化而变化，路面体系的性质与状态也随之发生变化。路面材料的强度与刚度随路面结构内部温度和湿度的变化有时会有大幅度的增减。

（3）路面材料。路面材料的力学性能对路面的使用性能和使用寿命有重要的影响。路面结构的破坏大多是由于变形过大或应力超过材料强度而引起的。因此，为了对路面结构进行受力分析，并做到合理地使用路面材料，必须研究路面材料受力时的响应。路面材料的力学特性主要有强度特性、变形累积特性和疲劳特性。

5.1.2 路面结构层次与功能

通常路面结构按照各层位功能的不同，划分为三个层次，即面层、基层（底基层）和路基（垫层），如图 5-1 所示。

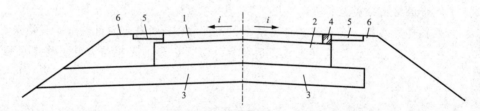

图 5-1　路面结构层次划分示意

1—面层；2—基层（有时包括底基层）；3—路基；4—路缘石；5—加固路肩；6—土路肩；i—路拱横坡度

1. 面层

面层直接同行车和大气接触，它承受较大行车荷载的垂直力和水平剪切力的作用，同时还受到降水的侵蚀和气温变化的影响。因此，同其他层次相比，面层应具备较高的结构强度以抵抗垂直应力作用、较高的抗变形能力以抵抗剪切作用、较好的水稳定性以抵抗水损害和很好的温度稳定性以抵抗车辙；其表面还应有良好的抗滑性和平整度。

修筑面层所用的材料主要有水泥混凝土、沥青混凝土、沥青碎（砾）石混合料、砂砾或碎石掺土或不掺土的混合料及块料等。

沥青面层有时分两层或三层铺筑，如高速公路沥青面层总厚度一般为 18~20 cm，可分为上、中、下三层铺筑，并根据各层的要求采用不同的级配。沥青面层主要承受垂直应力和剪切应力,主要考虑材料的抗车辙和抗剪切能力,上面层主要应考虑耐久和抗滑特性,应选择抗车辙和抗剪切性能好的材料作沥青面层。

水泥混凝土路面一般采用一层铺筑,但较厚时分两层铺筑,分别采用不同强度等级的水泥混凝土。水泥混凝土路面上还可加铺 4 cm 沥青混凝土形成复合式路面结构。

砂石路面上所铺的 2~3 cm 厚的磨耗层或 1 cm 厚的保护层,以及厚度不超过 1 cm 的简易沥青表面处治不能作为一个独立的层次,应看作是面层的一部分。

2. 基层(含底基层)

基层主要承受由面层传来的车辆荷载的作用力(包括垂直力和拉应力),将垂直力扩散到下面的垫层和土基,承受拉应力作用并维持良好的耐久性。因此,基层是路面结构中的承重层,应具有一定的强度和刚度,并具有良好的抵抗疲劳破坏的能力。基层遭受大气因素的影响虽然比面层小,但是仍然有可能经受地下水和通过面层渗入雨水的侵蚀,所以,基层结构应具有足够的水稳定性。基层表面虽不直接供车辆行驶,但仍然要求有较好的平整度,这是保证面层平整性的基本条件。基层(含底基层)主要承受拉应力或拉应变,因此,基层(含底基层)材料主要应考虑其抗疲劳特性。如果基层或底基层采用粒料材料,则必须考虑垂直力作用产生的永久变形。

修筑基层的材料主要有各种结合料(如石灰、水泥或沥青等)稳定土或稳定碎(砾)石、贫水泥混凝土、各种工业废渣(如煤渣、粉煤灰、矿渣、石灰渣等)和土、砂、石所组成的混合料等,天然砂砾、各种碎石或砾石、片石、块石或圆石可以作为底基层材料,提高基层的整体抗冰冻、抗水侵害和承载能力。

当基层厚度太厚时,为保证工程质量可分为两层或三层铺筑。当采用不同材料来修筑基层(含底基层)时,应根据基层(含底基层)的受力特点和结构要求,合理使用当地材料来修筑。

3. 功能层

在路面结构层以下,介于基层(含底基层)和土基之间,它可改善土基的湿度和温度状况,使面层与基层免受土基水温状况变化的不良影响或保护土基处于稳定状态;同时,也可扩散基层传递的荷载应力。

修筑功能层的材料,强度要求不一定高,但水稳定性和隔温性能要好。常用的功能层材料类是由松散粒料(如粗砂、砂砾、碎石等)组成的透水性材料层或防冻层;另一类是用水泥或石灰稳定土等修筑的稳定类材料层,还有封层、黏层、透层及应力吸收层。

5.1.3 路面面层类型及路面类型

1. 路面面层类型及适用范围

通常按路面面层的使用品质、材料组成类型以及结构强度和稳定性,将路面分为沥青混凝土路面、水泥混凝土路面、沥青贯入路面、沥青碎石路面、沥青表面处治路面和砂石路面,见表 5-1。

表 5-1　路面面层类型及适用范围

路面类型	适用范围
沥青混凝土路面	高速公路、一级公路、二级公路、三级公路、四级公路
水泥混凝土路面	高速公路、一级公路、二级公路、三级公路、四级公路
沥青贯入、沥青碎石、沥青表面处理	三级公路、四级公路
砂石路面	四级公路

（1）沥青混凝土和水泥混凝土路面。沥青混凝土和水泥混凝土路面的特点是路面平整度好，强度高，稳定性好，使用寿命长，能保证高速行车，能适应繁重的交通量。该类路面养护费用少，运输成本低，但初期建设投入大，需要采用质量高的材料来修筑。

（2）沥青贯入、沥青碎石、沥青表面处治路面。沥青贯入、沥青碎石、沥青表面处治路面与高级路面相比，强度和刚度较差，使用寿命较短，所适应的交通量较小。其初期建设投资虽较沥青混凝土和水泥混凝土路面小，但需要定期养护，养护费用和运输成本均较高。

（3）砂石路面。砂石路面的强度和刚度低，使用期限短，易扬尘，仅适应较小的交通量。砂石路面的初期建设投资虽然较低，但养护工作量大，需要经常维修才能延长使用年限，运输成本高。

2. 路面类型

路面类型可以从不同角度来划分，一般都按面层所用的材料区分，如水泥混凝土路面、沥青路面、砂石路面等。在工程设计中，主要从路面结构的力学特性的相似性出发，将路面结构划分为沥青混凝土路面、复合式路面和水泥混凝土路面（也称刚性路面）三类，根据基层材料类型及组合的不同，又将沥青混凝土路面划分为粒料类基层（柔性基层）沥青路面、无机结合料类基层（半刚性基层）沥青路面、组合式基层沥青路面和水泥混凝土基层（刚性基层）沥青路面。

（1）粒料类基层（柔性基层）沥青路面。柔性基层沥青路面的总体结构刚度较小，在车辆荷载作用之下产生的表面变形较半刚性基层沥青路面大。虽然路面结构某层的抗拉强度较低，但通过合理的结构组合和厚度设计，可以保证路面结构整体具有很强的抵抗荷载作用的能力。同时通过各结构层将车辆荷载传递给路基，可使路基承受的压应力控制在一定的范围内。路基路面结构主要靠抗压强度和抗剪强度承受车辆荷载的作用。柔性基层沥青路面主要包括各种未经处理的粒料基层和各类沥青层组成的路面结构。

（2）无机结合料类基层（半刚性基层）沥青路面。无机结合料类基层沥青路面是用水泥、石灰等无机结合料处治的土或碎（砾）石及含有水硬性结合料的工业废渣修筑的基层，在前期具有柔性基层的力学性质，而后期的强度和刚度均有较大幅度的增长，但是最终的强度和刚度仍小于水泥混凝土。由于这种材料的刚度处于柔性基层与刚性基层之间，因此，把这种基层和铺筑在它上面的沥青面层统称为半刚性基层沥青路面。

（3）组合式基层沥青路面。沥青路面的基层含有无机结合料稳定材料、水泥混凝土材料等刚度较大或相对较大的材料，但是在沥青层与刚度相对较大的材料之间夹有柔性材料，如沥青混凝土层+级配碎石+无机结合料稳定材料层的路面结构、沥青混凝土层级配碎石+普通水泥混凝土材料层的路面结构、沥青混凝土层+级配碎石+碾压式水泥混凝土材料层的路面结构等。

(4)水泥混凝土基层（刚性基层）沥青路面。水泥混凝土基层（刚性基层）沥青路面是用各种水泥混凝土做基层，沥青混凝土做面层的路面结构。水泥混凝土具有强度高、稳定性好等特点，沥青混凝土路面具有行车舒适、噪声小等特点，这种路面可以避免各自的缺点，具有良好的使用性能和耐久性。普通混凝土（JPCP）、钢筋混凝土（JRCP）基层的沥青路面，由于接缝处的反射裂缝，对使用性能有一定的影响；连续配筋混凝土基层（CRCP）沥青混凝土路面由于连续的配筋将水泥混凝土的裂缝宽度约束在一定的范围内（一般要求小于1 mm），故其有良好的使用性能和耐久性，但必须采取措施保证沥青层与水泥混凝土层之间有良好的黏结状态。

(5)水泥混凝土路面。水泥混凝土路面主要指用各种水泥混凝土，包括普通混凝土（JPCP）、钢筋混凝土（JRCP）、连续配筋混凝土（CRCP）、钢纤维混凝土、预应力混凝土、装配式混凝土、碾压混凝土作面层的路面结构。水泥混凝土的强度高，与其他筑路材料相比，抗弯拉强度高，并且有较高的弹性模量，故呈现出较大的刚性。在车辆荷载作用下，水泥混凝土结构层处于板体工作状态，竖向弯沉较小，路面结构主要靠水泥混凝土板的抗弯拉强度承受车辆荷载，通过板体的扩散分布作用，传递给基础上的单位压力较柔性路面小得多。

5.2 粒料类基层和沥青结合料类基层

5.2.1 粒料类基层

粒料类基层的材料类型一般包括级配碎石、级配砾石、未筛分碎石、天然砂砾和填隙碎石等。

1. 碎（砾）石的类型与强度

碎石是指在矿场通过开采、破碎和筛分后生产的具有棱角和不同粒径规格的石料。砾石是岩石自然风化后经水流冲刷、搬运形成的无棱角或棱角性差的石料。与砾石相比，碎石因加工后的棱角性较好，风化程度低，相同矿物组成时纯度更高、坚固性更好、抗压碎能力更强，用作筑路材料时，可以提供较大的内摩擦角，使得材料性能更优。因此，碎石是比砾石更佳的材料，但成本有所增加。

具有一定粒度组成（级配）的掺配碎（砾）石，可以直接作为路面基层材料使用，通过掺加无机结合料或沥青稳定类，可以形成水泥稳定碎（砾）石、沥青稳定碎石等更为优质的基层材料。优质碎石是沥青混凝土和水泥混凝土的主要原材料之一。

碎石作为基层应用时，会涉及多种碎石混合料概念，如级配碎石、填隙碎石、水结碎石、未筛分碎石、石屑等。填隙碎石基层是用单一规格的粗碎石作主集料，形成嵌锁结构，用石屑作填隙料，填满粗碎石间的孔隙，增加密实度和稳定性，起承受和传递车轮荷载的作用。

级配砾石是指粗砾石、中砾石、小砾石和砂各按一定比例混合，其颗粒组成符合规定的密实级配要求，且塑性指数和承载比均符合规定要求的混合料。碎（砾）石基层通常是指水结碎石、泥结碎石及密级配的碎（砾）石等，这类基层通常只能用于中低等交通量的公路,但优质级配碎(砾)石基层也用于重交通以上公路路面结构层。

对于碎(砾)石路面结构,矿料颗粒之间的黏结强度一般都要比矿料颗粒本身的强度小得多,在外力作用下,首先在颗粒之间产生滑动和位移,使其失去承载能力而导致破坏。因此,对于这种由松散材料组成的路面结构,其中矿料颗粒本身强度固然重要,但是起决定作用的则是颗粒之间的黏结强度。由材料的黏结力和内摩擦角表征的内摩擦力决定颗粒之间的黏结强度,即构成了碎(砾)石路面材料的结构强度。

2. 填隙碎石基层

填隙碎石基层要求用加工轧制的碎石按嵌挤原理铺压而成。填隙碎石基层可采用干法或湿法施工,并要求填缝紧密。填隙碎石用作基层时,集料的公称最大粒径应不大于 53 mm;用作底基层时,应不大于 63 mm。集料的颗粒组成应符合表 5-2 的规定。填隙碎石宜用振动压路机碾压,碾压后基层的固体体积率宜不小于 85%,底基层宜不小于 83%。

表 5-2 填隙碎石用骨料的颗粒组成   %

项次	公称粒径/mm	筛孔尺寸/mm							
		63	53	37.5	31.5	26.5	19	16	9.5
1	30~60	100	25~60	—	0~15	—	0~5	—	—
2	25~50	—	100	—	25~50	0~15	—	0~5	—
3	20~40	—	—	100	35~37	—	0~15	—	0~5

3. 级配碎(砾)石基层

级配碎(砾)石基层,是由各种集料(砾石、碎石)按最佳级配原理修筑而成的路面基层。由于级配碎(砾)石是用大小不同的集料按一定比例配合,逐级填充空隙,故经过压实后,能形成密实结构。级配碎(砾)石的强度由摩擦力和黏结力构成,具有一定的水稳性和力学强度。

级配碎(砾)石基层厚度,一般为 8~16 cm,当厚度大于 16 cm 时应分两层铺筑,下层厚度为总厚度的 0.6 倍,上层厚度为总厚度的 0.4 倍。若基层和面层为同样类型的结构,其总厚度在 16 cm 以下时,可分两层摊铺,一次碾压。

级配碎(砾)石所用材料,主要为天然砾石或较软的碎石。其形状以接近立方体或圆球形为佳,石料强度应不低于Ⅳ级。用于高速公路和一级公路基层时,级配宜符合表 5-3 的 G-A-4 或 G-A-5 的规定;用于高速公路和一级公路底基层时,级配宜符合表 5-3 的 G-A-3 或 G-A-4 的规定;用于二级及二级以下公路的基层、底基层时,级配宜符合表 5-3 的 G-A-1 或 G-A-2 的规定。级配碎石材料的 CBR 标准见表 5-4。

表 5-3 级配碎石或砾石的推荐级配范围   %

筛孔尺寸/mm	G-A-1	G-A-2	G-A-3	G-A-4	G-A-5
37.5	100	—	—	—	—
31.5	100~90	100	100	—	—
26.5	93~80	100~90	95~90	100	100

续表

筛孔尺寸/mm	G-A-1	G-A-2	G-A-3	G-A-4	G-A-5
19	81~64	86~70	84~72	88~79	100~95
16	75~57	79~62	79~65	82~70	89~82
13.2	69~50	72~54	72~57	76~61	79~70
9.5	60~40	62~42	62~72	64~49	63~53
4.75	45~25	45~25	40~30	40~30	40~30
2.36	31~16	31~16	28~19	28~19	28~19
1.18	22~11	22~11	20~12	20~12	20~12
0.6	15~7	15~7	14~8	14~8	14~8
0.3	—	—	10~5	10~5	10~5
0.15	—	—	7~3	7~3	7~3
0.075	5~2	5~2	5~2	5~2	5~2

注：对无塑性的混合料，小于0.075 mm的颗粒含量宜接近高限。

表5-4 级配碎石 CBR 值

结构层	公路等级	极重、特重交通	重交通	中等、轻交通
基层	高速公路、一级公路	≥200	≥180	≥160
	二级及二级以下公路	≥160	≥140	≥120
底基层	高速公路、一级公路	≥120	≥100	≥80
	≥60	二级及二级以下公路	≥100	≥80

二级及二级以下公路基层采用未筛分碎石或砾石时，应采用表5-5推荐的级配范围。

表5-5 未筛分碎石或砾石的推荐级配范围   %

筛孔尺寸/mm	G-B-1	G-B-2	筛孔尺寸/mm	G-B-1	G-B-2
53	100	—	4.75	10~30	17~45
37.5	85~100	100	2.36	8~25	11~35
31.5	69~88	83~100	0.6	6~18	6~21
19.0	40~65	54~84	0.075	0~10	0~10
9.5	19~43	29~59			

用级配砾石的垫层称为级配砂砾垫层，其级配砂砾要求颗粒尺寸为4.75~31.5 mm，其中19~31.5 mm含量不少于50%。

回弹模量是表征级配碎石刚度的重要指标及设计参数。一般来说，级配碎石的回弹模量明显低于无机结合料稳定材料基层材料，然而与无机结合料稳定材料不同的是，级配碎石材料具有较显著的非线性。这种非线性特性使其在刚度较大的下层上边，表现出较大的回弹模量，从而也具有足够的抵抗应力和变形的能力，最终使得级配碎石作为上基层不仅具有减缓无机结合料稳定材料基层沥青路面反射裂缝的作用，同时也具有较好的抗疲劳能力。

级配碎石弹性模量随应力状态而变化的非线性特性表明，处于无机结合料稳定材料底层上的级配碎石基层和处于土基上的级配碎石底基层，由于所处的应力状态不同，它们的弹性模量取值也不同。表5-6是级配碎石分别用于基层及底基层时，根据弹性层状理论分析所得到的常规路面结构碎石所处的应力状态及模量取值的建议范围。

表5-6 不同层位级配碎石受力状态模量取值建议范围

结构层位	最小主压应力 σ_3/MPa	最小主压应力 σ_1/MPa	应力不变量 θ（$\sigma_1+2\sigma_3$）	回弹模量 E/MPa
级配碎石基层①	20~120	120~600	250~800	350~550
级配碎石底基层②	受拉	30~120	30~120	150~250

注：① 路面结构为5~20 cm沥青面层+10~15 cm碎石基层+40~50 cm无机结合料稳定材料底基层+土基。
② 路面结构为5~20 cm沥青面层+20~40 cm无机结合料稳定材料基层+20 cm碎石底基层+土基。

从表5-6中可以看出，对于常规高速公路和一级公路沥青路面结构，当级配碎石作为无机结合料稳定材料基层上面的基层时，其受力远大于传统结构中作底基层时的应力水平。按此应力水平，并取动三轴试件模型（K_1、K_2取平均值）$E=244\,432\theta^{0.47}$ MPa，则级配碎石作上基层时，其模量建议取350~550 MPa，此范围对应的沥青面层厚度为5~10 cm。由于目前高速公路与一级公路沥青路面面层厚度多为12~18 cm，对应于此结构的碎石基层模量取400~450 MPa。而当级配碎石作为传统结构底基层时，若仍按上述动三轴试验模型，则模量可取150~250 MPa。

5.2.2 沥青结合料类基层

沥青结合料类混合料指的是由沥青、粗细集料和矿粉，按一定配合比组成的混合料。将其拌和、摊铺、碾压成型，在路面结构中作基层使用时称为沥青结合料类基层。

1. 沥青结合料类基层的类型

按照设计空隙率和用途不同，沥青结合料类混合料可分为：

（1）密级配沥青稳定碎石（简称ATB，设计空隙率为3%~6%，用作基层）。

（2）半开式沥青稳定碎石（简称AM，设计空隙率为6%~12%，用作低等级公路面层）。

（3）开级配沥青稳定碎石（简称ATPB，设计空隙率为18%~22%，用于基层排水）。

作基层使用时，因其设计空隙率大，物理力学性质和耐久性相对较差，开级配沥青稳定碎石（ATPB）在我国的工程应用尚不多，ATB是沥青稳定碎石基层的主要材料形式。

2. 沥青结合料类基层的力学特性

沥青结合料类基层（ATB）的配合比设计与施工工艺与沥青混凝土基本相同，在材料物理力学性质上也非常相似。但因用作基层，其公称最大粒径比一般的沥青混凝土更大一些，常用的ATB类型有ATB-25、ATB-30和ATB-40，分属粗粒式和特粗式沥青混合料。公称最大粒径较大时，施工难度加大，因此，应用中以ATB-25和ATB-30最为常见。与沥青混凝土相比，其主要功能上的区别如下：

（1）因公称最大粒径较大，具有更好的抗剪和抗变形能力，特别适用于高温重载有抗车辙性能要求的路面。

（2）一般使用非改性沥青，且沥青用量稍低，抗拉强度和抗拉疲劳性能较差。

（3）铺筑在半刚性基层上时，对可能出现的反射裂缝的适应和调整能力更好。

密级配沥青碎石属于柔性基层的一种，其物理力学性能要优于级配碎石。其与级配碎石的主要区别如下：

（1）材料组成不同，增加了沥青，与沥青面层联结整体性好。

（2）强度构成不同，除嵌挤形成的内摩擦角外还有沥青提供的黏结力，模量较高。

（3）力学性能不同，除具有更好的抗压抗剪能力外，还具有一定抗拉能力。

（4）排水性能不同，因空隙率小，排水效率低于级配碎石。

3. 材料组成设计

密级配沥青稳定碎石的级配范围要求见表5-7。

表5-7 ATB矿料级配范围要求　　　　　　　　　　　　　　mm

级配类型		通过下列筛孔的质量百分率/%												
		53	37.5	31.5	26.5	19	16	13.2	9.5	4.75	2.36	1.18	0.6	0.3	0.15	0.075
特粗式	ATB-40	100	90~100	75~92	65~85	49~71	43~63	37~57	30~50	20~40	15~32	10~25	8~18	5~14	3~10	2~6
	ATB-30		100	90~100	70~90	53~72	44~66	39~60	31~51	20~40	15~32	10~25	8~18	5~14	3~10	2~6
粗粒式	ATB-25			100	90~100	60~80	48~68	42~62	32~52	20~40	15~32	10~25	8~18	5~14	3~10	2~6

级配沥青稳定碎石组成设计采用马歇尔设计方法。因其公称最大粒径更大，为消除试件的尺寸效应，对ATB-30和ATB-40级配需采用大型马歇尔试验方法。与常规马歇尔试验方法相比，大型马歇尔试验将击实锤重改为10.2 kg，直径149.4 mm，击实时落高457 mm；试件尺寸和击实次数增加为1.5倍，见表5-8，国外资料显示大型马歇尔的稳定度为小型马歇尔的1.5~2.25倍，流值提高1.5倍，其他体积指标基本不变。

表5-8 沥青稳定碎石混合料马歇尔试验配合比设计技术标准

实验指标	密级配基层（ATB）	半开级配基层（AM）	排水式开级配磨耗层（OGFC）	排水式开级配基层（ATPB）
公称最大粒径/mm	26.5	等于或大于31.5	等于或小于26.5	等于或小于26.5	所有尺寸
马歇尔试验尺寸/mm	φ101.6×63.5	φ152.4×95.3	φ101.6×63.5	φ101.6×63.5	φ152.4×95.3
击实次数（双面）/次	75	112	50	50	75
空隙率VV/%	3~6		6~10	不小于18	不小于18
稳定度，不小于/kN	7.5	15	3.5	3.5	
流值/mm	1.5~4	实测	—	—	
沥青饱和度VFA/%	55~70		40~70		

续表

实验指标	密级配基层（ATB）	半开级配基层（AM）	排水式开级配磨耗层（OGFC）	排水式开级配基层（ATPB）
密级配基层ATB的矿料间隙率VMA，不小于/%	设计空隙率/%	ATB~40	ATB~30	ATB~25
	4	11	11.5	12
	5	12	12.5	13
	6	13	13.5	14

注：在干旱地区，可将密级配沥青稳定碎石基层的空隙率适当放宽到8%。

按照《公路沥青路面设计规范》（JTG D50—2017）的规定，ATB无须进行后续的动稳定度、低温弯曲、破坏应变、残留稳定度（浸水或冻融）及渗水系数试验。

密级配沥青稳定碎石的施工工艺和质量控制与沥青混凝土类似。

5.3 无机结合料稳定类基层

在粉碎的或原状松散的土中掺入一定量的无机结合料（包括水泥、石灰或工业废渣等）和水，经拌和得到的混合料在压实与养护后，其抗压强度符合规定要求的材料称为无机结合料稳定材料，以此修筑的路面基层为无机结合料稳定类基层，也称为半刚性基层。

无机结合料稳定材料具有稳定性好、抗冻性能强、结构本身自成板体等特点，但其耐磨性差，因此，广泛用于修筑路面结构的基层和底基层。

破碎的或原状松散的土按照土中单个颗粒（指碎石、砾石、砂和土颗粒）的粒径大小和组成，将土分成细粒土、中粒土和粗粒土。不同的土与无机结合料拌和得到不同的稳定材料，如石灰土、水泥土、水泥砂砾、水泥碎石、石灰粉煤灰碎石等。

无机结合料稳定材料种类较多，其物理、力学性质各异，使用时应根据结构要求、掺加剂和原材料的供应情况及施工条件进行综合技术经济比较后确定。

5.3.1 石灰稳定类基层

在粉碎的土和原状松散的土（包括各种粗、中、细粒土）中掺入适量的石灰和水，按照一定技术要求，经拌和，在最佳含水率下摊铺、压实及养护，其抗压强度符合相关规定要求的路面基层称为石灰稳定类基层。用石灰稳定细粒土得到的混合料简称石灰土，所做成的基层称为石灰土基层（底基层）。

石灰稳定土一般指的是石灰土（以细粒土、天然土为主），它具有一定的抗压强度和弯拉强度，且强度随龄期逐渐增加，但因其吸水性、透水性和水稳定性较差，适用于各级公路的底基层和二级以下公路的基层，不得用作二级和二级以上公路的基层。在冰冻地区和其他地区的潮湿路段，不宜采用石灰土作基层和底基层。

1. 石灰稳定土强度形成机理

石灰稳定土拌和压实后，石灰与土会发生一系列的物理、化学作用，土的性质会发生根本的变化,从而使石灰稳定土具有一定强度。石灰与土间发生的物理、化学作用一般分离子交换作用、结晶硬化作用、火山灰作用和碳酸化作用四个方面。

(1) 离子交换作用:土的微小颗粒具有一定的胶体性质,它们一般都带有负电荷,表面吸附着一定数量的钠、氢、钾等低价阳离子(Na^+、H^+、K^+)。石灰是一种强电解质,在土中加入石灰和水后,石灰在溶液中电离出来的钙离子(Ca^{2+})与土中的钠、氢、钾离子产生离子交换作用,原来的钠(钾)土变成钙土,土颗粒表面所吸附的离子由一价变成二价,减少了土颗粒表面吸附水膜的厚度,使土粒相互之间更为接近,分子引力随之增加,许多单个土粒聚成小团粒,组成一个稳定结构。

(2) 结晶硬化作用:在石灰土中只有一部分熟石灰[$Ca(OH)_2$]进行离子交换作用,绝大部分饱和的$Ca(OH)_2$自行结晶。熟石灰与水作用生成熟石灰结晶网格,其化学反应式为

$$Ca(OH)_2 + nH_2O \longrightarrow Ca(OH)_2 \cdot nH_2O$$

(3) 火山灰作用:熟石灰的游离Ca^{2+}与土中的活性氧化硅(SiO_2)和氧化铝(Al_2O_3)作用生成含水的硅酸钙和铝酸钙的化学反应就是火山灰作用,其反应式为

$$xCa(OH)_2 + SiO_2 + nH_2O \longrightarrow xCaO \cdot SiO_2 \cdot (n+1)H_2O$$
$$xCa(OH)_2 + Al_2O_3 + nH_2O \longrightarrow CaO \cdot Al_2O_3 \cdot (n+1)H_2O$$

上述所形成的熟石灰结晶网格、含水的硅酸钙和铝酸钙结晶都是胶凝物质,具有水硬性并能在固体和水两相环境下发生硬化。这些胶凝物质在土颗粒团外围形成一层稳定保护膜,填充颗粒空隙,使粒之间产生结合料,减少了颗粒间的空隙与透水性,同时提高密实度,这是石灰土获得强度和水稳定性的基本原因,也是石灰土后期强度增长的主要原因,但这种作用的发展比较缓慢。

(4) 碳酸化作用:碳酸化作用是指土中的$Ca(OH)_2$与空气中的二氧化碳发生作用,其化学反应式为

$$Ca(OH)_2 + CO_2 \longrightarrow CaCO_3 + H_2O$$

$CaCO_3$是坚硬的结晶体,它与其生成的复杂盐类把土粒胶结起来,从而大大提高了土的强度和整体性。在初期,主要表现为土的结团、塑性降低、最佳含水率增加和最大密实度减小等,后期主要表现为结晶结构的形成,从而提高其板体性、强度和稳定性。

2. 影响强度的因素

(1) 土质:各种成因的土都可以用石灰来稳定,采用的土质,既要考虑其强度,还要考虑到施工时易于粉碎、便于碾压成型。当采用高液限黏土时施工不易粉碎;采用粉性土的石灰土早期强度较低,但后期强度也可满足行车要求;采用低液限土质时易拌和,但难以碾压成型,稳定的效果不显著。一般采用塑性指数15~20的黏质土较合适。塑性指数偏大的黏质土,要加强粉碎,粉碎后,土中的土块直径不宜超过15 mm。经验证明,塑性指数小于10的土不宜用石灰稳定。对于硫酸盐类含量超过0.8%或腐殖质含量超过10%的土,对强度有显著影响,不宜直接采用。

(2) 灰质:石灰应是消石灰粉或生石灰粉,对高速公路或一级公路宜用磨细生石灰粉。石灰质量应符合Ⅲ级以上的技术指标(表5-9),并要尽量缩短石灰的存放时间。在同等石

灰剂量下，质量好的石灰，稳定效果好。若采用质量差的石灰，为了满足石灰土的技术要求，需适当增加石灰剂量。

表 5-9 消石灰技术要求

指标		钙质消石灰			镁质消石灰			实验方法
		Ⅰ	Ⅱ	Ⅲ	Ⅰ	Ⅱ	Ⅲ	
有效氧化钙加氧化镁含量/%		≥85	≥80	≥70	≥80	≥75	≥65	T 0813
未消化残渣含量/%		≤7	≤11	≤17	≤10	≤14	≤20	T 0815
钙镁石灰的分类界限，氧化镁含量/%		≤5			>5			T 0812
有效氧化钙加氧化镁含量/%		≥65	≥60	≥55	≥60	≥55	≥50	T 0813
含水率/%		≤4	≤4	≤4	≤4	≤4	≤4	T 0801
细度	0.60 mm 方孔筛的筛余/%	0	≤1	≤1	0	≤1	≤1	T 0814
	0.15 mm 方孔筛的筛余/%	≤13	≤20	—	≤13	≤20	—	T 0814
钙镁石灰的分类界限，氧化镁含量/%		≤4			>4			T 0812

（3）石灰剂量：石灰剂量是石灰质量占全部土颗粒的干质量的百分率，即石灰剂量 = 石灰质量/干土质量。石灰剂量对石灰土强度影响显著。石灰剂量较低（小于3%~4%）时，石灰主要起处治作用，可减弱土的塑性、膨胀性，改善土的密实度、强度，称为石灰处治土。随着石灰剂量的增加，石灰土强度和稳定性均提高，但石灰剂量超过一定范围时，石灰土强度反而降低。生产实践中常用的最佳剂量范围，对于黏质土及粉质土为8%~14%，对砂类土为9%~16%。石灰剂量的确定应根据结构层技术要求进行混合料组成设计。

（4）含水率：水是石灰土的重要组成部分。它促使石灰和土发生物理-化学变化，形成强度，便于土的粉碎、拌和与压实，并且有利于养护。不同土质的石灰土有不同的最佳含水率，需通过标准击实试验确定，以控制施工中的实际加水量。水应是干净可供饮用的水。

（5）密实度：石灰土的强度随密实度的增加而增长。实践证明，石灰土的密实度每增减1%，强度约增减4%。而密实的石灰土，其抗冻性、水稳定性也好，缩裂现象也少。

（6）石灰土的龄期：石灰土强度具有随龄期增长的特点。一般石灰土初期强度低，前期（30~60 d）增长速率较后期快。石灰土强度与龄期关系可表示为

$$R_t = R_1 t^\beta \tag{5-1}$$

式中 R_1——1 个月龄期抗压强度；

R_t——t 个月龄期抗压强度；

β——系数，为 0.1~0.5。

（7）养护条件：养护条件主要是指温度与湿度。养护条件不同，其强度也有差异。当温度高时，物理-化学反应快，硬化快，强度增长快，反之强度增长慢，在负温条件下甚至不增长。因此，要求施工时的最低温度应在 5 ℃以上，并在第一次重冰冻（-5 ℃~ -3 ℃）到来之前一个月至一个半月内完成。实践证明，温度较高的季节施工的石灰土强度高，质量更有保证。在一定潮湿条件下养护的强度比在一般空气中养护好。

3. 石灰稳定土基层的缩裂防治

石灰稳定土基层防治缩裂的措施主要有下述几种：

(1) 控制压实含水量。石灰稳定土因含水率过大产生的干缩裂缝显著,因而压实时含水率一定不要大于最佳含水率,其含水率应略小于最佳含水率。

(2) 严格控制压实标准。实践证明,压实度小时产生的干缩要比压实度大时严重,因此,应尽可能达到最大压实度。

(3) 温缩的最不利季节是材料处于最佳含水率附近,而且温度在 −10 ℃~0 ℃时。因此,施工要在当地气温进入 0 ℃前一个月结束,以防在不利季节产生严重温缩。

(4) 干缩的最不利时期是石灰稳定土成型初期,因此,要重视初期养护,保证石灰土表面处于潮湿状况,禁止干晒。石灰稳定土施工结束后要及早铺筑其上面的路面层次,使石灰土基层含水率不发生较大变化,可减轻干缩裂缝。

(5) 在石灰稳定土中掺加集料(砂砾、碎石等),使其集料含量为 60%~70%,使混合料满足最佳组成要求,不但可提高强度和稳定性,而且具有较好的抗裂性。

(6) 基层的缩裂会反射到面层,为了防止基层裂缝的反射,国内外常采取以下措施:

1) 设置联结层。设置沥青碎石或沥青贯入式联结层,是防止反射裂缝的有效措施。

2) 铺筑碎石隔离过渡层。在石灰土与沥青面层间铺筑厚 100~200 mm 的碎石层或玻璃纤维网格,可减轻反射裂缝出现。

4. 石灰稳定土混合料设计

石灰稳定土的组成设计包括:根据强度标准,通过试验选取合适的土,确定必需的或最佳的石灰剂量和混合料的最佳含水率。

(1) 石灰稳定土的强度标准:石灰稳定土的强度标准根据相应的公路等级和在路面结构中的层位而定。在规定温度保湿养护 6 d、浸水 1 d 后的无侧限抗压强度标准见表5-10。

表 5-10 石灰稳定细粒土的强度和压实度标准

层位	稳定材料类型	高速公路和一级公路		二级及二级以下公路	
		压实度/%	抗压强度/MPa	压实度/%	抗压强度/MPa
基层	集料	—	—	≥97	≥0.8
	细粒土	—		≥95	
底基层	集料	≥97	≥0.8	≥95	≥0.5~0.7
	细粒土	≥95		≥95	

注:1. 在低塑性土(塑性指数小于 7)地区,石灰稳定砂砾土和碎石土的 7 d 浸水抗压强度应大于 0.5 MPa。
  2. 低限用于塑性指数小于 7 的黏性土,高限用于塑性指数大于 7 的黏性土。

(2) 混合料的设计步骤。

1) 制备同种土样、不同石灰剂量的石灰土混合料,根据不同的层位,参照下列剂量配制。

①作基层用时:

砂砾土和碎石土:5%,6%,7%,8%,9%。

塑性指数小于 12 的黏性土:10%,12%,13%,14%,16%。

塑性指数大于 12 的黏性土:5%,7%,9%,11%,13%。

②作底基层用时:

塑性指数小于 12 的黏性土:8%,10%,11%,12%,14%。

塑性指数大于 12 的黏性土：5%，7%，8%，9%，11%。

2）确定混合料的最佳含水率和最大干压实密度（用重型击实标准试验），至少做三个不同石灰剂量混合料的击实试验，即最小剂量、中间剂量和大剂量。

3）按最佳含水率与工地预期达到的压实密度制备试件，进行强度试验时，做平行试验的试件数量应符合规定。

4）试件在规定温度（北方冰冻地区为 20 ℃ ± 2 ℃，南方非冰冻地区为 25 ℃ ± 2 ℃）下保湿养生 6 d，浸水 1 d，进行无侧限抗压强度试验，根据表 5-10 的强度标准，选定合适的石灰剂量，室内试验结果的平均抗压强度应符合式（5-2）的要求：

$$\overline{R} \geqslant \frac{R_d}{1 - Z_\alpha C_v} \tag{5-2}$$

式中　R_d——设计抗压强度（MPa）；

　　　C_v——试验结果的偏差系数（小数计）；

　　　Z_α——标准正态分布表中随保证率（或置信度 α）而变的系数，重交通道路应取保证率 95%，此时 $Z_\alpha = 1.645$；其他道路可取保证率为 90%，即 $Z_\alpha = 1.282$。

工地实际采取的石灰剂量应较实验室内试验确定的剂量多 0.5% ~ 1.0%。具体可参见《公路路面基层施工技术细则》（JTG/T F20—2015）进行。

5.3.2　水泥稳定类基层

在粉碎的或原状松散的土（包括各种粗、中、细粒土）中，掺入适当水泥和水，经拌和摊铺，在最佳含水率时压实及养护成型，其抗压强度符合规定要求，以此修建的路面基层称水泥稳定类基层。当用水泥稳定细粒土（砂性土、粉性土或黏性土）时，简称水泥土。

水泥是水硬性结合料，绝大多数的土类（高塑性黏土和有机质较多的土除外）都可以用水泥来稳定，改善其物理力学性质，适应各种不同的气候条件与水文地质条件。水泥稳定类基层具有良好的整体性，足够的力学强度、抗水性和耐冻性。其初期强度较高，且随龄期增长而增长，所以，应用范围很广。近年来，在我国一些路面工程中，水泥稳定土可用于路面结构的基层和底基层，在保证路面使用品质上取得了满意的效果。但水泥稳定土禁止作为高速公路或一级公路的基层，只能用作底基层。在高等级公路的水泥混凝土路面板下，水泥稳定土也不应作基层。

1. 强度形成原理

在利用水泥来稳定土的过程中，水泥、土和水之间发生了多种非常复杂的作用，从而使土的性能发生了明显的变化。这些作用可以分为：

（1）化学作用。如水泥颗粒的水化、硬化作用，有机物的聚合作用，以及水泥水化产物与黏土矿物之间的化学作用等。

（2）物理 - 化学作用。如黏土颗粒与水泥及水泥水化产物之间的吸附作用，微粒的凝聚作用，水及水化产物的扩散、渗透作用，水化产物的溶解、结晶作用等。

（3）物理作用。如土块的机械粉碎作用，混合料的拌和、压实作用等。

现就其中的一些主要作用过程介绍如下：

（1）水泥的水化作用。在水泥稳定土中，首先发生的是水泥自身的水化反应，从而产

生出具有胶结能力的水化产物,这是水泥稳定土强度的主要来源。水泥的水化过程反应简式为

硅酸三钙　　$3CaO \cdot SiO_2 + 6H_2O \longrightarrow 3CaO \cdot SiO_2 \cdot 3H_2O + 3Ca(OH)_2$

硅酸二钙　　$2(2CaO \cdot SiO_2) + 4H_2O \longrightarrow 3CaO \cdot SiO_2 \cdot 3H_2O + Ca(OH)_2$

铝酸三钙　　　　$3CaO \cdot Al_2O_3 + 6H_2O \longrightarrow 3CaO \cdot Al_2O_3 \cdot 6H_2O$

铁铝酸四钙 $4CaO \cdot Al_2O_3 \cdot Fe_2O_3 + 7H_2O \longrightarrow 4CaO \cdot Al_2O_3 \cdot Fe_2O_3 \cdot 7H_2O$

水泥水化生成的水化产物,在土的孔隙中相互交织搭接,将土颗粒包覆连接起来,使土逐渐丧失了原有的塑性等性质,并且随着水化产物的增加,混合料也逐渐坚固起来。但水泥稳定土中水泥的水化与水泥混凝土中水泥的水化之间还有所不同。这是因为:土具有非常高的比表面积和亲水性;水泥稳定土中的水泥含量较少;土对水泥的水化产物具有强烈的吸附性;在一些土中常存在酸性介质环境。由于这些特点,在水泥稳定土中,水泥的水化硬化条件较混凝土中差得多;特别是由于黏土矿物对水化产物中的 $Ca(OH)_2$ 具有极强的吸附和吸收作用,使溶液中的碱度降低,从而影响了水泥水化产物的稳定性;水化硅酸钙中会逐渐降低析出 $Ca(OH)_2$,从而使水化产物的结构和性能发生变化,进而影响到混合料的性能。因此,在选用水泥时,在其他条件相同时,应优先选用硅酸盐水泥,必要时还应对水泥稳定土进行"补钙",以提高混合料中的碱度。

(2) 离子交换作用。土中的黏土颗粒由于颗粒细小、比表面积大,因而具有较高的活性,当黏土颗粒与水接触时,黏土颗粒表面通常带有一定量的负电荷,在黏土颗粒周围形成一个电场,这层带负电荷的离子就称为电位离子。带负电的黏土颗粒表面,时而吸引周围溶液中的正离子,如 K^+、Na^+ 等,而在颗粒表面形成了一个双电层结构,这些与电位离子电荷相反的离子就称为反离子。在双电层中电位离子形成了内层,反离子形成外层。靠近颗粒的反离子与颗粒表面结合较紧密,当黏土颗粒运动时,结合较紧密的反离子将随颗粒一起运动,而其他反离子将不产生运动,由此在运动与不运动的反离子之间便出现了一个滑移面。

由于在黏土颗粒表面存在着电场,因此也存在着电位,颗粒表面电位离子形成的电位称为热力学电位(滑动面上的电位称为电动电位);由于反离子的存在,离开颗粒表面越远电位越低,经过一定的距离电位将降低为零,此距离称为双电层厚度。由于各个黏土颗粒表面都具有相同的双电层结构,因此,黏土颗粒之间往往间隔着一定的距离。

在硅酸盐水泥中,硅酸三钙和硅酸二钙占主要部分,其水化后所生成的氢氧化钙所占的比例也较高,可达水化产物的 25%。大量的氢氧化钙溶于水以后,在土中形成了一个富含 Ca^{2+} 的碱性溶液环境。当溶液中富含 Ca^{2+} 时,因为 Ca^{2+} 的电价高于 K^+、Na^+ 等离子,因此,与电位离子的吸引力较强,从而取代了 K^+、Na^+,成为反离子。同时,Ca^{2+} 双电层电位的降低速度加快,使电动电位减小、双电层的厚度降低,黏土颗粒之间的距离减小,相互靠拢,从而改变土的塑性,使土具有一定的强度和稳定度。这种作用就称为离子交换作用。

(3) 化学激发作用。钙离子的存在不仅影响到了黏土颗粒表面双电层的结构,而且在这种碱性溶液环境下,土本身的化学性质也发生了变化。

土的矿物组成基本上都属于硅铝酸盐,其中含有大量的硅氧四面体和铝氧八面体。通常情况下,这些矿物具有比较高的稳定性,但当黏土颗粒周围介质的 pH 值增加到一定程度时,与土矿物中的部分 SiO_2 和 Al_2O_3 的活性将被激发出来,与溶液中的 Ca^{2+} 进行反应,生成新的矿

物,这些矿物主要是硅酸铝和铝酸钙系列,如 $4CaO \cdot 5SiO_2 \cdot 5H_2O \cdot 4CaO \cdot Al_2O_3 \cdot 19H_2O$、$3CaO \cdot Al_2O_3 \cdot 16H_2O \cdot CaO \cdot Al_2O_3 \cdot 10H_2O$ 等。这些矿物的组成和结构与水泥的水化产物都有很多类似之处,并且同样具有胶凝能力。生成的这些胶结物质包裹着黏土颗粒表面,与水泥的水化产物一起,将黏土颗粒凝结成一个整体。因此,氢氧化钙对黏土矿物的激发作用,将进一步提高水泥稳定土的强度和水稳定性。

(4)碳胶化作用。水泥水化生成的 $Ca(OH)_2$ 除了可与黏土矿物发生化学反应外,还可进一步与空气中的 CO_2 发生碳化反应并生成碳酸钙晶体。其反应为:$Ca(OH)_2 + CO_2 + nH_2O \longrightarrow CaCO_3 + (n+1)H_2O$。

碳酸钙生成过程中产生体积膨胀,也可以对土的基体起到填充和加固作用;只是这种作用相对而言比较弱,并且反应过程极慢。

2. 影响强度的因素

(1)土质。土的类别和性质是影响水泥稳定土强度的重要因素,各类砂砾土、砂土、粉土和黏土均可用水泥稳定,但稳定效果不同。实践证明,用水泥稳定级配良好的碎(砾)石和砂砾效果好、强度高,而且水泥用量少;其次是砂性土;再次是粉性土和黏性土。重黏土难以粉碎和拌和,不宜单独用水泥来稳定,因此,一般要求土的塑性指数不大于 17。

(2)水泥的成分和剂量。各种类型的水泥都可以用于稳定土。但试验证明,水泥矿物成分和其分散度对稳定效果影响明显。对于同种土,通常硅酸盐水泥的稳定效果较好,而铝酸盐水泥效果较差。

水泥土的强度随水泥剂量的增加而增长,但水泥过多,虽能获得强度增大,但在经济上未必合理,效果也不一定显著,且易裂缝。试验证明,水泥剂量为 4% ~ 8% 较为合理。

(3)含水率。含水率对水泥土强度影响很大,当含水率不足时,水泥不能在混合料中水化和水解,发挥不了水泥对土的稳定作用,影响形成后的强度。同时,含水率小达不到最佳含水率还会影响水泥稳定土的压实度。因此,在使含水率达到最佳含水率的同时,也要满足水泥完全水化和水解作用的需要为好。水泥正常水化所需的水量约为水泥重量的 20%,对于砂性土,完全水化达到最高强度的含水率较达到最大密度的含水率小,而对于黏性土则相反。

(4)施工工艺过程。水泥土拌和均匀后,在最佳含水率下充分压实,使干密度最大,强度和稳定性就高。水泥土从开始加水拌和到完成压实的延迟时间要尽可能短,一般宜在 6 h 以内。在水泥终凝时间达不到要求时,可使用一定剂量的缓凝剂,缓凝剂品种和剂量应根据试验确定。

水泥稳定土需湿法养护,以满足水泥水化形成强度的需要。养护温度越高,强度增长得越快。因此,要保证水泥稳定土养护的温度和湿度条件。

3. 材料要求及混合料组成设计

(1)材料要求。

1)土。凡能被粉碎的土都可以用水泥稳定。宜作水泥稳定基层的材料有碎石、石屑、砂砾、碎石土、砾石土等。粗集料及细集料的技术要求见表 5-11 和表 5-12,集料的分档要求见表 5-13。

表 5-11 粗集料的技术要求

指标	层位	高速公路和一级公路				二级及二级以下公路		实验方法
		极重、特重交通		重、中、轻交通				
		Ⅰ类	Ⅱ类	Ⅰ类	Ⅱ类	Ⅰ类	Ⅱ类	
压碎值/%	基层	≤22①	≤22	≤26	≤26	≤35	≤30	T 0316
	底基层	≤30	≤26	≤30	≤26	≤40	≤35	
针片状颗粒含量/%	基层	≤18	≤18	≤22	≤18	—	≤20	T 0312
	底基层	—	≤20	—	≤20	—	≤20	
0.075 mm以下粉尘含量/%	基层	≤1.2	≤1.2	≤2	≤2	—	—	T 0310
	底基层							
软石含量/%	基层	≤3	≤3	≤5	≤5			T 0320
	底基层							

注：①对花岗岩石料，压碎值可放宽至25%。

表 5-12 细集料技术要求

项目	水泥稳定①	石灰稳定	石灰粉煤灰综合稳定	石灰粉煤灰综合稳定	实验方法
颗粒分析	满足级配要求				T 0302/0303/0327
塑性指数②	≤17	适用范围15~20	适宜范围12~20	—	T 0118
有机质含量/%	≤2	≤10	≤10	<2	T 0313/0336
碳酸盐含量/%	≤0.25	≤0.8		≤0.25	T 0341

注：①水泥稳定包含水泥石灰稳定。
②应测定0.075 mm以下材料的塑性指数。

表 5-13 集料分档要求

层位	高速公路和一级公路		二级及二级以下公路
	极重、特重交通	重、中、轻交通	
基层	≥5	≥4	≥3 或 4①
底基层	≥4	≥3 或 4①	≥3

注：①对一般工程可选择不少于3档备料，对极重、特重交通荷载等级且强度要求较高时，为保证级配的稳定，选择不少于4档备料。

当被稳定材料中含有一定量的碎石或砾石，且小于0.6 mm的颗粒含量在30%以下时，塑性指数可大于17，且土的均匀系数应大于5。水泥稳定材料的推荐级配范围见表5-14。

①用于高速公路和一级公路的底基层时，被稳定材料的公称最大粒径应不大于31.5 mm，级配宜符合表5-14中C-A-1或C-A-2的规定，被稳定材料中不宜含有黏质土或粉质土。

②用于二级及以下公路的基层时，级配宜符合表5-14中C-A-3的规定，被稳定材料中不宜含有黏质土或粉质土。

③用于二级及以下公路的基层时，级配宜符合表5-14中C-A-3的规定，被稳定材料的公称最大粒径应不大于37.5 mm。

④用于二级及二级以下公路的底基层时，级配宜符合表5-14中C-A-4的规定，被稳定材料的公称最大粒径应不大于37.5 mm。

水泥稳定级配碎石或砾石的推荐级配范围见表5-15。

①用于高速公路和一级公路时，级配宜符合表5-15中C-B-1或C-B-2的规定，混合料密实时也可采用C-B-3，C-B-1宜用作基层和底基层，C-B-2宜用作基层，C-B-3宜用作极重、特重交通荷载的基层。

②用于二级及二级以下公路时，级配宜符合表5-15中C-C-1、C-C-2、C-C-3的规定，C-C-1宜用作基层和底基层，C-C-2和C-C-3宜用作基层。

2）水泥。普通硅酸盐水泥、矿渣硅酸盐水泥或火山灰质硅酸盐水泥都可用于稳定土，但应选用终凝时间较长（宜6 h以上）的水泥。早强快硬及受潮变质的水泥不得使用。同时宜选用等级较低的水泥，如32.5级水泥。

3）水。可饮用的水，均可应用。

表5-14 水泥稳定材料的推荐级配范围   %

筛孔尺寸/mm	高速公路和一级公路的底基层或二级公路的基层 C-A-1	高速公路和一级公路的基层 C-A-2	二级以下公路的基层 C-A-3	二级及二级以下公路的底基层 C-A-4
53	—	—	100	100
37.5	100	100	90~100	—
31.5	90~100	—	—	—
26.5	—	—	66~100	—
19	67~90	—	54~100	—
9.5	45~68	—	39~100	—
4.75	29~50	50~100	28~4	50~100
2.36	18~38	—	20~70	—
1.18	—	—	14~57	—
0.6	8~22	17~100	8~47	17~100
0.075	0~7	0~30	0~30	0~50

注：表中水泥稳定材料不包括水泥级配碎石及砾石。

表5-15 水泥稳定级配碎石及砾石的推荐级配范围   %

筛孔尺寸/mm	高速公路和一级公路			二级及二级以下公路		
	C-B-1	C-B-2	C-B-3	C-C-1	C-C-2	C-C-3
37.5	—	—	—	100	—	—
31.5	—	—	100	100~90	100	—
26.5	100	—	—	94~81	100~90	100
19	86~82	100	68~86	83~67	87~73	100~90
16	79~73	93~88	—	78~61	82~65	92~79

续表

筛孔尺寸/mm	高速公路和一级公路			二级及二级以下公路		
	C-B-1	C-B-2	C-B-3	C-C-1	C-C-2	C-C-3
13.2	72~65	86~76	—	73~54	75~58	83~67
9.5	62~53	72~59	38~58	64~45	66~47	71~52
4.75	45~35	45~35	22~32	50~30	50~30	50~30
2.36	31~22	31~22	16~28	36~19	36~19	36~19
1.18	22~13	22~13	—	26~12	26~12	26~12
0.6	15~8	15~8	8~15	19~8	19~8	19~8
0.3	10~5	10~5	—	14~5	14~5	14~5
0.15	7~3	7~3	—	10~3	10~3	10~3
0.075	5~2	5~2	0~3	7~2	7~2	7~2

（2）混合料组成设计。水泥稳定土混合料组成设计与石灰稳定土基本相同。7 d 无侧限抗压强度和压实度应根据公路等级和所在路面结构中的层位确定，见表 5-16。水泥稳定材料推荐水泥剂量试验见表 5-17，水泥的最小剂量见表 5-18。

表 5-16 水泥稳定材料的 7 d 无侧限抗压强度与压实标准

层位	稳定材料类型	高速公路及一级公路				二级及二级以下公路			
		压实度/%	抗压强度/MPa			压实度/%	抗压强度/MPa		
			极重、特重	重	中、轻		极重、特重	重	中、轻
基层	集料	≥98	5.0~7.0	4.0~6.0	3.0~5.0	≥97	4.0~6.0	3.0~5.0	2.0~4.0
	细粒土	—				≥95			
底基层	集料	≥97	3.0~5.0	2.5~4.5	2.0~4.0	≥95	2.5~4.5	2.0~4.0	1.0~3.0
	细粒土	≥95				≥93			

表 5-17 水泥稳定材料配合比设计试验推荐水泥试验剂量标准

被稳定材料	条件		推荐水泥实验剂量/%
有级配的碎石或砾石	基层	$R_d \geq 5.0$ MPa	5, 6, 7, 8, 9
		$R_d < 5.0$ MPa	3, 4, 5, 6, 7
土、砾、石屑等		塑性指数<12	5, 7, 9, 11, 13
		塑性指数≥12	8, 10, 12, 14, 16
有级配的碎石或砾石	底基层	—	3, 4, 5, 6, 7
土、砾、石屑等		塑性指数<12	4, 5, 6, 7, 8
		塑性指数≥12	6, 8, 10, 12, 14
碾压贫混凝土	基层	—	7, 8, 5, 10, 11, 5, 13

注：水泥剂量是水泥质量占干土质量的百分比。

表 5-18 水泥的最小剂量标准　　　　　　　　　　　　　　　　　　　　　　%

被稳定材料类型	拌和方法	
	路拌法	集中厂拌法
中、粗粒材料	4	3
细粒材料	5	4

(3) 设计步骤。

1) 制备同种土样、不同水泥剂量的混合料，一般按下列水泥剂量配制。

①作基层用时：

中粒土和粗粒土：3%，4%，5%，6%，7%。

塑性指数小于 12 的土：5%，7%，8%，9%，11%。

其他细粒土：8%，10%，12%，14%，16%。

②作底基层时：

中粒土和粗粒土：2%，3%，4%，5%，6%。

塑性指数小于 12 的土：4%，5%，6%，7%，8%。

其他细粒土：6%，8%，9%，10%，12%。

2) 确定最佳含水率和最大干压实密度。

3) 按最佳含水率和计算得到的干压实密度制作试件，根根据表 5-16 强度标准选定合适的水泥剂量。此剂量试件室内试验结果的平均抗压强度应符合要求。

工地实际采用的水泥剂量应比室内试验确定剂量多 0.5%~1.0%。具体可参照《公路路面基层施工技术细则》(JTG/T F20—2015) 进行。

5.3.3 工业废渣稳定基层

随着工业的发展，工业废渣逐渐增多，怎样综合利用工业废渣引起了国内外的重视。近年来，我国利用工业废渣铺筑路面基层，取得显著成效，不但提高了路面使用品质，而且降低工程造价，具有显著的经济效益。

公路上常用的工业废渣有火力发电厂的粉煤灰和煤渣、钢铁厂的高炉渣和钢渣、化肥厂的电石渣以及煤矿的煤矸石等。粉煤灰是煤粉在燃烧过程中的残留物，悬浮于高温烟气中，通过集尘设备回收的粉尘污染物；煤渣则是煤燃烧完全后留下的炉底灰，这两种废料中含有较多的二氧化硅、氧化钙和氧化铝等活性物质。用石灰稳定工业废渣时，石灰在水的作用下形成饱和的 $Ca(OH)_2$ 溶液，废渣的活性氧化硅和氧化铝在 $Ca(OH)_2$ 溶液中产生火山灰反应，生成水化硅酸钙和铝酸钙凝胶，把颗粒胶凝聚在一起，随水化物不断产生而结晶硬化，具有水硬性。

思考与习题

1. 路面基本性能有哪些？路面的主要影响因素有哪些？
2. 目前常用的路面面层有哪些，常用的基层有哪些？
3. 石灰稳定类基层的强度形成原理及影响强度的因素是什么？
4. 水泥稳定类基层的强度形成原理及影响强度的因素是什么？
5. 为什么要控制无机结合稳定材料的含水率？如何控制？

第6章 沥青路面设计

★ 主要内容

本章主要介绍沥青路面的概述、破坏状态及设计标准、设计参数、沥青路面设计方法、沥青路面的结构验算、沥青路面改建设计、沥青路面设计示例等。

★ 学习目标

(1) 了解沥青路面的破坏状态，沥青路面的设计理论与方法、设计原则、设计内容。
(2) 熟悉沥青路面设计指标和标准、沥青路面设计参数的选用。
(3) 掌握沥青路面设计内容和沥青路面结构设计、组合设计方法，沥青路面厚度设计流程和设计方法。

6.1 概 述

用沥青材料作结合料，黏结矿料作面层与各类基层（有时含功能层）所组成的路面均称为沥青路面。在我国，沥青路面被广泛应用于各级公路和城市道路，是我国主要的路面结构形式。

6.1.1 沥青路面的种类

依据不同的分类方法，沥青路面可以分为多种类型：
(1) 按强度构成原理可将沥青路面分为密实型和嵌挤型两大类。
1) 密实型沥青路面要求矿料的级配按最大密实原则设计，其强度和稳定性主要取决于混合料的黏聚力和内摩阻力。
2) 嵌挤类沥青路面要求采用颗粒粒径较为均一的矿料，路面的强度和稳定性主要依靠集料颗粒之间相互嵌挤所产生的内摩阻力，而黏聚力则起着次要作用。
(2) 按施工工艺的不同，沥青路面分为层铺法、路拌法和厂拌法三类。
1) 层铺法是用分层洒布沥青、分层铺撒矿料而后进行碾压的方法修筑的沥青路面。

2）路拌法是在要铺筑路段上用机械将矿料和沥青材料就地拌和后摊铺和碾压密实而成的沥青面层。

3）厂拌法是将规定级配的矿料和沥青材料在工厂用专用设备加热拌和，然后送到工地摊铺碾压而成的沥青路面。

（3）根据沥青路面的技术特性，沥青面层可分为沥青混凝土、热拌沥青碎石、乳化沥青碎石、沥青贯入式、沥青表面处治五种类型，另外，还有沥青玛琦脂碎石路面。

1）沥青混凝土路面是指用沥青混凝土作面层的路面。

2）热拌沥青碎石路面是指用沥青碎石作面层的路面。

3）乳化沥青碎石路面是用以乳化沥青为结合料，采用冷拌的方式形成的混合料铺筑而成的沥青路面。

4）沥青贯入式路面是用沥青贯入碎（砾）石作面层的沥青路面。

5）沥青表面处治路面是用沥青和集料按层铺法或拌和法铺筑而成的沥青路面。

6）沥青玛琦脂碎石路面是用沥青玛蹄脂碎石混合料作面层或抗滑层的路面。

6.1.2 沥青路面的特点

沥青路面的优点：沥青路面具有表面平整、无接缝、行车舒适、耐磨、振动小、噪声低、施工期短、养护维修简便、适宜于分期修建等优点。

沥青路面的缺点：高温季节沥青路面会软化，在车轮荷载作用下可产生永久变形，产生如波浪、推移、车辙、泛油、黏轮等病害；低温季节沥青路面容易收缩开裂。

6.1.3 沥青路面类型的选择

一般而言，沥青混凝土路面适用于各级公路的面层；沥青表面处治适用于三级、四级公路的面层，以及旧沥青面层上加铺罩面或抗滑层、磨耗层等；沥青贯入式路面适用于二级及二级以下公路的面层；乳化沥青碎石适用于三级、四级公路的面层，以及二级公路养护罩面和各级公路的调平层。沥青路面面层材料宜按表6-1选用，沥青路面基层和底基层材料可参照表6-2选用。

表6-1 面层材料的交通荷载等级和层位

材料类型	适用交通荷载等级和层位
连续级配沥青混合料	各交通荷载等级的表面层、中面层和下面层
沥青玛琦脂碎石混合料	极重、特重和重交通荷载等级的表面层，对抗滑有特殊要求的表面层
厂拌热再生沥青混合料	各交通荷载等级的表面层、中面层和下面层
上拌下贯沥青碎石	中等、轻交通荷载等级的面层
沥青表面处治	中等、轻交通荷载等级的表面层

表6-2 基层和底基层材料的交通荷载等级和层位

类型	材料类型	适用交通荷载等级和层位
无机结合料稳定类	水泥稳定级配碎石或砾石、水泥粉煤灰稳定级配碎石或砾石、石灰粉煤灰稳定级配碎石或砾石	各交通荷载等级的基层和底基层

续表

类型	材料类型	适用交通荷载等级和层位
无机结合料稳定类	水泥稳定未筛分碎石或砾石、水泥粉煤灰稳定未筛分碎石或砾石、石灰稳定未筛分碎石或砾石	轻交通荷载等级的基层、各交通荷载等级的底基层
	水泥稳定土、石灰稳定土、石灰粉煤灰稳定土	轻交通荷载等级的基层、各交通荷载等级的底基层
粒料类	级配碎石	重及重以下交通荷载等级的基层、各交通荷载等级的底基层
	级配砾石、未筛分碎石、天然砂砾、填隙碎石	中等和轻交通等级的基层、各交通荷载等级的底基层
沥青结合料类	密级配沥青碎石、半开级配沥青碎石、开级配沥青碎石	极重、特重和重交通荷载等级的基层
	沥青贯入式碎石	重及重以下交通荷载等级的基层
水泥混凝土	水泥混凝土或贫混凝土	极重、特重交通荷载等级的基层

6.2 沥青路面的破坏状态及设计标准

6.2.1 沥青路面的破坏状态及原因分析

在行车荷载的重复作用及环境因素的持续影响下，沥青路面未达到使用年限（或设计当量荷载累计作用次数）就可能发生破坏。常见的破坏形式有沉陷、车辙、疲劳开裂、推移、低温缩裂、剥落松散和路面弯沉过大等。

1. 沉陷

沉陷是路面在车轮作用下路面产生的较大凹陷变形，有时还在两侧伴随有隆起现象。当沉陷严重得超过了结构的变形能力时，在结构层受拉区就会产生开裂，进而形成龟裂，并有可能逐渐发展成网裂。造成路面沉陷的主要原因是路基土的压缩变形。当路基土的承载能力较低，不能承受从路面传至路基的车轮压力时，便会产生较大的垂直变形，即沉陷。

2. 车辙

车辙是路面的结构层及土基在行车荷载重复作用下的补充压实以及结构层材料的侧向位移产生的累积永久变形。这种变形出现在行车轨迹处，即形成路面的纵向带状凹陷。车辙是沥青路面的主要破坏形式之一。因为沥青路面的使用寿命较长，即使每一次行车荷载作用产生的残余变形量很小，但多次重复作用累积起来的残余变形也会很大。根据车辙形成的原因，可将其分为失稳型车辙、结构型车辙和磨耗型车辙。失稳型车辙主要由沥青层材料内部横向移动引起，结构型车辙由于路面结构的整体永久变形而形成，磨耗型车辙由于车轮磨耗和自然因素持续作用形成。由于我国常用半刚性基层，路面的永久变形主要发生在沥青面层，即多为失稳型车辙。对这类车辙主要应从提高沥青面层的高温稳定性着手防治。

3. 疲劳开裂

开裂是沥青路面常见的一种破坏类型。疲劳开裂的特点是：路面无显著的永久变形，开裂开始大都是形成细而短的横向裂缝，继而逐渐发展成网状，裂缝的宽度和范围不断扩大。产生疲劳开裂的原因是沥青结构层受车轮荷载的反复弯拉作用，使沥青结构层底面产生的拉应变（或拉应力）值超过材料的疲劳强度，底面开裂，并逐渐向表面发展。

沥青结构层达到临界疲劳状态时所承受的荷载重复次数称为疲劳寿命。路面结构层疲劳寿命的大小，主要取决于所受到的重复应变（或应力）大小，同时也与路面的环境因素有关。通过室内试验和现场路段的观测，可以建立路面结构层材料承受重复荷载次数与重复应变（或应力）大小之间的关系，即疲劳方程或疲劳曲线。因而可根据路面的设计使用年限求得累计荷载作用次数，由疲劳方程确定路面结构层所容许的重复应变（或应力）的大小。以疲劳开裂作为设计标准时，用结构层底面拉应变（或拉应力）不超过相应容许值控制设计。

4. 推移

当沥青路面受到较大的车轮水平荷载作用时（如经常启动或制动路段及弯道、坡度变化处），路面表面可能出现推移和壅起。造成这种破坏的原因是车轮荷载引起的垂直力和水平力的综合作用，使结构层内产生的剪应力超过材料的抗剪强度，同时也与行驶车轮的冲击、振动有关。为防止沥青面层表面产生推移和壅起，面层中可能产生的最大剪应力不得超过材料的容许剪应力。这项设计标准常用于停车站和交叉口等车辆频繁制动路段。

5. 低温缩裂

路面结构中某些整体性结构层在低温时，由于材料收缩受限制而产生较大的拉应力，当它超过材料相应条件下的抗拉强度时便产生开裂。由于路面的纵向尺度远大于横向尺度，低温收缩时侧向约束不大，故这种开裂一般表现为横向间隔性的裂缝，严重时才发展成为纵向裂缝。在冰冻地区，沥青面层和用无机结合料稳定的整体性基层，冬季可能出现这种开裂。低温缩裂是一项同荷载因素无关的设计指标，即要求低温时结构层材料因收缩受约束而产生的温度应力应不大于该温度时材料的容许拉应力。

6. 松散剥落

松散剥落是指沥青从集料表面脱落的现象，即在车辆的作用下沥青面层呈现松散状态，其主要原因是沥青与集料之间黏附性较差。沥青混合料的水稳定性差可能是造成剥落的原因之一。

7. 路面弯沉过大

路面弯沉是路面在垂直荷载作用下产生的垂直变形。一般认为，路面弯沉不仅能够反映路面各结构层及土基的整体强度和刚度，而且与路面的使用状态存在一定的内在联系，但弯沉并不能与路面具体病害建立力学对应关系。

6.2.2 设计指标

设计指标主要是从力学响应的角度提出的控制指标，应能涵盖路面结构的主要病害类型,设计控制标准是指路面结构根据设计指标的破坏过程和破坏机理所达到的极限状态。路面结构设计中结构组合若满足了控制指标的极限状态,就能保证路面结构在设计使用期内正常工作。沥青路面结构在车轮荷载作用下各结构层的应力分布十分复杂,理论计算和大量试验验证表明:

(1) 层位较高的刚性基层和半刚性基层,由于刚性板体结构效应,极限拉应力一般出现在刚性基层或半刚性基层板的底部,产生初始裂缝并进一步发展形成断裂裂缝,裂缝向上反射引起面层破坏。

(2) 对于设置半刚性下基层的路面结构,通常在下基层底部产生初始裂缝,然后向上逐渐扩展到基层和沥青面层。

(3) 对于柔性基层沥青路面,当柔性基层材料以沥青结合料为主时,沥青结合料基层底部会承受主要的拉应力;当柔性基层材料以粒状结构为主时,粒料基层不承受拉应力,沥青面层会承受较大的拉应力。因此,柔性基层沥青路面,整个路面结构的极限状态主要出现在沥青混合料层底部,形成初始裂缝并逐步扩展,最终形成沥青面层的断裂裂缝。

(4) 对于沥青混合料层和路基,在轨迹荷载的竖向压应力和剪应力作用下,都会产生不可恢复的永久变形。当使用刚性或者半刚性基层时,永久变形主要发生在沥青混合料层;当使用柔性基层时,永久变形可能会在整个结构范围内累积。

路面设计指标的选取应当与沥青路面结构层的主要力学响应相适应,并用于控制其主要病害的发生。经过国内外工程界长期观察和研究,路面结构在车轮荷载作用下结构层极限拉应力一般发生在层底。某结构层的拉应力达到并超过该层材料的抗拉极限强度时,首先在轮载下方产生初始裂缝,随着车轮的反复多次作用,初始裂缝逐步延伸,并在垂直方向扩展,导致路面表面产生各种裂缝,进一步发展则成为局部范围或大面积的损坏;与此同时,对于沥青路面结构,即使每一次行车荷载作用产生的残余变形量很小,但多次重复作用累积起来的残余变形量也会很大,足以影响车辆的正常行驶。

我国《公路沥青路面设计规范》(JTG D50—2017)规定路面结构验算时应根据路面结构组合,参照表6-3选择设计指标。选择单轴-双轮100作为标准轴载,基于双圆均布垂直荷载作用下的弹性层状连续体系理论,各设计指标应选用表6-4规定的竖向位置处的力学响应,并按图6-1所示,选取 A 点、B 点、C 点和 D 点位置计算最大力学响应量。根据弹性层状体系理论,沥青混合料层层底拉应变、无机结合料稳定层层底拉应力、沥青混合料层竖向压应力和路基顶面竖向压应变的计算公式,分别见式(6-1)~式(6-4)。

表6-3 沥青路面不同结构组合路面的设计指标

基层类型	底基层类型	设计指标
无机结合料稳定类	粒料类	无机结合料稳定层层底拉应力、沥青混合料层层底永久变形量
	无机结合料稳定类	
沥青结合料类	粒料类	沥青混合料层层底拉应变、沥青混合料层永久变形量、路基顶面竖向压应变
	无机结合料稳定类	沥青混合料层永久变形量、无机结合料稳定层层底拉应力

续表

基层类型	底基层类型	设计指标
粒料类	粒料类	沥青混合料层层底拉应变、沥青混合料层永久变形量、路基顶面竖向压应变
	无机结合料稳定类	沥青混合料层层底拉应变、沥青混合料层永久变形量、无机结合料稳定层层底拉应力
水泥混凝土	—	沥青混合料层永久变形量

注：1. 季节性冻土地区应增加沥青面层低温开裂验算和防冻厚度验算。
2. 在沥青混合料层与无机结合料稳定层间设置粒料层时，应验算沥青混合料层疲劳开裂寿命。
3. 水泥混凝土基层应按现行《公路水泥混凝土路面设计规范》（JTG D40—2011）设计。

表6-4　各设计指标对应的力学响应及竖向位置

设计指标	力学响应	竖向位置
沥青混合料层层底拉应变	沿行车方向的水平拉应变	沥青混合料层层底
无机结合料稳定层层底拉应力	沿行车方向的水平拉应力	无机结合料稳定层层底
沥青混合料层永久变形量	竖向压应力	沥青混合料层各分层顶面
路基顶面竖向压应变	竖向压应变	路基顶面

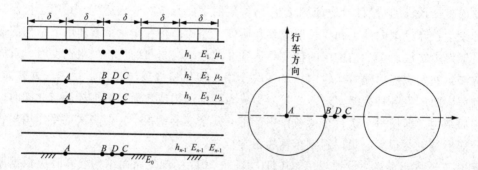

图6-1　力学响应计算点位置图示

$$\varepsilon_a = p\,\overline{\varepsilon_a}$$

$$\overline{\varepsilon_a} = f\left(\frac{h_1}{\delta},\frac{h_2}{\delta},\cdots,\frac{h_{n-1}}{\delta};\frac{E_2}{E_1},\frac{E_3}{E_2},\cdots,\frac{E_0}{E_{n-1}}\right) \tag{6-1}$$

$$\sigma_t = p\,\overline{\sigma_t}$$

$$\overline{\sigma_t} = f\left(\frac{h_1}{\sigma},\frac{h_2}{\sigma},\cdots,\frac{h_{n-1}}{\sigma};\frac{E_2}{E_1},\frac{E_3}{E_2},\cdots,\frac{E_0}{E_{n-1}}\right) \tag{6-2}$$

$$p_i = p\,\overline{p_i}$$

$$\overline{p_i} = f\left(\frac{h_1}{\delta},\frac{h_2}{\delta},\cdots,\frac{h_{n-1}}{\delta};\frac{E_2}{E_1},\frac{E_3}{E_2},\cdots,\frac{E_0}{E_{n-1}}\right) \tag{6-3}$$

$$\varepsilon_z = p\,\overline{\varepsilon_z}$$

$$\overline{\varepsilon_z} = f\left(\frac{h_1}{\delta}, \frac{h_2}{\delta}, \cdots, \frac{h_{n-1}}{\delta}; \frac{E_2}{E_1}, \frac{E_3}{E_2}, \cdots, \frac{E_0}{E_{n-1}}\right) \quad (6-4)$$

式中 ε_a——沥青混合料层底拉应变（10^{-6}）；

$\overline{\varepsilon_a}$——理论拉应变系数；

σ_t——无机结合料稳定层的层底拉应力（MPa）；

$\overline{\sigma_t}$——理论拉应力系数；

p_i——沥青混合料第 i 分层顶面竖向压应力（MPa）；

$\overline{p_i}$——理论压应力系数；

ε_z——路基顶面竖向压应变（10^{-6}）；

$\overline{\varepsilon_z}$——理论竖向压应变系数；

p——标准轴载的轮胎接地压强（MPa）；

δ——当量圆半径（mm）；

E_0——路基顶面回弹模量（MPa）；

$h_1 、 h_2 \cdots h_{n-1}$——各结构层厚度（mm）；

$E_1 、 E_2 \cdots E_{n-1}$——各结构层模量（MPa）。

6.2.3 设计标准

沥青路面在车轮反复多次作用之下，沥青面层和刚性、半刚性材料层的层底拉应力超过极限，形成初始裂缝并逐步扩展至断裂的过程，属疲劳断裂损伤。因此，针对我国主要的沥青路面结构，我国《公路沥青路面设计规范》（JTG D50—2017）规定，以沥青混合料层层底拉应变和无机结合料层层底拉应力为设计指标，以沥青混合料层和无机结合料层的疲劳开裂寿命为设计标准。基于沥青混合料层层底拉应变计算的沥青混合料层疲劳开裂寿命应小于基于沥青混合料层层底拉应变换算得到的设计年限内当量设计轴载累计作用次数。基于无机结合料稳定层层底拉应力计算的无机结合料稳定层疲劳开裂寿命应小于基于无机结合料稳定层层底拉应力换算得到的设计年限内当量设计轴载累计作用次数。

对于沥青路面结构，即使每次行车荷载作用产生的残余变形量很小，但多次重复作用累积起来的残余变形量也会很大，足以影响车辆的正常行驶。因此，从控制沥青路面结构永久变形角度，我国《公路沥青路面设计规范》（JTG D50—2017）要求基于设计年限内当量设计轴载累计作用次数计算的沥青混合料永久变形量应不大于表 6-5 所列容许永久变形量。同时，路基顶面竖向压应变不应大于基于设计年限内当量设计轴载累计作用次数计算获得的容许竖向压应变。

表 6-5　沥青混合料层容许永久变形量

基层类型	沥青混合料层容许永久变形量（mm）	
	高速、一级公路	二级、三级公路
无机结合料稳定类基层、水泥混凝土基层和底基层为无机结合料稳定类的沥青混合料基层	15	20
其他基层	10	15

对于季节性冻土地区的沥青路面结构，沥青面层低温开裂指数不宜大于表 6-6 所列数值。

表 6-6 低温开裂指数要求

公路等级	高速、一级公路	二级公路	三级、四级公路
低温开裂指数 CI	3	5	7

除对上述路面使用性能设计指标的要求，高速公路、一级公路及山岭重丘区二级和三级公路的路面在交工验收时，其抗滑技术指标应满足表 6-7 的技术要求，路基顶面和路表的实测代表弯沉值应不超过其各自的验收弯沉值。

表 6-7 抗滑技术指标

年平均降雨量/mm	交工检测指标值	
	横向力系数 SFC_{60}	构造深度 TD/mm
>1 000	≥54	≥0.55
500~1 000	≥50	≥0.50
250~500	≥45	≥0.45

注：1. 横向力系数 SFC_{60}——用横向力系数测试车，在 60km/h±1km/h 车速下测定。
　　2. 构造深度 TD——用铺砂法测定。

6.3 沥青路面设计参数

6.3.1 交通参数

1. 沥青路面设计使用年限

新建沥青路面设计使用年限见表 6-8。

表 6-8 各级公路的沥青路面结构设计使用年限　　　　　　　　　　年

公路等级	设计使用年限	公路等级	设计使用年限
高速公路、一级公路	15	三级公路	10
二级公路	12	四级公路	8

2. 当量设计轴载累计作用次数

各设计指标对应的当量设计轴载累计作用次数，根据交通参数调查分析结果和沥青路面设计使用年限通过如下方法计算确定。

（1）车型分类与交通数据调查。汽车荷载既是路基路面的服务对象，又是造成路基路面结构损伤的主要原因。它是不断移动的、具有振动和冲击影响的动荷载。路面设计中车辆轴型根据轮组和轴组类型可分为 7 类，见表 6-9，车辆类型根据轴型组合可分为 11 类，见表 6-10。

表 6-9 轴型分类

轴型编号	轴型说明	轴型编号	轴型说明
1	单轴（每侧单轮胎）	5	单轴（每侧双轮胎）
2	单轴（每侧双轮胎）	6	单轴（每侧单轮胎）
3	双联轴（每侧单轮胎）	7	三联轴（每侧双轮胎）
4	双联轴（每侧各一单轮胎、双轮胎）		

表 6-10 车辆类型分类

车型编号	说明	主要车型及图示	其他车型
1 类	2 轴 4 轮车辆	11 型车 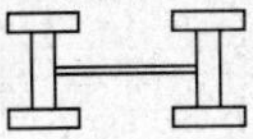	
2 类	2 轴 6 轮及以上客车	12 型客车 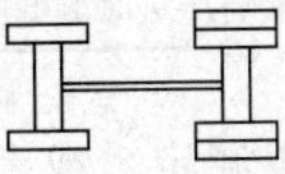	15 型客车
3 类	2 轴 6 轮整体式货车	12 型货车 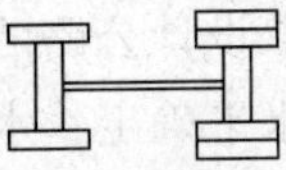	
4 类	3 轴整体式货车（非双前轴）	15 型 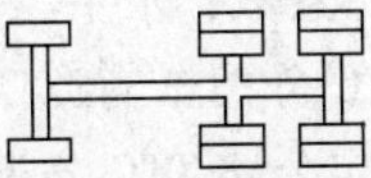	
5 类	4 轴及以上整体式货车（非双前轴）	17 型 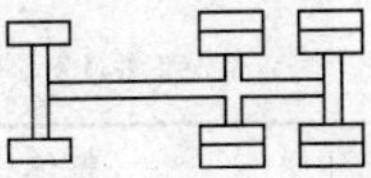	
6 类	双前轴整体式货车	112 型 115 型 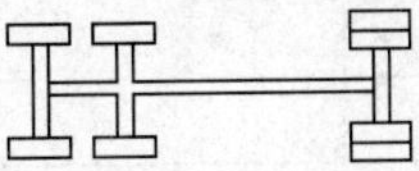	117 型
7 类	4 轴及以下半挂货车（非双前轴）	125 型 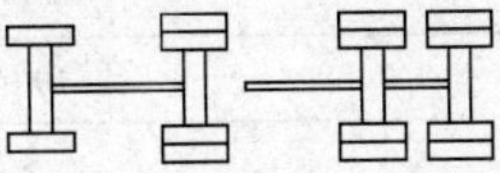	122 型
8 类	5 轴半挂货车（非双前轴）	127 型 155 型 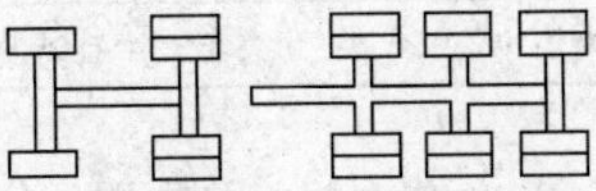	
9 类	6 轴及以上半挂货车（非双前轴）	157 型 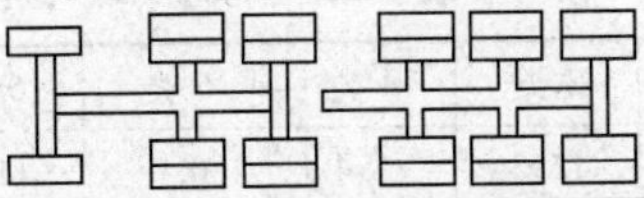	
10 类	双前轴半挂货车	1127 型 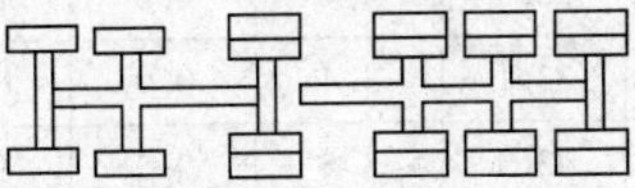	1122 型 1125 型 1155 型 1157 型
11 类	全挂货车	1522 型 1222 型 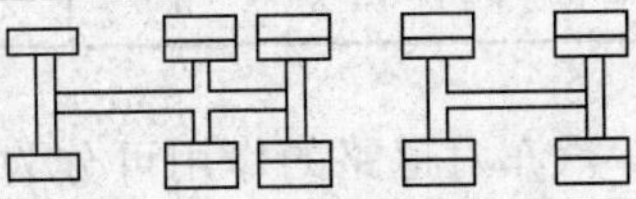	

交通数据调查应包括交通量及增长率、方向系数、车道系数、车辆类型组成、轴组组成和轴重等。公路初期交通量可参照可行性研究报告，结合当地交通观测和统计资料，或通过实地观测获得。交通量的年平均增长率可依据公路等级和功能以及地区经济和交通发展情况，通过调查分析确定。方向系数宜根据不同方向上实测交通量数据确定，无实测数据时可在0.5~0.6范围内选取。沥青路面的车道系数可以按下列三个水平确定：水平一，根据现场交通量观测资料统计设计方向不同车道上车辆的数量，确定车道系数；水平二，采用当地的经验值；水平三，采用表6-11的推荐值。改建设计应采用水平一，新建路面设计可采用水平二或水平三。

表6-11 车道系数

单向车道数	1	2	3	≥4
高速公路	—	0.70~0.85	0.45~0.60	0.40~0.50
其他等级公路	1.00	0.50~0.75	0.50~0.75	

注：交通受非机动车和行人影响严重时取低限，反之取高值。

可通过轴型调查和轴重测定，或者利用该地区或相似类型公路已有称重站的车型、轴型和轴重测定统计资料，获取设计公路的车辆类型、轴型和轴重组成数据。对于沥青路面，车辆类型分布系数可按三个水平确定：水平一，根据交通观测资料分析2类~11类车型所占的百分比，得到车辆类型分布系数；水平二，根据交通历史数据或经验数据按照表6-12确定公路TTC分类，采用该TTC分类车辆类型分布系数当地经验值；水平三，根据交通历史数据或经验数据按表6-13确定公路TTC分类，采用表6-13规定的车辆类型分布系数。

表6-12 公路TTC分类标准   %

TTC分类	整体式货车比例	半挂式货车比例
TTC1	<40	>50
TTC2	<40	<50
TTC3	40~70	>20
TTC4	40~70	<20
TTC5	>70	—

注：表中整体式货车为表1-2中3类~6类车，半挂式货车为表1-2中7类~10类车。

表6-13 不同TTC分类车辆类型分布系数   %

车辆类型	2类	3类	4类	5类	6类	7类	8类	9类	10类	11类
TTC1	6.4	15.3	1.4	0.0	11.9	3.1	16.3	20.4	25.2	0.0
TTC2	22.0	23.3	2.7	0.0	8.3	7.5	17.1	8.5	10.6	0.0
TTC3	17.8	33.1	3.4	0.0	12.5	4.4	9.1	10.6	8.5	0.7
TTC4	28.9	43.9	5.5	0.0	9.4	2.0	4.6	3.4	2.3	0.1
TTC5	9.9	42.3	14.8	0.0	22.7	2.0	3.2	2.5	0.2	

（2）标准轴载。汽车对道路的作用可分为停驻状态下的作用和行驶状态下的作用。当汽车处于停驻状态时，对路面的作用为静态作用，主要是由轮胎传给路面的垂直压力，它的

大小受汽车轮胎的内压力、轮胎的刚度和轮胎与路面的接触的形状、轮载的大小等因素的影响。轮胎与路面的接触形状在工程设计中以圆形接触面积表示。将车轮荷载简化为当量的圆形均布荷载，并采用轮胎内压力作为轮胎接触压力。当量圆半径 δ 可按式（6-5）确定：

$$\delta = \sqrt{\frac{P}{\pi p}} \tag{6-5}$$

式中 P——作用在车轮上的荷载（kN）；

p——轮胎接触压力（kPa）。

对于双轮组车轴，若每一侧的双轮用一个圆表示，称为单圆荷载；如用两个圆表示，则称为双圆荷载。单圆荷载的当量圆直径 D 和双圆荷载的直径 d，分别按式（6-6）、式（6-7）计算：

$$D = \sqrt{\frac{8P}{\pi p}} = \sqrt{2}\, d \tag{6-6}$$

$$d = \sqrt{\frac{4P}{\pi p}} \tag{6-7}$$

汽车的总重量通过车轴与车轮传递给路面，所以路面结构的设计主要以轴重作为荷载标准。我国现行《公路沥青路面设计规范》（JTG D50—2017）和《公路水泥混凝土路面设计规范》（JTG D40—2011）均以双轮组单轴载 100 kN 作为标准轴载，以 BZZ-100 表示。标准轴载的计算参数见表 6-14。

表 6-14 标准轴载计算参数

标准轴载	BZZ-100	标准轴载	BZZ-100
标准轴载 P/kN	100	单轮传压面当量圆直径 d/cm	21.30
轮胎接地压强 p/MPa	0.70	两轮中心距/cm	31.95

当汽车处于行驶状态时，除了施加给路面的垂直静压力之外，还给路面施加水平力、振动力。此外，由于汽车以较快的速度通过，这些动力影响还有瞬时性的特征，汽车荷载对路面的多次重复作用也是一项重要的动态影响。所以，对于路面设计，不仅要重视静轴载与动轴载的量值，道路通行的各类轴载的数量也是重要的因素。因此必须分车型和轴型调查，确定各车型和轴型间的关系，寻求其换算系数，并通过适当的方式将不同车型和轴型换算成标准车型和轴型。

(3) 轴载换算。轴载换算的基本原则：不同轴载在同一路面结构上重复作用不同次数后，可使结构层永久变形量或疲劳破坏达到相同极限状态。我国现行沥青路面设计方法中采用沥青混合料层疲劳寿命、无机结合料稳定层疲劳寿命、沥青混合料层永久变形和路基永久变形为主要设计标准，因此，轴载换算时考虑了沥青混合料层层底拉应变、无机结合料稳定层层底拉应力、沥青混合料层永久变形量和路基顶面竖向压应变为指标的轴载换算方法。沥青路面的轴载换算方法如下：

各类车辆当量设计轴载换算系数可以按三个水平确定，高速公路和一级公路的改建设计应采用水平一，其他情况可采用水平二或水平三。

1) 水平一，采用称重设备连续采集设计车道上车辆类型轴型组成和轴重数据，按下列步骤分析各类车辆当量换算系数：

①分别统计2类~11类车辆单轴单胎、单轴双胎、双联轴和三联轴的数量,除以各类车辆总量,按式(6-8)计算各类车辆中不同轴型平均轴数。

$$NAPT_{mi} = \frac{NA_{mi}}{NT_m} \qquad (6-8)$$

式中 $NAPT_{mi}$——m 类车辆中 i 种轴型的平均轴数;

NA_{mi}——m 类车辆中 i 种轴型总数;

NT_m——m 类车辆总数;

i——单轴单胎、单轴双胎、双联轴和三联轴;

m——2类~11类车。

②按式(6-9)计算2类~11类车辆不同轴型在不同轴重区间所占的百分比,得到不同轴型的轴重分布系数,即轴载谱。确定轴载谱时,单轴单胎、单轴双胎、双联轴和三联轴应分别间隔2.5 kN、4.5 kN、9.0 kN 和13.5 kN 划分轴重区间。

$$ALDF_{mij} = \frac{ND_{mij}}{NA_{mi}} \qquad (6-9)$$

式中 $ALDF_{mij}$——m 类车辆中 i 种轴型在 j 级轴重区间的轴重分布系数;

ND_{mij}——m 类车辆中 i 种轴型在 j 级轴重区间的数量;

NA_{mi}——m 类车辆中 i 种轴型的数量。

③按式(6-10)计算2类~11类车辆各种轴型在不同轴重区间的当量设计轴载换算系数,计算时取各轴重区间中点值作为该轴重区间代表轴重。按式(6-11)计算各类车辆当量设计轴载换算系数:

$$EALF_{mij} = c_1 c_2 \left(\frac{P_{mij}}{P_{sj}}\right)^b \qquad (6-10)$$

式中 P_{sj}——设计轴载(kN);

P_{mij}——m 类车辆中 i 种轴型在 j 级轴重区间的单轴轴载(kN),对双联轴和三联轴,为平均分配到每根单轴的轴载;

b——换算系数,分析沥青混合料层疲劳和沥青混合料层永久变形时,$b=4$;分析路基永久变形时,$b=5$;分析无机结合料稳定层疲劳时,$b=5$;

c_1——轴组系数,前后轴间距大于3 m时,分别按单个轴计算,$c_1=1$;轴间距小于3 m时,按表6-15取值;

c_2——轮组系数,双轮组为1.0,单轮时取4.5。

表6-15 轴组系数取值

设计指标	轴型	c_1 取值
沥青混合料层层底拉应变、沥青混合料层永久变形量	双联轴	2.1
	三联轴	3.2
路基顶面竖向压应变	双联轴	4.2
	三联轴	8.7
无机结合料稳定层层底拉应力	双联轴	2.6
	三联轴	3.8

第6章 沥青路面设计

④各类车辆的当量设计轴载换算系数可按式（6-11）得到：

$$EALF_m = \sum_i \left[NAPT_{mi} \sum_j (EALF_{mij} \times ALDF_{mij}) \right] \quad (6-11)$$

式中 $EALF_m$——m 类车辆的当量设计轴载换算系数；

$NAPT_{mi}$——m 类车辆中 i 种轴型的平均轴数；

$ALDF_{mij}$——m 类车辆中 i 种轴型在 j 级轴重区间的轴重分布系数；

$EALF_{mij}$——m 类车辆中 i 种轴型在 j 级轴重区间当量设计轴载换算系数，根据式（6-10）计算确定。

2）水平二和水平三，按式（6-12）确定各类车辆的当量设计轴载换算系数。式（6-12）中非满载车和满载车的比例和当量设计轴载换算系数水平二时取当地经验值。水平三时取表 6-16 和表 6-17 所列全国经验值。

$$EALF_m = EALF_{ml} \times PER_{ml} + EALF_{mh} \times PER_{mh} \quad (6-12)$$

式中 $EALF_{ml}$——m 类车辆中非满载车的当量设计轴载换算系数；

$EALF_{mh}$——m 类车辆中满载车的当量设计轴载换算系数；

PER_{ml}——m 类车辆中非满载车所占的百分比；

PER_{mh}——m 类车辆中满载车所占的百分比。

表 6-16　2 类~11 类车辆非满载车辆与满载车辆比例

车型	非满载比例	满载比例
2 类	0.80~0.90	0.10~0.20
3 类	0.85~0.95	0.05~0.15
4 类	0.60~0.70	0.30~0.40
5 类	0.70~0.80	0.20~0.30
6 类	0.50~0.60	0.40~0.50
7 类	0.65~0.75	0.25~0.35
8 类	0.40~0.50	0.50~0.60
9 类	0.55~0.65	0.35~0.45
10 类	0.50~0.60	0.40~0.50
11 类	0.60~0.70	0.30~0.40

表 6-17　2 类~11 类车辆当量设计轴载换算系数

车型	沥青混合料层层底拉应变 沥青混合料层永久变形量		无机结合料稳定层层底拉应力		路基顶面竖向压应变	
	非满载车辆	满载车辆	非满载车辆	满载车辆	非满载车辆	满载车辆
2 类	0.8	2.8	0.5	35.5	0.6	2.9
3 类	0.4	4.1	1.3	314.2	0.4	5.6
4 类	0.7	4.2	0.3	137.6	0.9	8.8
5 类	0.6	6.3	0.6	72.9	0.7	12.4
6 类	1.3	7.9	10.2	1 505.7	1.6	17.1

续表

车型	沥青混合料层层底拉应变 沥青混合料层永久变形量		无机结合料稳定层层底拉应力		路基顶面竖向压应变	
	非满载车辆	满载车辆	非满载车辆	满载车辆	非满载车辆	满载车辆
7类	1.4	6.0	7.8	553.0	1.9	11.7
8类	1.4	6.7	16.4	713.5	1.8	12.5
9类	1.5	5.1	0.7	204.3	2.8	12.5
10类	2.4	7.0	37.8	426.8	3.7	13.3
11类	1.5	12.1	2.5	985.4	1.6	20.8

(4) 初始年设计车道日平均当量轴次。根据前述确定的车辆当量设计轴载换算系数，按式（6-13）确定初始年设计车道日平均当量轴次 N_1。

$$N_1 = AADTT \times DDF \times LDF \times \sum_{m=2}^{11}(VCDF_m \times EALF_m) \quad (6-13)$$

式中　$AADTT$——2轴6轮及以上车辆的双向年平均日交通量（辆/日）；
　　　DDF——方向系数；
　　　LDF——车道系数；
　　　$VCDF_m$——m类车辆类型分布系数；
　　　$EALF_m$——m类车辆的当量设计轴载换算系数。

(5) 当量设计轴载累计作用次数。根据初始年设计车道日平均当量轴次 N_1、设计使用年限等，按式（6-14）计算设计车道上的当量设计轴载累计作用次数 N_e。

$$N_e = \frac{[(1+\gamma)^t - 1] \times 365}{\gamma} N_1 \quad (6-14)$$

式中　N_e——设计使用年限内设计车道上的当量设计轴载累计作用次数（次）；
　　　t——设计使用年限（年）；
　　　γ——设计使用年限内交通量的年平均增长率；
　　　N_1——初始年设计车道日平均当量轴载（次/d）。

3. 交通荷载等级

由于不同等级的道路承受不同的交通荷载作用，为了判别道路承受荷载的轻重，《公路沥青路面设计规范》（JTG D50—2017）对沥青路面进行了交通荷载等级的划分。

沥青路面以设计使用年限内累计大型客车和货车交通量之和划分交通荷载等级，见表6-18。

表6-18　沥青路面设计交通荷载等级

设计交通荷载等级	极重	特重	重	中等	轻
设计使用年限内设计车道累计大型客车和货车交通量/×10⁶辆	≥50.0	50.0~19.0	19.0~8.0	8.0~4.0	<4.0

注：大型客车和货车为《公路沥青路面设计规范》（JTG D50—2017）附录A中表A.1.2所列的2类~11类车。

4. 设计安全等级和可靠度指标

各级公路沥青路面结构设计的安全等级及相应的可靠度、可靠度指标应不低于表 6-19 的规定。

表 6-19　沥青路面结构设计安全等级、可靠度和可靠度指标

公路等级	高速公路	一级公路	二级公路	三级公路	四级公路
设计安全等级	一级		二级		三级
可靠度/%	95	90	85	80	70
可靠度指标 β	1.65	1.28	1.04	0.84	0.52

5. 路基回弹模量

路基应稳定、密实和均匀，具有足够的承载能力。新建公路路床应处于干燥或中湿状态，并应采取措施防止地表水或地下水的侵入。现行规范以重复加载三轴压缩试验测试路基土在标准状态下的回弹模量。但考虑到在路面使用年限内路基含水率是变化的，通车一段时间后路基湿度会逐渐趋于相对平衡的状态，路面设计时采用路基平衡状态下路基顶面回弹模量值作为回弹模量设计值，且不小于表 6-20 的规定。不满足要求时，应采用改变填料、增设粒料层或采用无机结合料改善等措施提高路基顶面回弹模量。

表 6-20　路基顶面回弹模量要求　　　　　　　　　　　　　MPa

交通荷载等级	极重	特重	重	中等、轻
回弹模量，不小于	70	60	50	40

6.3.2　材料参数

路面材料应根据公路等级、交通荷载等级、气候条件、各结构层功能要求和当地材料特性等，在技术经济论证基础上进行设计并确定材料设计参数。

路面结构层材料参数的确定可分为下列三个水平：

水平一：通过室内试验实测确定。

水平二：利用已有经验关系式确定。

水平三：参照典型数值确定。

高速公路和一级公路的施工图设计阶段宜采用水平一，其他设计阶段可采用水平二或水平三；二级及二级以下公路可采用水平二或水平三。

沥青路面结构设计时结构层模量按下列规定取值：

（1）沥青面层采用 20 ℃、10 Hz 条件下的动态压缩模量，沥青类基层采用 20 ℃、5 Hz 条件下的动态压缩模量。

（2）无机结合料稳定层采用经调整系数修正后的弹性模量。

（3）粒料层采用经湿度调整的回弹模量，路基采用平衡湿度状态下并考虑干湿和冻融循环作用后的顶面当量回弹模量。

沥青路面设计中对各结构层材料要求详见 6.4 节沥青路面设计方法。

6.3.3 温度参数

我国《公路沥青路面设计规范》（JTG D50—2017）根据所在地区的气候条件、路面结构类型和结构层厚度，采用温度调整系数表征不同地区气候条件对路面结构层疲劳开裂和路基顶面竖向压应变的影响，根据所在地区气候条件采用等效温度表征对沥青混合料层永久变形的影响。

一般分两个步骤确定温度调整系数和等效温度，首先确定基准路面结构温度调整系数和等效温度，然后进行结构层厚度和模量修正，得到不同结构路面的温度调整系数和等效温度。

基准路面结构是指面层、基层与路基组成的三层路面结构，一般分为粒料基层沥青路面和无机结合料稳定类基层沥青路面两种结构形式。结构层的标准厚度和模量参数如下：沥青路面厚度 $h_a = 180$ mm，粒料基层或无机结合料稳定类基层厚度 $h_b = 400$ mm，沥青混合料动态模量 $E_a = 8\,000$ MPa，粒料层回弹模量 $E_b = 400$ MPa，无机结合料稳定层弹性模量 $E_b = 7\,000$ MPa，路基回弹模量 $E_0 = 100$ MPa。

不同气温状况下基准路面结构的损坏，转换成标准温度（20 ℃）条件下基准路面结构的等效损坏，得到基准路面结构调整系数。部分地区各类路面结构设计指标的基准结构温度调整系数以及沥青混合料层的等效温度，可参照《公路沥青路面设计规范》（JTG D50—2017）表 G.1.2 取用。其他地区的基准结构温度调整系数和沥青混合料层的等效温度，可按气温条件相近地区的系数值取用，气温资料取连续 10 年的平均值。

当路面结构沥青面层或基层（含底基层）由两层或两层以上不同材料结构层组成时，可以按式（6-15）和式（6-16）分别换算成当量沥青面层和当量基层，从而简化为由当量沥青面层、当量基层和路基构成的三层路面结构。对采用沥青结合料类基层的路面，将基层换算至当量沥青面层，超过 2 层时，重复利用式（6-15）和式（6-16）自上而下逐层换算，简化为由当量沥青面层、当量基层和路基构成的三层路面结构。

$$h_i^* = h_{i1} + h_{i2} \tag{6-15}$$

$$E_i^* = \frac{E_{i1}h_{i1}^3 + E_{i2}h_{i2}^3}{h_{i1} + h_{i2}} + \frac{3}{h_{i1} + h_{i2}}\left(\frac{1}{E_{i1}h_{i1}} + \frac{1}{E_{i2}h_{i2}}\right)^{-1} \tag{6-16}$$

式中 h_i^*、E_i^*——当量层厚度（mm）和回弹模量（MPa），下标 $i = a$ 为沥青面层，$i = b$ 为基层。

路面结构的温度调整系数，应根据式（6-17）计算：

$$K_{Ti} = A_h A_E \hat{K}_{Ti}^{1+B_h+B_E} \tag{6-17}$$

式中 K_{Ti}——温度调整系数，下标 $i = 1$ 对应沥青混合料面层疲劳开裂分析，$i = 2$ 对应无机结合料稳定层疲劳开裂分析，$i = 3$ 对应路基顶面竖向压应变分析；

$\hat{K}_{Ti}$——基准路面结构温度调整系数，按所在地查《公路沥青路面设计规范》（JTG D50—2017）表 G.1.2；

A_h, B_h, A_E, B_E——与面层、基层厚度和回弹模量有关的函数，按式（6-18）~（6-29）计算。

沥青混合料面层疲劳开裂分析：

$$A_E = 0.76\lambda_E^{0.09} \tag{6-18}$$

$$A_h = 1.14\lambda_h^{0.17} \tag{6-19}$$

$$B_E = 0.14\ln(\lambda_E/20) \tag{6-20}$$

$$B_h = 0.23\ln(\lambda_h/0.45) \tag{6-21}$$

无机结合料稳定层疲劳开裂分析:

$$A_E = 0.10\lambda_E + 0.89 \tag{6-22}$$

$$A_h = 0.73\lambda_h + 0.67 \tag{6-23}$$

$$B_E = 0.15\ln(\lambda_E/1.14) \tag{6-24}$$

$$B_h = 0.44\ln(\lambda_h/0.45) \tag{6-25}$$

路基顶面竖向压应变分析:

$$A_E = 0.006\lambda_E + 0.89 \tag{6-26}$$

$$A_h = 0.67\lambda_h + 0.70 \tag{6-27}$$

$$B_E = 0.12\ln(\lambda_E/20) \tag{6-28}$$

$$B_h = 0.38\ln(\lambda_h/0.45) \tag{6-29}$$

式中 λ_E——面层与基层当量模量之比,按下式计算:

$$\lambda_E = \frac{E_a^*}{E_b^*} \tag{6-30}$$

式中 λ_h——面层与基层当量厚度之比,按下式计算:

$$\lambda_h = \frac{h_a^*}{h_b^*} \tag{6-31}$$

分析沥青混合料层永久变形时,沥青混合料层的等效温度应按下式计算:

$$T_{pef} = T_\xi + 0.016 h_a \tag{6-32}$$

式中 T_{pef}——沥青混合料层等效温度(℃);

h_a——沥青混合料层厚度(MPa);

T_ξ——基准等效温度按所在地查《公路沥青路面设计规范》(JTG D50—2017)表 G.1.2 取用。

6.4 沥青路面设计方法

6.4.1 沥青路面设计理论与方法

我国沥青路面设计规范规定沥青路面设计理论以弹性层状体系理论为基础。弹性层状体系由若干个弹性层组成,上面各层具有一定厚度,最下一层为弹性半空间体。应用弹性力学方法求解弹性层状体系的应力、变形和位移等分量,求解时引入如下一些假设:

(1)各层连续、完全弹性、均质、各向同性以及位移和形变是微小的。

(2)最下一层在水平方向和垂直向下方向为无限大,其上各层厚度为有限,水平方向为无限大。

(3)各层在水平方向无限远处及最下一层向下无限深处,其应力、形变和位移为零。

(4) 层间假定完全连续、完全光滑、不完全连续与滑动。

(5) 不计自重。

当前世界各国众多的沥青路面设计方法基本上可分为两类：一类是以经验或试验为依据的经验法，其著名代表是美国加州承载比法（CBR 法）和美国各州公路工作者协会设计方法（AASHO 法）；另一类是以力学分析为基础，同时考虑环境因素、交通条件和路面材料特性的理论法，如英荷壳牌（SHELL 法）法、美国沥青协会（AI 法）法、理论法。大多采用弹性层状体系理论分析沥青路面结构的应力、形变和位移，并可以运用电子计算机技术。因此，理论法具有广阔的应用发展前景。我国现行沥青路面设计方法，正是基于弹性层状体系理论进行沥青路面结构设计与计算的方法。

6.4.2 沥青路面设计的内容

1. 沥青路面结构组合设计及各结构层材料组成

根据道路的交通繁重程度，结合当地环境条件和材料供应情况，合理选择和安排沥青路面的结构层次及各层厚度。各结构层按照强度和刚度自上而下递减的规律，以使各结构层材料的效能得到充分发挥，防止或减轻沉陷、车辙、开裂等病害，承受预期交通荷载作用，满足使用性能要求。另外，还需进行必要的路肩设计和排水设计。

2. 沥青路面结构验算

根据公路等级、材料类型与参数及当地的气候水文地质条件，应按设计标准的要求，确定满足设计年限内使用要求所需的沥青路面各层厚度和路面结构的方案。

3. 沥青路面改建设计

在对路面现有结构状况和强度调查基础上，判断是否需要加强或预估剩余使用寿命，分析路面损坏的原因及提出处理措施，选定改建方案。

6.4.3 沥青路面结构组合设计

1. 结构组合设计基本原则

路面结构组合设计应针对各种路面结构组合的力学特性、功能特性及其长期性能衰变规律和损坏特点，遵循路基路面综合设计的理念，保证路面结构的安全、耐久和全寿命周期经济合理。沥青路面结构受力特性与各层材料要求如图 6-2 所示，所选各结构层的模量要符合该结构层所在层位的受力特性。路面结构中相邻结构层材料的模量比，对路面结构的应力、应变分布有显著影响。相邻两层材料的模量比过大，上层底面将产生过大的弯拉应力（或弯拉应变），容易使上层开裂。根据理论分析和经验，一般基层与相邻面层的回弹模量比不应小于 0.3，路基与相邻基层或底基层的模量比以 0.08~0.4 为宜。

2. 沥青路面结构组合

路面结构类型可按基层材料性质分为无机结合料稳定类基层沥青路面、粒料类基层沥青路面、沥青结合料类基层沥青路面和水泥混凝土基层沥青路面四类。应根据交通荷载等级和路基状况等因素，结合路面材料特性和结构特性选择路面结构类型，见图 6-2。

路面结构组合的选择需要充分考虑各种路面结构组合的材料特性、结构特性、主要损坏类型及性能衰变规律。不同结构组合的沥青路面主要损坏类型见表6-21。

（1）无机结合料稳定类基层沥青路面。无机结合料稳定类基层沥青路面承载能力高，适应于各种交通荷载等级，主要病害是无机结合料稳定层疲劳开裂和面层反射裂缝。反射裂缝处雨水、雪水渗入后容易出现唧泥、基层脱空等损坏。采用粒料底基层或设置粒料类路基改善层等，可减轻反射裂缝处的唧泥、脱空。选用抗裂性能好的无机结合料稳定材料、增加沥青混合料层厚度，或在基层上设置沥青碎石层或级配碎石层、设置具有吸收应力或加筋作用的功能层可以起到减少或延缓反射裂缝的作用。

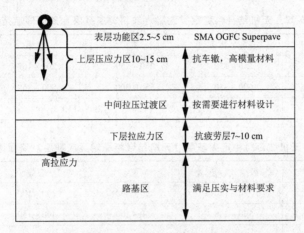

图6-2 沥青路面结构受力特性与各层材料要求

表6-21 沥青路面主要损坏类型

结构类型	粒料类基层沥青路面、底基层采用粒料的沥青结合料类基层沥青路面			无机结合料稳定类基层沥青路面、底基层采用结合料稳定材料的沥青结合料类基层沥青路面	
沥青混合料层厚度	≥150	150~70	≤50	≥150	<150
主要损坏类型	沥青混合料层永久变形、沥青混合料层疲劳开裂	沥青混合料层疲劳开裂、沥青混合料层永久变形	车辙	车辙、基层疲劳开裂、面层反射裂缝	基层疲劳开裂、面层反射裂缝
季冻地区	面层低温开裂				

（2）粒料类基层沥青路面。粒料类基层沥青路面无反射裂缝问题，但沥青面层承受更大的弯拉作用，沥青面层疲劳是主要损坏指标。此外，此类结构沥青面层、粒料层和路基都可能产生永久变形，更需关注路面车辙问题。

（3）沥青结合料类基层沥青路面。沥青结合料类基层沥青路面适用各种交通荷载等级，底基层采用无机结合料稳定类材料时，性能类似于无机结合料稳定类基层沥青路面，由于沥青混合料层较厚，路面承载能力更强，且具有更好的延缓反射裂缝的能力。底基层采用粒料类材料时，性能类似于粒料类基层沥青路面。

（4）水泥混凝土基层沥青路面。水泥混凝土基层沥青路面具有较高承载能力，适用于极重及特重以上交通荷载等级公路。除水泥混凝土路面常见损坏外，此类路面结构主要病害是水泥混凝土板接缝处沥青面层反射裂缝和沥青面层永久变形。

多雨地区的无机结合料稳定类基层和水泥混凝土基层沥青路面，路面出现反射裂缝后易发展为唧泥、脱空等，从而加速路面状况恶化，有必要在无机结合料稳定类基层或水泥混凝土基层下方铺设粒料排水层或设置粒料类路基改善层，减少唧泥、脱空损坏。

选定结构组合类型后，可根据交通荷载等级参照表 6-22 ~ 表 6-27 初选各结构层厚度。结构层厚度应根据交通荷载等级、路基承载能力等因素选择。交通荷载等级高、路基承载能力弱时，宜取靠近高限的厚度或参照上一个交通荷载等级的路面厚度范围；反之，可靠近低限取值或参照下一个交通荷载等级路面厚度范围。

表 6-22 无机结合料稳定类基层（粒料类底基层）路面厚度范围　　mm

交通荷载等级	极重、特重	重	中等	轻
面层	250 ~ 150	250 ~ 150	200 ~ 100	150 ~ 20
基层（无机结合料稳定类）	600 ~ 350	550 ~ 300	500 ~ 250	450 ~ 150
底基层（粒料类）	200 ~ 150			

表 6-23 无机结合料稳定类基层（无机结合料稳定类底基层）路面厚度范围　　mm

交通荷载等级	极重、特重	重	中等	轻
面层	250 ~ 120	250 ~ 100	200 ~ 100	150 ~ 20
基层（无机结合料稳定类）	500 ~ 250	450 ~ 200	400 ~ 150	500 ~ 200
底基层（无机结合料稳定类）	200 ~ 150			

表 6-24 粒料类基层（粒料类底基层）路面厚度范围　　mm

交通荷载等级	重	中等	轻
面层	350 ~ 200	300 ~ 150	200 ~ 100
基层（粒料类）	450 ~ 350	400 ~ 300	350 ~ 250
底基层（粒料类）	200 ~ 150		

表 6-25 沥青结合料类基层（粒料底基层）路面厚度范围　　mm

交通荷载等级	重	中等	轻
面层	150 ~ 120	120 ~ 100	80 ~ 40
基层（沥青结合料类）	250 ~ 200	220 ~ 180	200 ~ 120
底基层（粒料类）	400 ~ 300	400 ~ 300	350 ~ 250

表 6-26 沥青结合料类基层（无机结合料稳定类底基层）路面厚度范围　　mm

交通荷载等级	极重、特重	重	中等	轻
面层	120 ~ 100	120 ~ 100	100 ~ 80	80 ~ 40
基层（沥青结合料类）	180 ~ 120	150 ~ 100	150 ~ 100	100 ~ 80
底基层（无机结合料稳定类料类）	600 ~ 300	600 ~ 300	550 ~ 250	450 ~ 200

表 6-27　沥青结合料类基层（粒料 + 无机结合料稳定类底基层）路面厚度范围　　mm

交通荷载等级	极重、特重	重	中等	轻
面层	120 ~ 100	120 ~ 100	100 ~ 80	80 ~ 40
基层（沥青结合料类）	240 ~ 160	180 ~ 120	160 ~ 100	100 ~ 80
底基层（粒料类）	200 ~ 150	200 ~ 150	200 ~ 150	200 ~ 150
底基层（无机结合料类）	400 ~ 200	400 ~ 200	350 ~ 200	250 ~ 150

3. 沥青路面面层结构

沥青面层结构可为单层、双层或三层。

（1）面层结构要求。沥青面层应具有平整、抗车辙、抗疲劳开裂、抗低温开裂和抗水损坏等性能，表面层混合料还应具有抗滑和耐磨损性能，密级配沥青混合料表面层应具有低透水性能。

高速公路、一级公路一般选用三层沥青面层结构。通常认为密实型中粒式或细粒式沥青混合料（如 AC – 13、AC – 16）最宜用于表面层，它的空隙率一般为 3% ~ 5%。在这个范围内，可以防止水害及冻害。又由于它保留一定的空隙率，热季不至于泛油。此外，密级配沥青混合料的抗裂性、疲劳强度和耐久性均较优越。对于重交通和特重交通等级，普通热拌沥青混合料不能满足使用要求时，可从材料和沥青混凝土结构上改善，如采用改性沥青和 SMA – 10、SMA – 13 等混合料。对抗滑、排水和降噪有特殊要求的表面层可采用开级配沥青混合料，但表面层下应设置防水层，防水层可采用改性乳化沥青或改性沥青等。沥青中面层和下面层经受着与沥青上面层相同的不利工作环境，因此，对密实防水和抗剪切变形等方面的要求也很高，通常选用密实型中粒式和粗粒式混合料（如 AC – 20、AC – 25）。对于特重交通等级或者炎热地区，常采用改性沥青。

二级及二级以下等级公路一般采用双层式沥青面层。即表面层与下面层，沥青混合料的选择，除沥青混凝土之外，也可选用热拌沥青碎石（ATB）或沥青贯入式结构，再加上表面封层。三级、四级公路可采用双层沥青表面处治结构。

（2）面层厚度要求。沥青面层在路面结构层中价格最高，一般应控制其厚度，但是也不宜过薄。从压实效果来看，各种类型的沥青层最小压实厚度与它的公称最大粒径相关。连续级配沥青混合料和沥青玛碲脂碎石混合料的结构层厚度不宜小于集料公称最大粒径的 2.5 倍，开级配沥青混合料的结构层厚度不宜小于集料公称最大粒径的 2.0 倍。我国沥青路面设计规范对不同粒径沥青混合料的最小层厚规定见表 6-28。

表 6-28　不同粒径沥青混合料层厚度

沥青混合料类型	以下集料公称最大粒径沥青混合料的层厚，不小于/mm					
	4.75	9.5	13.2	16.0	19.0	26.5
连续级配沥青混合料	15	25	35	40	50	75
沥青玛蹄脂碎石	—	30	40	50	60	—
开级配沥青混合料	—	20	25	30		

沥青贯入碎石层的厚度宜为 40 ~ 80 mm，乳化沥青贯入式路面的厚度不宜超过 50 mm，

上拌下贯式路面的拌和层厚度不宜小于 25 mm。沥青表面处治可分为单层、双层和三层,单层表面处治厚度宜为 10~15 mm,双层表面处治厚度宜为 15~25 mm,三层表面处治厚度宜为 25~30 mm。

(3) 面层材料要求。

1) 沥青混合料动态压缩模量。沥青结合料类材料的主要结构设计参数是动态压缩模量,用于结构设计验算的动态压缩模量应依据相应的水平确定:

水平一,按照现行《公路工程沥青及沥青混合料试验规程》(JTG E20—2011) T 0738 的沥青混合料单轴压缩动态模量试验进行测定,取平均值,试验温度选用 20 ℃,面层沥青混合料加载频率采用 10 Hz,基层沥青混合料加载频率采用 5 Hz;

水平二,采用式 (6-33) 计算确定沥青混合料动态压缩模量,适用于采用道路石油沥青和常规级配的沥青混合料;

水平三,参照表 6-29 确定沥青混合料动态压缩模量。

$$\lg E_a = 4.59 - 0.02f + 2.58G^* - 0.14P_a - 0.041V - 0.3VCA_{DRC} - \\ 2.65 \times 1.1^{\lg G^*} \cdot f^{-0.06} - 0.05 \times 1.52^{\lg VCA_{DRC}} \cdot f^{-0.21} + \\ 0.0031f \cdot P_a + 0.0024V \quad (6-33)$$

式中 E_a——沥青混合料动态压缩模量(MPa);

f——试验频率(Hz);

G^*——60 ℃、10 rad/s 下沥青动态剪切复数模量(kPa);

P_a——沥青混合料的油石比(%);

V——压实沥青混合料的空隙率(%);

VCA_{DRC}——捣实状态下粗集料的松装间隙率(%)。

表 6-29 常用沥青混合料 20 ℃条件下动态压缩模量取值范围　　　　MPa

沥青混合料类型	沥青种类			
	70 号道路石油沥青	90 号道路石油沥青	110 号道路石油沥青	SBS 改性沥青
SMA10、SMA13、SMA16	—	—	—	7 500~12 000
AC10、AC13	8 000~12 000	7 500~11 500	7 000~10 500	8 500~12 500
AC16、AC20、AC25	9 000~13 500	8 500~13 000	7 500~12 000	9 000~13 500
ATB25	7000~11 000	—	—	—

注:1. ATB25 为 5 Hz 条件下动态压缩模量,其他沥青混合料为 10 Hz 条件下动态压缩模量。
　　2. 沥青黏度大、级配好或空隙率小时取高值,反之取低值。

2) 沥青混合料的高温稳定性要求。由于我国常用半刚性基层,路面的永久变形主要发生在沥青面层,即多为失稳型车辙。对这类车辙主要应从提高沥青面层的高温稳定性着手防治。

为保证沥青路面的高温稳定性,我国《公路沥青路面设计规范》(JTG D50—2017) 规定,沥青混合料应满足表 6-30 所示的动稳定度要求,并规定了沥青混合料贯入强度要求。

表 6-30 沥青混合料车辙试验动稳定度技术要求 次/mm

气候条件与技术指标		相应于以下气候分区所要求的动稳定度技术要求							试验方法
七月平均最高气温及气候分区/℃		>30			20~30			<20	
		1. 夏炎热区			2. 夏热区			3. 夏凉区	
		1-1	1-2	1-3	1-4	2-1	2-2	2-3	2-4	3-2	
普通沥青混合料,不小于		800	1 000		600	800			600	T 0719
改性沥青混合料,不小于		2 800	3 200		2 000	2 400			1 800	
SMA 混合料,不小于	普通沥青	1 500								
	改性沥青	3 000								
OGFC 混合料,不小于		1 500(中等、轻交通荷载等级)、3 000(重及重以上交通荷载等级)								

注:1. 气候分区的确定应符合现行《公路沥青路面施工技术规范》(JTG F40—2004)的有关规定。
2. 当其他月份的平均最高气温高于七月时,可使用该月平均最高气温。
3. 在特殊情况下,对钢桥面铺装、重载车特别多或纵坡较大的长距离上坡路段以及厂矿专用道路,可酌情提高动稳定度要求。
4. 对炎热地区或特重及以上交通荷载等级公路,可根据气候条件和交通状况适当提高试验温度或增加试验荷载。

3)沥青混合料的低温稳定性要求。二级及二级以上公路公称最大粒径不大于 19.0 mm 的沥青混合料,宜按照《公路工程沥青及沥青混合料试验规程》(JTG E20—2011)T 0715 试验方法,在温度为 -10 ℃、加载速率为 50 mm/min 条件下进行小梁弯曲试验。沥青混合料的破坏应变宜符合表 6-31 的规定。季节性冻土地区高速公路和一级公路表面层沥青低温性能还应满足下列指标要求:分析连续 10 年最低气温平均值,作为路面低温设计温度。路面低温设计温度提高 10 ℃ 的试验条件下,沥青弯曲梁流变试验蠕变劲度 S_t 不宜大于 300 MPa,且蠕变曲线斜率 m 不宜大于 0.30。

当蠕变劲度 S_t 为 300~600 MPa,且蠕变曲线斜率大于 0.30 时,增加沥青直接拉伸试验,其断裂应变不宜小于 1%。

以上都不满足时,采用弯曲梁流变试验和直接拉伸试验确定沥青临界开裂温度,临界开裂温度不宜高于路面低温设计温度。

表 6-31 沥青混合料低温弯曲试验破坏应变技术要求

气候条件与技术指标	相应于下列气候分区所要求的破坏应变								试验方法
年极端最低气温及气候分区/℃	<-37.0		-37.0~-21.5			-21.5~-9.0		>-9.0	
	1. 冬严寒区		2. 冬寒区			3. 冬冷区		4. 冬温区	
	1-1	2-1	1-2	2-2	3-2	1-3	2-3	1-4	2-4	
普通沥青混合料,不小于	2 600		2 300			2 000				T 0715
改性沥青混合料,不小于	3 000		2 800			2 500				

注:气候分区的确定应符合现行《公路沥青路面施工技术规范》(JTG F40—2004)的有关规定。

4)沥青混合料的水稳定性要求。沥青混合料应按照《公路工程沥青及沥青混合料试验规程》(JTG E20—2011) T 0709 和 T 0729 试验方法,分别测试浸水马歇尔试验残留稳定度和冻融劈裂试验残留强度比检验水稳定性。两项指标应符合表 6-32 的规定。水稳定性不满足要求时,可采取掺入消石灰、水泥或抗剥落剂,采用饱和石灰水处理集料,或更换集料等措施,改善集料与沥青的黏附性,提高沥青混合料的抗水损害性能。

表 6-32 沥青混合料水稳定性技术要求

沥青混合料类型		相当于以下年降雨量的技术要求/mm		试验方法
		≥500	<500	
浸水马歇尔实验残留稳定度/%				
普通沥青混合料,不小于		80	75	T 0709
改性沥青混合料,不小于		85	80	
SMA 混合料,不小于	普通沥青	75		
	改性沥青	80		
冻融劈裂试验的残留强度比/%				
普通沥青混合料,不小于		75	70	T 0729
改性沥青混合料,不小于		80	75	
SMA 混合料,不小于	普通沥青	75		
	改性沥青	80		

4. 沥青路面基层结构

沥青路面的基层不仅承担着沥青面层向下传递的全部荷载,还承受着由于土基水温状况变化而发生的地基支承能力变化的敏感性,使之不致影响沥青面层的正常工作。与沥青面层相比,由于基层不直接与车轮和大气接触,相对于路面表面层性能有关的材料性能指标(如抗滑性能、抗剪切变形等)可以略为放宽。

沥青路面的基层按材料和力学特性的不同可以分为柔性基层(粒料类或沥青结合料类)、半刚性基层(无机结合料稳定类)和刚性基层(水泥混凝土)三种。

(1) 基层结构要求。基层结构是承上启下保证路面结构耐久、稳定的承重结构层,因此要求基层(底基层)应具有足够的承载能力、抗疲劳开裂性能、足够的持久性和水稳定性。对沥青结合科类和粒料类材料基层还应具有足够的抗永久变形能力。

沥青路面的水泥混凝土基层应符合现行《公路水泥混凝土路面设计规范》(JTG D40—2011)的有关规定。

(2) 基层厚度要求。基层结构的厚度主要应满足强度与刚度要求,在厚度设计时,应逐层进行验算。此外,还应考虑施工的可实施性和材料规格对厚度的影响。一般情况下,基层的厚度应大于混合料最大粒径的 4 倍,同时还应考虑压实机具的功能,通常取能一次压密的最佳厚度。若基层厚度超过最佳厚度,可分层铺筑,每层厚度接近最佳厚度。不同材料基层和底基层厚度宜符合表 6-33 的规定。

表 6-33 基层和底基层厚度

材料种类	集料公称最大粒径/mm	厚度,不小于/mm
密级配沥青碎石、半开级配沥青碎石、开级配沥青碎石	19.0	50
	26.5	80
	31.5	100
	37.5	120
沥青贯入碎石	—	40
贫混凝土	31.5	120
无机结合料稳定类	19.0、26.5、31.5、37.5	150
	53.0	180
级配碎石、级配砾石、未筛分碎石、天然砂砾	26.5、31.5、37.5	100
	53.0	120
填隙碎石	37.5	75
	53.0	100
	63.0	120

(3) 基层材料要求。

1) 无机结合料稳定类材料。无机结合料稳定类材料用于高速公路、一级公路基层时,公称最大粒径不宜大于31.5 mm;用于高速公路和一级公路底基层或二级及二级以下公路基层时,公称最大粒径不宜大于37.5 mm;用于二级及二级以下公路底基层时,公称最大粒径不宜大于53.0 mm。水泥稳定类材料水泥剂量宜为3.0%~6.0%。贫混凝土集料粒径不宜大于31.5 mm;水泥剂量不得少于170 kg/m³,28 d 弯拉强度标准值宜控制在2.0~2.5 MPa。

① 无机结合料稳定类材料的主要材料设计参数为7 d 无侧限抗压强度,其强度标准见表6-34。冻土地区高速公路和一级公路的石灰粉煤灰稳定类基层,还应按现行《公路工程无机结合料稳定材料试验规程》(JTG E51—2009)中 T 0858 的有关规定进行材料抗冻性能检验,其残留抗压强度比应符合表6-35 的要求。

表 6-34 无机结合料稳定类材料 7 d 无侧限抗压强度标准(代表值)   MPa

材料	结构层	公路等级	极重、特重交通	重交通	中等、轻交通
水泥稳定类	基层	高速公路、一级公路	5.0~7.0	4.0~6.0	3.0~5.0
		二级及二级以下公路	4.0~6.0	3.0~5.0	2.0~4.0
	底基层	高速公路、一级公路	3.0~5.0	2.5~4.5	2.0~4.0
		二级及二级以下公路	2.5~4.5	2.0~4.0	1.0~3.0
水泥粉煤灰稳定类	基层	高速公路、一级公路	4.0~5.0	3.5~4.5	3.0~4.0
		二级及二级以下公路	3.5~4.5	3.0~4.0	2.5~3.5
	底基层	高速公路、一级公路	2.5~3.5	2.0~3.0	1.5~2.5
		二级及二级以下公路	2.0~3.0	1.5~2.5	1.0~2.0

续表

材料	结构层	公路等级	极重、特重交通	重交通	中等、轻交通
石灰粉煤灰稳定类	基层	高速公路、一级公路	≥1.1	≥1.0	≥0.9
		二级及二级以下公路	≥0.9	≥0.8	≥0.7
	底基层	高速公路、一级公路	≥0.8	≥0.7	≥0.6
		二级及二级以下公路	≥0.7	≥0.6	≥0.5
石灰稳定类	基层	二级及二级以下公路	—	—	≥0.8①
	底基层	高速公路、一级公路	—	—	≥0.8
		二级及二级以下公路	—	—	0.5~0.7②

注：① 在低塑性土（塑性指数小于7）地区，石灰稳定砂砾和碎石的龄期无侧限抗压强度应大于 0.5 MPa（100 g 平衡锥测液限）。
② 低限用于塑性指数小于7的黏土，高限用于塑性指数大于或等于7的黏土。

表6-35 石灰粉煤灰稳定类材料抗冻性能技术要求

气候区	重冻区	中冻区
残留抗压强度比/%	≥70	≥65

② 无机结合料稳定类材料的主要结构设计参数为弯拉强度和弹性模量，结构验算时应依据相应的水平确定：水平一，采用弯拉强度试验以及中间段法单轴压缩试验测定。弯拉强度和弹性模量的测定应符合现行《公路工程无机结合料稳定材料试验规程》（JTG E51—2009）中 T 0851 的有关规定。测试时水泥稳定类、水泥粉煤灰稳定类材料试件的龄期应为 90 d，石灰稳定类、石灰粉煤灰稳定类材料试件的龄期应为 180 d，弯拉强度和弹性模量应取用测试数据的平均值；水平三，参照表6-36确定弯拉强度和弹性模量。

表6-36 无机结合料稳定类材料的弯拉强度和弹性模量的取值范围 MPa

材料	弯拉强度	弹性模量
水泥稳定粒料、水泥粉煤灰稳定粒料、石灰粉煤灰稳定粒料	1.5~2.0	18 000~2 000
	0.9~1.5	14 000~20 000
水泥稳定土、水泥粉煤灰稳定土、石灰粉煤灰稳定土	0.6~1.0	5 000~7 000
石灰土	0.3~0.7	3 000~5 000

注：结合料用量高、材料性能好、级配好或压实度大时取高值，反之取低值。

交通运输部西部交通建设科技项目"基于多指标的沥青路面结构设计方法研究"课题对比了无机结合料稳定类材料室内测试的弹性模量和采用落锤式弯沉仪 FWD 弯沉盆反算的结构层模量，前者为后者的2倍，故引入模量调整系数，将室内弹性模量调整为路面结构模量。因此，结构验算时，无机结合料稳定类材料弹性模量应乘以结构层模量调整系数0.5。

2）粒料类材料。高速公路和一级公路基层粒料公称最大粒径不宜大于 26.5 mm；底基层采用级配碎石或级配砂砾时公称最大粒径不宜大于 31.5 mm；底基层采用天然砂砾时，公称最大粒径不宜大于53.0 mm。二级及二级以下公路的基层,底基层粒料公称最大粒径不宜大于53.0 mm。填隙碎石公称最大粒径宜为层厚的1/2~2/3,填隙碎石用于基层时,集料公称最大粒径不应超过53.0 mm;用于底基层时,集料公称最大粒径不应超过63.0 mm。防冻层所用砂砾、碎石材料的最大粒径不应超过53.0 mm。级配碎石和级配砂砾中通过0.075 mm筛孔的颗粒含量不宜大于5%,不满足要求时,可用天然砂替代部分细集料。

基层、底基层级配碎石的CBR值应符合表6-37的有关规定。级配砾石或天然砂砾用于基层时,CBR值不应小于80。级配砾石或天然砂砾用于底基层时,对极重、特重和重交通荷载等级,CBR值不应小于80;对中等交通荷载等级,CBR值不应小于60;对轻交通荷载等级,CBR值不应小于40。

表6-37 级配碎石CBR值

结构层	公路等级	极重、特重交通	重交通	中等、轻交通
基层	高速公路、一级公路	≥200	≥180	≥160
	二级及二级以下公路	≥160	≥140	≥120
底基层	高速公路、一级公路	≥120	≥100	≥80
	二级及二级以下公路	≥100	≥80	≥60

最佳含水率和与压实度要求相应的干密度条件下的粒料回弹模量应依据相应的水平确定:水平一,采用重复加载三轴压缩试验测定,取回弹模量试验结果的均值;水平三,按粒料类型和层位参照表6-38确定粒料回弹模量取值。

表6-38 粒料回弹模量取值范围   MPa

材料类型和层位	最佳含水率和压实度要求相应的干密度条件下	经湿度调整后
级配碎石基层	200~400	300~700
级配碎石底基层	180~250	194~440
级配砾石基层	150~300	250~600
级配砾石底基层	150~220	160~380
未筛分碎石层	180~220	200~400
天然砂砾层	105~135	130~240
注:材料性能好、级配好或压实度大时取高值,反之取低值。		

研究表明,施工完成后粒料层湿度逐渐降低,最终达到湿度平衡状态,因此,参照美国力学经验法路面设计指南(MEPDG),我国现行《公路沥青路面设计规范》(JTG D50—2017)中,粒料层的回弹模量在结构验算时由粒料回弹模量乘以湿度调整系数后得到,湿度调整系数可在1.6~2.0范围内选取。粒料回弹模量应取用最佳含水率和与压实度要求相应的干密度条件下的试验值。压实度要求应符合《公路路面基层施工技术细则》(JTG/T F20—2015)的有关规定。

5. 沥青路面功能层

(1)路基改善层。为提高路基顶面回弹模量或改善路基湿度状态而设置的粒料层或无机结合料稳定层，一般将其归类为路基，称为路基改善层。

（2）垫层。沥青路面垫层结构位于基层以下，主要用于路基状况不良的路段，以确保路面结构不受路基中滞留的自由水的浸湿及冻融的危害。通常认为路基处于以下状况时，应专门设置垫层：地下水水位高，排水不良，路基经常处于潮湿、过湿状态的路段；排水不良的土质路堑，有裂隙水、泉眼等水文不良的岩石挖方路段；季节性冰冻地区的中湿、潮湿路段，可能产生冻胀需设防冻垫层的路段；基层或底基层可能受污染以及路基软弱的路段。

从垫层的设置目的与功能出发，垫层可分为防水垫层、排水垫层、防污垫层、防冻垫层。

当路基处于中湿、潮湿状态，土质不良，粉土的含量高，在毛细水作用下水分将自下而上渗入底基层和基层结构的情况下，为隔断地下水源，应设置防水垫层。防水垫层应不含粉土、黏土的成分，主要采用粗砂、砂砾、矿渣等粗粒材料铺筑。在垫层以下应铺设不透水层（如透水系数低的黏土层及土工织物反滤层），防止自下而上的渗透和污染。

排水垫层的功能主要是排除通过路基顶面渗入的潜水、泉水和毛细上升水，排水垫层的材料规格、要求、排水能力和结构层厚度均应满足路面结构排水设计的规定与要求，通过设计计算确定。排水垫层以下应投置土工织物反滤层，严防路基土通过地下水进入排水垫层，污染结构，降低排水功能。

在季节性冰冻地区，当冻深较大，不能满足防冻层验算要求时，应设置防冻垫层，以保护路面结构不受冻胀和翻浆的危害。防冻层应采用隔温性能良好、导热系数低的材料，如级配碎石等。防冻层厚度与路基干湿类型、路基土类、道路冻深及路面结构材料的热物理性能有关。

（3）结合层。沥青路面各结构层之间应紧密结合，不因层间滑动或松散而丧失结构的整体效果。

沥青结合料类材料层间应设置黏层。在沥青结合料类材料层与其他材料层间应设置封层，宜设置透层。无机结合料稳定类或冷再生类材料结构层与沥青结合料类结构层之间宜设置封层。

6. 沥青路面对路基的要求

路基应稳定、密实和均匀，具有足够的承载能力。路基顶面回弹模量应符合《公路路基设计规范》（JTG D30—2015）的有关规定，见表6-20。

6.5 沥青路面结构验算

6.5.1 沥青路面结构验算流程

路面结构组合应先初拟方案，然后按照相关规范规定进行路面结构验算，再结合工程经验和经济分析选定路面结构方案。对于二级及二级以下公路，当交通荷载等级为中等、轻水平时，可依据所在地区经验合理选择路面设计方案。新建沥青路面结构验算包括下列主要内容：

（1）依据交通数据调查以及轴载换算方法，调查分析交通参数，计算获取设计使用年限内设计车道在不同控制指标（沥青混合料层层底拉应变、沥青混合料层永久变形量、无机结合料层层底拉应力和路基顶面竖向压应变）下的当量轴载累计作用次数，确定交通荷载等级。

（2）根据路基土类型、地下水水位高度确定路基干湿类型和湿度状况，结合现行《公路路基设计规范》（JTC D30—2015）的有关规定确定路基顶面回弹模量及必要的路基改善措施。

（3）根据设计要求，收集所在地区的常用路面结构组合和材料性质要求，分析影响路面结构设计的其他因素，初拟路面结构组合及厚度方案，选取设计指标。

（4）确定各结构层模量等设计参数，检验粒料的 CBR 值，无机结合料稳定类材料的无侧限抗压强度，沥青低温性能要求，沥青混合料的低温破坏应变、动稳定度、贯入强度和水稳定性等。收集工程所在地区气温资料，确定各设计指标对应的温度调整系数或等效温度。

（5）采用多层弹性体系理论程序计算各设计指标的力学响应量。

（6）进行路面结构验算，包括沥青混合料层开裂验算、无机结合料稳定层疲劳开裂验算、沥青混合料层永久变形量验算、路基顶面竖向压应变验算，以及低温开裂指数验算、防冻厚度验算。当验算结果不符合要求时，调整路面结构方案重新验算，直至符合为止。

（7）对通过结构验算的路面结构进行技术经济分析，选定路面结构方案。

（8）计算设计路面结构的路基顶面验收弯沉值和路表验收弯沉值，用于路面交（竣）工验收。沥青路面结构验算的流程可按图 6-3 进行。

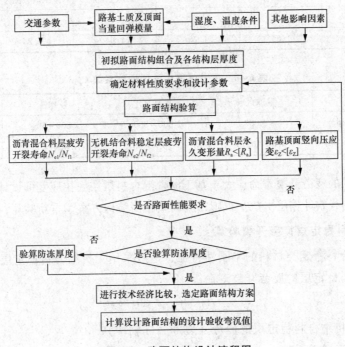

图 6-3　路面结构设计流程图

6.5.2　沥青路面结构验算指标

1. 沥青混合料层疲劳开裂验算

沥青混合料层疲劳开裂寿命按式（6-34）计算。

$$N_{\text{fl}} = 6.32 \times 10^{15.96-0.29\beta} k_a k_b k_{\text{T1}}^{-1} \left(\frac{1}{\varepsilon_a}\right)^{3.97} \left(\frac{1}{E_a}\right)^{1.58} (VFA)^{2.72} \qquad (6-34)$$

式中 N_{fl} ——沥青混合料层疲劳开裂寿命（轴次）；

β ——目标可靠指标，根据公路等级按表6-39取值；

k_a ——季节性冻土地区调整系数，按表6-40采用内插法确定；

k_b ——疲劳加载模式系数，按式（6-35）计算；

$$k_b = \left[\frac{1 + 0.3 E_a^{0.43} (VFA)^{-0.85} e^{0.024h_a - 5.41}}{1 + e^{0.024h_a - 5.41}}\right]^{3.33} \qquad (6-35)$$

式中 E_a ——沥青混合料20℃时的动态压缩模量（MPa）；

VFA ——沥青混合料的沥青饱和度（%），根据混合料设计结果或按现行《公路沥青路面施工技术规范》（JTG F40—2004）的有关规定确定；

h_a ——沥青混合料层厚度（mm）；

k_{T1} ——温度调整系数；

ε_a ——沥青混合料层层底拉应变（10^{-6}）。根据弹性层状体系理论计算获得。

表6-39 目标可靠度和目标可靠指标

公路等级	高速公路	一级公路	二级公路	三级公路	四级公路
目标可靠度/%	95	90	85	80	70
目标可靠指标 β	1.65	1.28	1.04	0.84	0.52

表6-40 季节性冻土地区调整系数 k_a

冻区	重冻区	中冻区	轻冻区	其他地区
冻结指数 $F/(℃·d)$	≥2 000	2 000~800	800~50	≤50
k_a	0.60~0.70	0.70~0.80	0.80~1.00	1.00

沥青混合料层的疲劳开裂寿命应大于基于沥青混合料层层底拉应变的设计使用年限内设计车道的当量设计轴载累计作用次数。否则，应调整路面结构方案，重新验算，直至满足要求。

2. 无机结合料稳定层疲劳开裂验算

基于无机结合料稳定类材料的半刚性特征，一般采用无机结合料稳定层层底拉应力计算和控制无机结合料稳定层的疲劳开裂寿命。

$$N_{\text{f2}} = k_a k_{\text{T2}}^{-1} 10^{a - b\frac{\sigma_1}{R_s} + k_c - 0.57\beta} \qquad (6-36)$$

式中 N_{f2} ——无机结合料稳定层的疲劳开裂寿命（轴次）；

k_{T2} ——温度调整系数；

R_s ——无机结合料稳定类材料的弯拉强度（MPa）；

a、b ——疲劳试验回归参数，按表6-41确定；

k_c ——现场综合修正系数，按式（6-37）确定；

$$k_c = c_1 e^{c_2(h_a + h_b)} + c_3 \qquad (6-37)$$

式中 c_1、c_2、c_3 ——参数，按表6-42取值；

h_a、h_b——分别为沥青混合料层和计算点以上无机结合料稳定层厚度;

β——目标可靠指标,根据公路等级按表6-39取值;

σ_t——无机结合料稳定层的层底拉应力值(MPa),根据弹性层体系理论计算获取。

表6-41 无机结合料稳定层疲劳破坏模型参数

材料类型	a	b
无机结合料稳定粒料	13.24	12.52
无机结合料稳定土	12.18	12.79

表6-42 现场综合修正系数 k_c 相关参数

材料类型	新建路面结构层或改建工程既有路面结构层		改建工程加铺层	
	无机结合料稳定粒料	无机结合料稳定土	无机结合料稳定粒料	无机结合料稳定土
c_1	14.0	35.0	18.5	21.0
c_2	-0.007 6	-0.015 6	-0.01	-0.012 5
c_3	-1.47	-0.83	-1.32	-0.82

无机结合料稳定层的疲劳开裂寿命应大于基于无机结合料稳定层层底拉应力为指标进行轴载换算得到的设计使用年限内设计车道的当量设计轴载累计作用次数。否则,应调整路面结构组合或层厚,重新验算,直至满足要求。

3. 沥青混合料层永久变形量验算

按照我国沥青路面设计规范规定,首先对路面结构中的各沥青混合料层进行分层:第一层表面层,采用10~20 mm为一分层;第二层沥青混合料层,每分层厚度应不大于25 mm;第三层沥青混合料层,每一分层厚度应不大于100 mm;第四层及其以下沥青混合料层,作为一个分层。然后,根据标准条件下的车辙试验,得到各层沥青混合料的车辙试验永久变形量,按式(6-38)计算各分层的永久变形量和沥青混合料层总的永久变形量。

$$R_a = \sum_{i=1}^{n} R_{ai}$$

$$R_{ai} = 2.31 \times 10^{-8} k_{Ri} T_{pef}^{2.98} P_i^{1.80} N_{e3}^{0.48} (h_i/h_0) R_{0i} \tag{6-38}$$

式中 R_a——沥青混合料层永久变形量(mm);

R_{ai}——第 i 分层永久变形量(mm);

n——分层数;

T_{pef}——沥青混合料层永久变形等效温度(℃);

N_{e3}——设计使用年限内或通车至首次针对车辙维修的期限内,设计车道上当量设计轴累计作用次数;

h_i——第 i 分层厚度(mm);

h_0——车辙试验试件的厚度(mm);

R_{0i}——第 i 分层沥青混合料在试验温度为 60 ℃,压强为 0.7 MPa,加载次数为 2 520 次时,车辙试验永久变形量(mm);

k_{Ri}——综合修正系数,按式(6-39)~式(6-41)计算;

$$k_{Ri} = (d_1 + d_2 \cdot Z_i) \cdot 0.9731^{Z_i} \tag{6-39}$$

$$d_1 = -1.35 \times 10^{-4} h_a^2 + 8.18 \times 10^{-2} h_a - 14.5 \tag{6-40}$$

$$d_2 = 8.78 \times 10^{-7} h_a^2 - 1.50 \times 10^{-3} h_a + 0.90 \tag{6-41}$$

式中 Z_i——沥青混合料层第 i 分层深度（mm），第一分层取为 15 mm，其他分层为路表距分层中点的深度；

h_a——沥青混合料层厚度（mm），h_a 大于 200 mm 时，取 200 mm。

P_i——沥青混合料层第 i 分层顶面竖向压应力（MPa），根据弹性层状体系理论计算获取。

验算得到的沥青混合料层永久变形量应满足表 6-5 要求。否则，应调整沥青混合料设计，直至满足要求。满足沥青混合料层容许永久变形量要求的沥青混合料，还应满足施工技术规范要求的标准车辙试验的动稳定度要求，其永久变形量 R_0 的稳定度可用作沥青混合料的质量要求和施工控制指标。标准车辙试验温度为 60 ℃，压强为 0.7 MPa，试件厚度为 50 mm，加载次数为 2 520 次时沥青混合料的动稳定度 DS，可根据永久变形量按式（6-42）计算。

$$DS = 9\,365 R_0^{-1.48} \tag{6-42}$$

式中 DS——沥青混合料动稳定度（次/mm）。

4. 路基顶面竖向压应变验算

路基顶面竖向压应变按式（6-43）计算，对于选定的路面结构，根据弹性层状体系理论计算出的路基顶面竖向压应变应小于容许压应变值。否则，调整路面结构方案，重新验算，直至满足要求。

$$[\varepsilon_z] = 1.25 \times 10^{4-0.1\beta} (k_{T3} N_{e4})^{-0.21} \tag{6-43}$$

式中 $[\varepsilon_z]$——路面顶面容许竖向压应变（10^{-6}）；

β——目标可靠指标，根据公路等级按表 6-39 取值；

N_{e4}——设计使用年限内设计车道上的当量设计轴载累计作用次数（轴次）；

k_{T3}——温度调整系数。

5. 沥青面层低温开裂指数验算

季节性冻土地区沥青路面沥青面层低温开裂指数按式（6-44）计算。

$$CI = 1.95 \times 10^{-3} S_t \lg b - 0.75(T + 0.07 h_a) \lg S_t + 0.15 \tag{6-44}$$

式中 CI——沥青面层低温开裂指数；

T——路面低温设计温度（℃），为连续 10 年最低气温平均值；

S_t——在路面低温设计温度加 10 ℃试验温度条件下，表面层沥青弯曲梁流变试验加载 180 s 时蠕变劲度（MPa）；

h_a——沥青结合料材料层厚度（mm）；

b——路基类型参数，砂 $b=5$，粉质黏土 $b=3$，黏土 $b=2$。

6. 防冻厚度验算

季节性冻土地区路基为中湿或潮湿状态时，应按照式（6-45）计算公路多年最大冻深。根据公路多年最大冻深，按表 6-43 的规定验算路面的防冻厚度，路面结构厚度小于表 6-43 规定的最小防冻厚度时，应增设防冻层，使其满足最小防冻厚度的要求。

$$Z_{\max} = abcZ_d \tag{6-45}$$

式中　Z_{max}——公路多年最大冻深（mm）；
　　　Z_d——大地多年最大冻深（mm），根据调查资料确定；
　　　a——大地冻深范围内路基、面层各层材料热物性系数，按表6-44确定；
　　　b——路基湿度系数，按表6-45确定；
　　　c——路基断面形式系数，根据表6-46按内插法确定。

表6-43　沥青路面结构最小防冻厚度　　　　　　　　　　　　　　　　　　　　mm

路基土质	基层、底基层材料类型	对于以下公路多年最大冻深 Z_{max}/mm 路基干湿类型的最小防冻厚度							
		中湿				潮湿			
		500~100	1 000~1 500	1 500~2 000	>2 000	500~1 000	1 000~1 500	1 500~2 000	>2 000
黏性土、细黏质砂土	粒料类	400~450	400~500	500~600	600~700	450~550	550~600	600~700	700~800
	水泥或石灰稳定类、水泥混凝土	350~400	400~450	450~550	550~650	400~500	500~550	550~650	650~750
	水泥粉煤灰或石灰粉煤灰稳定类、沥青结合料类	300~350	350~400	400~500	500~550	350~450	450~500	500~550	550~700
粉性土	粒料类	400~500	500~600	600~700	700~750	500~600	600~700	700~800	800~1 000
	水泥或石灰稳定类、水泥混凝土	400~450	450~500	500~600	600~700	450~550	550~650	650~700	700~900
	水泥粉煤灰或石灰粉煤灰稳定类、沥青结合料类	300~400	400~450	450~500	500~650	400~500	500~600	600~650	650~800

注：1. 在《公路自然区划标准》（JTJ 003—1986）中，对潮湿系数小于0.5的地区、Ⅱ、Ⅲ、Ⅳ等干旱地区的防冻厚度可比表中值减少15%~20%。
　　2. 对Ⅱ区砂性土路基防冻厚度应相应减少5%~10%。
　　3. 公路多年最大冻深大时，靠近上限取值，反之靠近下限取值。
　　4. 基层、底基层采用不同材料类型时，按厚度较大的材料类型确定。

表6-44　路基、路面材料热物性系数 a

路基材料	黏质土	粉质土	粉土质砂	细粒土质砂、黏土	含细粒土质砾（砂）
热物性系数	1.05	1.10	1.20	1.30	1.35
路面材料	水泥混凝土	沥青结合料	级配碎石	二灰或水泥稳定粒	二灰土及水泥土
热物性系数	1.40	1.35	1.45	1.40	1.35

表6-45　路基湿度系数 b

干湿类型	干燥	中湿	潮湿
湿度系数	1.0	0.95	0.90

表 6-46 路基断面形式系数 c

填挖形式和高（深）度	路基填土高度					路基挖方深度			
	零填	<2 m	2~4 m	4~6 m	>6 m	<2 m	2~4 m	4~6 m	>6 m
断面形式系数	1.0	1.02	1.05	1.08	1.10	0.98	0.95	0.92	0.90

7. 设计路面结构的验收弯沉值

宜采用落锤式弯沉仪进行路基验收，落锤式弯沉仪荷载为 50 kN，荷载盘半径为 150 mm。路基顶面验收弯沉值应按式（6-46）计算。路基顶面实测弯沉代表值应符合式（6-47）的要求。

$$l_g = \frac{176pr}{E_0} \tag{6-46}$$

式中 l_g——路基顶面验收弯沉值（0.01 mm）；
p——落锤式弯沉仪承载板施加荷载（MPa）；
r——落锤式弯沉仪承载板半径（mm）；
E_0——平衡湿度状态下路基顶面回弹模量（MPa）。

$$l_0 \leqslant l_g \tag{6-47}$$

式中 l_g——路基顶面验收弯沉值（0.01 mm）；
l_0——路段内实测路基顶面弯沉代表值（0.01 mm），以 1~3 km 为一评定路段按式（6-48）计算；

$$l_0 = (\overline{l_0} + \beta \cdot s)K_1 \tag{6-48}$$

式中 $\overline{l_0}$——路段内实测路基顶面弯沉平均值（0.01 mm）；
s——路段内实测路基顶面弯沉标准差（0.01 mm）；
β——目标可靠指标，根据公路等级按表 6-39 取值；
K_1——路基顶面弯沉湿度影响系数，根据当地经验确定。

路表验收弯沉值 l_a 应根据设计路面结构，采用弹性层状体系理论按式（6-49）计算。路面结构层参数应与路面结构验算时相同。路基顶面回弹模量应采用平衡湿度状态下路基顶面回弹模乘以模量调整系数，用以协调理论弯沉与实测弯沉的差异。

$$l_a = p\overline{l_a}$$

$$\overline{l_a} = f\left(\frac{h_1}{\delta}, \frac{h_2}{\delta}, \cdots, \frac{h_{n-1}}{\delta}; \frac{E_2}{E_1}, \frac{E_3}{E_2}, \cdots, \frac{k_l E_0}{E_{n-1}}\right) \tag{6-49}$$

式子 l_a——理论弯沉系数；
k_l——路基顶面回弹模量调整系数，无机结合料稳定类基层沥青路面和水泥混凝土基层沥青路面，取 0.5；粒料类基层沥青路面和沥青结合料类基层沥青路面，当采用无机结合料稳定底基层时取 0.5，否则取 1.0；
E_0——平衡湿度状态下路基顶面回弹模量（MPa）。

其他符号意义同式（6-1）。

路面交（竣）工时应对路表弯沉值进行检测，检测时需要考虑对弯沉进行湿度和温度修正，落锤式弯沉仪中心点弯沉代表值应符合式（6-50）要求。

$$l_0 \leqslant l_a \tag{6-50}$$

式中　l_a——路表验收弯沉值（0.01 mm）；
　　　l_0——路段内实测的路表弯沉代表值（0.01 mm），以 1～3 km 为一评定路段，按式（6-51）计算；

$$l_0 = (\overline{l_0} + \beta \cdot s) K_1 K_3 \tag{6-51}$$

式中　l_a——路段内实测路表弯沉平均值（0.01 mm）；
　　　s——路段内实测路表弯沉标准差（0.01 mm）；
　　　β——目标可靠指标，根据公路等级按表 6-39 取值；
　　　K_1——路表弯沉湿度影响系数，根据实测弯沉值通过反算得到路基模量值，再对路基模量进行修正得到结构模量值，然后得出测试状态下弯沉湿度修正系数 K_1，或者根据当地经验确定；
　　　K_3——路表弯沉温度影响系，按式（6-52）确定；

$$k_3 = e^{[9 \times 10-6(\ln E_0 - 1)h_a + 4 \times 10^{-3}](20-T)} \tag{6-52}$$

式中　T——弯沉测定时沥青结合料类材料层中点实测或预估温度（℃）；
　　　h_a——沥青结合料类材料厚度（mm）；
　　　E_0——平衡湿度状态下路基顶面回弹模量（MPa）。

6.6　沥青路面改建设计

沥青路面随着使用时间的延续，其使用性能和承载能力不断降低，超过设计使用年限后便不能满足正常行车的要求，而需补强或改建。当原有路面需要提高等级时，对不符合技术标准的路段应先进行线形改善，改线路段应按新建路面设计；加宽路面、提高路基、调整纵坡的路段应视具体情况按新建或改建路面设计，在原有路面补强时，按改建路面设计。路面补强设计工作包括既有路面调查与分析、改建方案确定及改建路面结构验算。

6.6.1　既有路面调查与分析

对使用中的路面进行结构状况的调查与评定，其目的主要是了解路面现有结构状况和强度，据以判断是否需要加强或预估剩余使用寿命，分析路面损坏的原因，提出处理措施或针对性的改建对策。

既有路面调查与分析应包括下列主要内容：
（1）收集既有路面及其排水设施的设计、施工及历史养护维修情况等技术资料；
（2）调查分析交通量、轴载组成和增长率等交通荷载参数；
（3）调查路面破坏状况，包括路面病害类型、严重程度、范围和数量等；
（4）采用落锤式动态弯沉仪或其他弯沉仪检测评价既有路面结构承载力；
（5）采用钻芯、探坑取样、路面雷达、切割等方式，调查分析既有路面厚度、层间结合及病害程度情况，并取样进行室内试验，测定试件模量、强度等，分析路面材料组成及退化情况，对因路基问题导致路面损坏的路段，取样调查路基土质类型、含水率和 CBR 值等，分析路基稳定性和承载力等；

（6）调查沿线气候条件、地下水及路基路面排水状况；

（7）调查沿线跨线桥、隧道净空要求及其他影响路面改建设计的要求。

既有路面损坏状况的评定应符合现行《公路技术状况评定标准》（JTG 5210—2018）和《公路养护技术规范》（JTG H10—2009）的有关规定，可结合路面损坏特点采用路面横向裂缝间距、纵向裂缝率、网裂面积率和修补面积率等指标进行补充评价。

6.6.2 改建方案

基于既有路面调查与分析，经技术经济分析后，结合工程经验确定适应预期交通荷载等级和使用性能要求的改建设计方案。确定改建设计方案时，应充分利用既有路面结构性能，减少废弃材料，并积极、稳妥地再生利用既有路面材料。改建设计应采用动态设计理念，工程实施阶段逐段调查分析现场路况，动态调整改建方案。并应考虑施工期交通组织设计和临时安全设施设计。改建方案设计的一般要求如下：

既有路面处理可采用局部病害处治、整体性处理的方式或局部病害处治与整体性处理相结合的方式，并应符合下列规定：既有路面破损不严重且结构性能较好的路段可参照现行《公路养护技术规范》（JTG H10—2009）对局部病害处治后加铺；既有路面破损严重或结构性能不足的路段，宜采用整体性处理方式，处理深度和范围应根据路面破损程度、层位和处理工艺确定。

改建方案应充分利用既有路面结构和材料，可视具体情况选择经局部病害处治后直接加铺一层或多层改建方案、将既有路面铣刨至某一结构层或将既有路面就地再生后再加铺一层或多层的改建方案。既有路面存在较多裂缝时，应采取减缓反射裂缝的措施。

既有路面出现因内部排水不良引起的水损坏时，应改善或重置路面防排水系统。加铺层与既有路面之间应采取设置黏层或封层等层间结合措施。

加铺层材料组成和技术要求应符合新材料设计参数的相应要求。再生材料技术要求应符合现行《公路沥青路面再生技术规范》（JTG/T 5521—2019）的有关规定。

6.6.3 改建路面结构验算

改建路面结构验算步骤与流程与新建路面结构类似，主要区别在于，改建路面结构验算需要依据既有路面是否破损严重或结构性能不足来确定既有路面结构设计参数，以及是否需要对既有路面结构进行验算。改建路面结构验算包括下列主要内容：

（1）调查分析设计使用年限内预期的交通荷载参数，并确定交通荷载等级。依据交通数据调查和轴载换算方法，调查分析交通参数，计算获取设计使用年限内设计车道在不同控制指标（沥青混合料层层底拉应变、沥青混合料层永久变形、无机结合料层层底拉应力、路基顶面竖向压应变）下的当量设计轴载累计作用次数，并确定交通荷载等级。

（2）对既有路面技术状况进行调查和分析。充分调查和分段评估既有路面状况，分析路面损坏原因，提出针对性改建对策。

（3）分段初拟改建方案。根据路况调查结果对既有路面进行分段，结合当地工程经验，分段初拟适应预期交通荷载等级和使用性能要求的改建方案。

（4）既有路面破损不严重且结构性能较好，采用直接加铺方案或铣刨至某一结构层再加铺方案时，应同时对既有路面结构层和加铺层进行结构验算。加铺层的设计参数应按新建路面结构确定。既有路面结构层的设计参数应按下列要求确定：

将既有路面简化为由沥青结合料类材料层、无机结合料稳定层或粒料层和路基组成的三层体系，利用弯沉盆反演或芯样实测的方法确定各层的结构模量。

既有路面无机结合料稳定层弯拉强度，宜根据现场取芯实测的无侧限抗压强度按式（6-53）计算，无条件时可根据既有路面整体强度、基层和面层损坏状况，结合当地经验确定。

$$R_s = 0.21 R_c \tag{6-53}$$

式中　R_s——无机结合料稳定材料试件的弯拉强度（MPa）；
　　　R_c——无机结合料稳定材料试件的无侧限抗压强度（MPa）。

（5）既有路面破损严重或结构性能不足时，无论采用直接加铺方案还是采用铣刨至某一结构层再加铺的方案，均应对加铺层进行结构验算，加铺面层的设计参数应按新建路面结构确定。既有路面或铣刨后留用的路面结构层不再进行结构验算，其顶面当量回弹模量应按式（6-54）计算。

$$E_d = \frac{176 pr}{l_0} \tag{6-54}$$

式中　E_d——平衡湿度状态下路基顶面回弹模量（MPa）；
　　　p——落锤式弯沉仪承载板施加荷载（MPa）；
　　　r——落锤式弯沉仪承载板半径（mm）；
　　　l_0——落锤式弯沉仪承载板中心点弯沉值（0.01 mm）。

（6）按照新建路面要求，检验加铺层材料的性能设计参数是否符合要求，如检验加铺层粒料的 CBR 值、无机结合料稳定类材料的无侧限抗压强度、沥青低温性能要求、沥青混合料的低温破坏应变、动稳定度、贯入强度和水稳定性等。

（7）收集工程所在地区气温资料，确定各设计指标相应的温度调整系数或等效温度。

（8）采用多层弹性体系理论程序计算各设计指标的力学响应量。

（9）进行路面结构验算。沥青混合料层疲劳开裂验算、无机结合料稳定层疲劳开裂验算、沥青混合料层永久变形量验算、路基顶面竖向压应变验算、低温开裂指数验算及最小防冻厚度验算等，均应符合各自的设计标准要求。验算不满足要求时，调整路面改建方案重新验算，直至符合要求为止。

（10）对通过结构验算的路面结构进行技术经济分析，选定路面改建方案。

（11）计算改建路面结构的路表验收弯沉值，用于路面交（竣）工验收。

6.7　沥青路面设计示例

1. 项目基本情况与交通荷载参数

本项目位于甘肃省某县，设计时速 60 km/h，10 m 双车道公路，设计使用年限为

12年。根据交通量调查分析,交通量为2 600辆/日,增长率为6%。该地段处于Ⅲ区,土基稠度1.10,路槽以下0.8 m均为压实后的砂性土,回弹模量取60 MPa。交通量组成见表6-47。

表6-47 交通量组成

序号	车型名称	前轴重/kN	后轴重/kN	后轴数	后轴轮组数	后轴距	交通量/(次·日$^{-1}$)
1	江淮 HF150	45.1	101.5	1	双		200
2	黄河 JN360	50	110	2	双	<3m	200
3	解放 CA150	28.7	68.2	1	双		700
4	三菱 T653B	29.3	48	1	双		600
5	宇通 ZK6876H	30	55	1	双		100
6	小客车		—	1	1		800

根据交通历史数据,该设计公路为TTC5类,根据《公路沥青路面设计规范》(JTG D50—2017)得到车辆类型分布系数,见表6-48。

表6-48 车辆类型分布系数

车辆类型	2类	3类	4类	5类	6类	7类	8类	9类	10类	11类
车型分布系数/%	9.9	42.3	14.8	0.0	22.7	2.0	2.377	3.2	2.54	0.2

根据路网相邻公路的车辆满载情况及历史数据的调查分析,得到各类车型非满载与满载比例见表6-49。

表6-49 非满载车与满载车所占比例   %

车辆类型	2类	3类	4类	5类	6类	7类	8类	9类	10类	11类
非满载车比例	85.0	90.0	65.0	75.0	55.0	70.0	45.0	50.0	55.0	65.0
满载车比例	15.0	10.0	35.0	25.0	45.0	30.0	55.0	50.0	45.0	35.0

2. 累计当量轴次计算

该设计路面设计指标为沥青混合料层永久变形与无机结合料层的疲劳开裂。根据《公路沥青路面设计规范》(JTG D50—2017),各车型对应的非满载车与满载车当量设计轴载换算系数见表6-50。m类车辆的当量设计轴载换算系数$EALF_m$按式(6-55)计算:

$$EALF_m = EALF_{ml} \times PER_{ml} + EALF_{mh} \times PER_{mh} \qquad (6-55)$$

式中 $EALF_{ml}$——m类车辆中非满载车的当量设计轴载换算系数;

$EALF_{mh}$——m类车辆中满载车的当量设计轴载换算系数;

PER_{ml}——m类车辆中非满载车所占的百分比;

PER_{mh}——m类车辆中满载车所占的百分比。

第6章 沥青路面设计

表 6-50　2 类～11 类非满载车与满载车当量设计轴载换算系数

设计指标	沥青混合料层永久变形		无机结合料层疲劳开裂	
车辆类型	非满载车	满载车	非满载车	满载车
2 类	0.8	2.8	0.5	35.5
3 类	0.4	4.1	1.3	314.2
4 类	0.7	4.2	0.3	137.6
5 类	0.6	6.3	0.6	72.9
6 类	1.3	7.9	10.2	1505.7
7 类	1.4	6.0	7.8	553.0
8 类	1.4	6.7	16.4	713.5
9 类	1.5	5.1	0.7	204.3
10 类	2.4	7.0	37.8	426.8
11 类	1.5	12.1	2.5	985.4

根据公式分别计算出 2 类、11 类车的当量轴载换算系数、使用年限内累计交通量：

$$N_1 = AADTT \times DDF \times LDF \tag{6-56}$$

式中　$AADTT$——2 轴 6 轮及以上车辆的双向年平均日交通量；

　　　DDF——方向系数；

　　　LDF——车道系数。

$$N_e = \frac{[(1+\gamma)^t - 1] \times 365}{\gamma} N_1 \tag{6-57}$$

式中　t——设计使用年限（年）；

　　　γ——设计使用年限内交通量的年平均增长率；

　　　N_1——初始年设计车道日平均当量轴次（次）。

所以

$$N_1 = AADTT \times DDF \times LDF = 1\,800 \times 0.55 \times 1.0 = 990$$

$$N_e = \frac{[(1+\gamma)^t - 1] \times 365}{\gamma} N_1 = \frac{[(1+0.06)^{12} - 1] \times 365}{0.06} \times 990 = 6.095\,953 \times 10^6$$

使用年限内设计车道累计大型客车和货车交通量为 6 095 953，交通等级属于中等交通。

(1) 以沥青混合料层永久变形作为设计指标：

$$EALF_2 = EALF_{2l} \times PER_{2l} + EALF_{2h} \times PER_{2h} = 0.85 \times 0.8 + 0.15 \times 2.8 = 1.1$$

$$EALF_3 = EALF_{3l} \times PER_{3l} + EALF_{3h} \times PER_{3h} = 0.9 \times 0.4 + 0.1 \times 4.1 = 0.77$$

$$EALF_4 = EALF_{4l} \times PER_{4l} + EALF_{4h} \times PER_{4h} = 0.65 \times 0.7 + 0.35 \times 4.2 = 1.925$$

同理可计算出：

$$EALF_5 = 2.25$$
$$EALF_6 = 4.27$$
$$EALF_7 = 2.78$$
$$EALF_8 = 4.315$$

$$EALF_9 = 2.94$$
$$EALF_{10} = 4.47$$
$$EALF_{11} = 5.21$$

初始年设计车道日平均当量轴次 N_1：

$$N_1 = AADTT \times DDF \times LDF \times \sum_{m=2}^{11}(VCDF_m \times EALF_m) \tag{6-58}$$

式中 DDF ——方向系数；

       LDF ——车道系数；

       $VCDF_m$ —— m 类车辆类型分布系数；

       $EALF_m$ —— m 类车辆的当量设计轴载换算系数。

设计使用年限内当量轴载累计作用次数 N_e：

$$N_e = \frac{[(1+\gamma)^t - 1] \times 365}{\gamma} N_1 \tag{6-59}$$

式中 N_e ——设计使用年限内设计车道上的当量设计轴载累计作用次数（次）；

       t ——设计使用年限（年）；

       γ ——设计使用年限内交通量的年平均增长率；

       N_1 ——初始年设计车道日平均当量轴次（次/d）。

当量轴载累计作用次数计算：

$$N_1 = AADTT \times DDF \times LDF \times \sum_{m=2}^{11}(VCDF_m \times EALF_m)$$
$$= 1\,800 \times 0.55 \times 1.0 \times (1.1 \times 0.099 + 0.77 \times 0.423 + 1.925 \times 0.148 + 4.27 \times$$
$$0.227 + 2.78 \times 0.02 + 4.315 \times 0.023 + 2.94 \times 0.032 + 4.47 \times 0.025 + 5.21 \times 0.002)$$
$$= 1\,800 \times 0.55 \times 1.0 \times 2.060 = 2\,039.296$$

$$N_e = \frac{[(1+\gamma)^t - 1] \times 365}{\gamma} N_1 = \frac{[(1+0.06)^{12} - 1] \times 365}{0.06} \times 2\,039.29 = 12.557\,0 \times 10^6 (\text{次})$$

(2) 以无机结合料层疲劳开裂作为设计指标。

当量轴载累计作用次数计算：

$$EALF_2 = EALF_{2l} \times PER_{2l} + EALF_{2h} \times PER_{2h} = 0.85 \times 0.5 + 0.15 \times 35.5 = 5.75$$
$$EALF_3 = EALF_{3l} \times PER_{3l} + EALF_{3h} \times PER_{3h} = 0.9 \times 1.3 + 0.1 \times 314.2 = 32.59$$
$$EALF_4 = EALF_{4l} \times PER_{4l} + EALF_{4h} \times PER_{4h} = 0.65 \times 0.3 + 0.35 \times 137.6 = 48.355$$

同理可计算出：

$$EALF_5 = 18.675$$
$$EALF_6 = 683.175$$
$$EALF_7 = 171.36$$
$$EALF_8 = 399.805$$
$$EALF_9 = 82.14$$
$$EALF_{10} = 212.85$$

第6章 沥青路面设计

$$EALF_{11} = 352.755$$

$$N_1 = AADTT \times DDF \times LDF \times \sum_{m=2}^{11}(VCDF_m \times EALF_m)$$

$$= 1\ 800 \times 0.55 \times 1.0 \times (5.75 \times 0.099 + 32.59 \times 0.423 + \cdots + 212.85 \times 0.025 + 352.755 \times 0.002)$$

$$= 1\ 800 \times 0.55 \times 1.0 \times 197.870\ 04 = 195\ 891.34$$

$$N_e = \frac{[(1+\gamma)^t - 1] \times 365}{\gamma} N_1 = \frac{[(1+0.06)^{12} - 1] \times 365}{0.06} 195\ 891.34 = 12.061\ 3 \times 10^8 (次)$$

3. 初拟路面结构方案

初拟路面结构见表6-51。

表6-51 初拟路面结构

结构层编号	层位	材料类型	厚度/mm	模量/MPa	泊松比
1	上面层	细粒式沥青混凝土	55	11 000	0.25
2	下面层	中粒式沥青混凝土	65	12 000	0.25
3	基层	水泥稳定碎石	380	10 000	0.25
4	底基层	级配碎石	200	350	0.35
5		土基		60	0.40

由相关规范可知，中等交通下路基顶面回弹模量不小于40 MPa，这里路基回弹模量取60 MPa，干湿循环或冻融循环条件下路基土模量折减系数K_η取值范围为0.7~0.9，这里取0.8。

4. 路面结构验算

由相关规范可知，若基层采用无机结合料稳定材料，验算时的设计指标分为两部分，第一部分是无机结合料稳定层层底拉应力验算；第二部分为沥青混合料永久变形量。

（1）无机结合料稳定层层底拉应力验算。根据《公路沥青路面设计规范》（JTG D50—2017）要求，对于无机结合料，其无机结合料稳定层层底拉应力计算公式为

$$N_{f2} = k_a k_{T2}^{-1} 10^{a - b\frac{\sigma_t}{R_s} + k_c - 0.57\beta} \tag{6-60}$$

式中 N_{f2}——无机结合料稳定层的疲劳开裂寿命（轴次）；

k_{T2}——温度调整系数；

a, b——疲劳试验回归参数，按表6-41确定：$a = 13.24, b = 12.52$；

k_c——现场综合修正系数，计算公式为

$$k_c = c_1 e^{c_2(h_a + h_b)} + c_3$$

式中 c_1, c_2, c_3——参数 $c_1 = 14.0, c_2 = -0.007\ 6, c_3 = -1.47$；

h_a, h_b——为沥青混合料层和计算点以上无机结合料稳定层厚度，分别为 $h_a = 120$ mm，$h_b = 380$ mm，计算可知 $k_c = c_1 e^{c_2(h_a + h_b)} + c_3 = 14 \times e^{-0.007\ 6 \times (120 + 380)} - 1.47 = -1.159$；

β——目标可靠指标，$\beta = 1.04$；

σ_t——无机结合料稳定层层底拉应力值（MPa），计算公式为

$$\sigma_t = P\overline{\sigma_t} \tag{6-61}$$

$$\overline{\sigma_t} = f\left(\frac{h_1}{\sigma}, \frac{h_2}{\sigma}, \cdots, \frac{h_{n-1}}{\sigma}; \frac{E_2}{E_1}, \frac{E_3}{E_2}, \cdots, \frac{E_0}{E_{n-1}}\right)$$

式中 P ——标准轴载轮胎接地压强值；

$\overline{\sigma_t}$ ——理论拉应力系数；

E_0 ——路基顶面回弹模量；

$E_1 \cdots E_n$ ——各结构层模量（MPa）；

$h_1 \cdots h_{n-1}$ ——各结构层厚度（mm）。

由 HPDS 软件计算得：$\sigma_t = 0.253$ MPa。

对于式中温度调整系数 k_{T2} 的计算公式为

$$k_{T2} = A_h A_E \hat{k}_{T2}^{1+B_h+B_E} \tag{6-62}$$

式中 $\hat{k}_{T2}$ ——基准路面结构温度调整系数值，甘肃省皋兰县的 $\hat{k}_{T2} = 1.12$；

沥青当量层厚度和模量计算：

$$h_a^* = 55 + 65 = 120(\text{mm})$$

$$E_a^* = \frac{11\,000 \times 55^3 + 12\,000 \times 65^3}{(55+65)^3} + \frac{3}{55+65}\left(\frac{1}{55 \times 11\,000} + \frac{1}{65 \times 12\,000}\right)^{-1}$$

$$= 2\,966.22 + 8\,518.05 = 11\,484.27(\text{MPa})$$

$$E_b^* = \frac{10\,000 \times 380^3 + 350 \times 200^3}{(380+200)^3} + \frac{3}{400}\left(\frac{1}{380 \times 10\,000} + \frac{1}{200 \times 350}\right)^{-1}$$

$$= 3\,342.19(\text{MPa})$$

A_h, A_E, B_h, B_E ——与面层、基层厚度和模量有关的函数；

$$A_h = 0.73\lambda_h + 0.67$$

$$A_E = 0.10\lambda_E + 0.89$$

$$B_E = 0.15\ln\left(\frac{\lambda_E}{1.14}\right)$$

$$B_h = 0.44\ln\left(\frac{\lambda_h}{0.45}\right)$$

λ_E ——面层与基层当量模量之比；

$$\lambda_E = \frac{E_a^*}{E_b^*} = \frac{11484.17}{3342.19} = 3.436$$

λ_h ——面层与基层当量厚度之比。

$$\lambda_h = \frac{h_a^*}{h_b^*} = \frac{120}{380} = 0.316$$

所以温度调整系数为

$$A_E = 0.10\lambda_E + 0.89 = 0.10 \times 3.436 + 0.89 = 1.23$$

$$A_h = 0.73\lambda_h + 0.67 = 0.73 \times 0.316 + 0.67 = 0.90$$

$$B_E = 0.15\ln\left(\frac{\lambda_E}{1.14}\right) = 0.15\ln\left(\frac{3.436}{1.14}\right) = 0.165$$

第6章 沥青路面设计

$$B_h = 0.44\ln\left(\frac{\lambda_h}{0.45}\right) = 0.44\ln\left(\frac{0.316}{0.45}\right) = -0.156$$

$$k_{T2} = A_h A_E \hat{k}_{T2}^{1+B_h+B_E} = 0.90 \times 1.23 \times 1.12^{1-0.156+0.165} = 1.029$$

根据弹性层状理论计算得到无机结合料层底拉应力为 $\sigma_t = 0.253$ MPa,无机结合料的弯拉强度取 1.4 MPa,将上述各数值代入式(6-60)计算,得到无机结合料层的疲劳开裂寿命。

$$N_{f2} = k_a k_{T2}^{-1} 10^{a-b\frac{\sigma_t}{R_s}+k_c-0.57\beta} = 0.8 \times 1.029^{-1} \times 10^{13.24-12.52\times\frac{0.253}{1.4}-1.159-0.57\times1.04} = 1.307 \times 10^9(\text{次})$$

之前计算得到使用当量设计轴载累计作用次数为 1.206×10^9 次,所以,满足使用寿命要求,基层厚度合理。

(2)沥青混合料层永久变形验算。

沥青混合料层永久变形等效温度 $TPEF = 19.9$ ℃;

通车至首次针对车辙维修的期限内设计车道上的当量设计轴载累计作用次数 $NZB3 = 1.255\,702 \times 10^7$ 轴次;

沥青混合料层永久变形验算分层数 $N = 7$;

第1分层沥青混合料永久变形量 $RAI(1) = 0.31$ mm;

第2分层沥青混合料永久变形量 $RAI(2) = 0.69$ mm;

第3分层沥青混合料永久变形量 $RAI(3) = 0.78$ mm;

第4分层沥青混合料永久变形量 $RAI(4) = 0.94$ mm;

第5分层沥青混合料永久变形量 $RAI(5) = 0.66$ mm;

第6分层沥青混合料永久变形量 $RAI(6) = 0.42$ mm;

第7分层沥青混合料永久变形量 $RAI(7) = 0.25$ mm;

$RA = 4.05$ mm;$RAR = 20$ mm;

满足规范要求。

(3)防冻层厚度验算。沥青路面结构最小防冻厚度为 500 mm,路面结构总厚度为 700 mm,拟定的路面结构满足防冻厚度要求。

(4)沥青面层低温开裂指数验算。由软件 HPDS 计算得到低温开裂指数 CI 为 2 条,低温开裂指数要求为 5.0,所选路面结构及材料满足低温抗裂的要求。

思考与习题

1. 沥青路面的常见破坏有哪些?
2. 简述沥青路面的结构及其组成。
3. 沥青路面的类型有哪些?
4. 简述温度和湿度对路面结构的影响。
5. 采用哪些指标能够控制沥青路面车辙破坏?
6. 简述沥青路面设计指标及其适用性。
7. 沥青路面产生疲劳开裂的原因有哪些?
8. 为何要规定各类结构层的最小厚度?
9. 如何进行沥青路面设计当量轴载换算?

第 7 章

水泥混凝土路面设计

★ 主要内容

本章主要讲述水泥混凝土路面的概述、设计理论和设计内容、水泥混凝土路面结构组合设计、水泥混凝土路面平面布置后接缝设计、水泥混凝土路面厚度设计、水泥混凝土路面加铺层设计、水泥混凝土路面设计示例。

★ 学习目标

(1) 了解水泥混凝土路面的破坏状态、水泥混凝土路面的设计理论与内容。
(2) 熟悉水泥混凝土路面的设计参数和设计标准。
(3) 掌握水泥混凝土路面结构组合设计内容、水泥混凝土平面布置和接缝设计、水泥混凝土路面厚度设计流程和方法。

7.1 概　述

水泥混凝土路面是指以水泥混凝土作面层（配筋或不配筋）的路面。这种路面结构具有刚度大、强度高的力学特性，因此也称刚性路面；与沥青路面俗称为黑色路面对应，水泥混凝土路面俗称为白色路面。水泥混凝土路面结构是多层的复合体系，最上层为水泥混凝土面层；其下根据功能要求的不同，设有基层、底基层和功能层等。

7.1.1 水泥混凝土路面的种类

水泥混凝土路面按组成材料或施工方法不同，可分为普通混凝土路面、钢筋混凝土路面、连续配筋混凝土路面、预应力混凝土路面、钢纤维混凝土路面、装配式混凝土路面、水泥混凝土小块铺砌路面、碾压混凝土路面等。

(1) 普通混凝土路面。普通混凝土路面是指除接缝区和局部范围（如角隅和边缘）外，其余部位不配置钢筋的水泥混凝土路面，也称为素混凝土路面。目前采用最广泛的是就地浇筑的普通混凝土路面。

(2) 钢筋混凝土路面。钢筋混凝土路面是指面层内配置纵、横向钢筋或钢筋网并设接缝的水泥混凝土路面。在水泥混凝土路面板内，沿纵横向配置钢筋网，配筋率（钢筋面积与构件的有效面积之比）为 0.1%~0.2%。钢筋直径为 8~12 mm，纵向钢筋间距为 15~35 cm，横向钢筋间距为 30~75 cm。钢筋设在路面板表面下 5~6 cm 处，以减轻板面裂纹的产生和扩张。板厚和纵缝间距与素混凝土路面相同，但横向缩缝间距可增至 10~30 m，并设传力杆。在路基软弱地段和交通特别繁重处，也可将钢筋网设在板底面之上 5~6 cm 处，或设双层钢筋网。

(3) 连续配筋混凝土路面。连续配筋混凝土路面是指面层内配置纵向连续钢筋和横向钢筋，横向不设缩缝的水泥混凝土路面。路面板内的配筋率达 0.6%~1.0%，纵向钢筋直径设 16 mm，间距 7.5~20 cm，连续贯穿横缝。横向钢筋直径 6~9 mm，间距 40~120 cm。钢筋设在板厚中央略高处，与板表面的距离至少为 6~7 cm。

连续配筋混凝土路面板的端部应设置端缝，它有两种形式：一种为自由式，即连续设置胀缝，以便板端部自由胀缩；另一种为锚固式，即在板底部设置若干根肋梁或桩埋入地基，以阻止板的胀缩活动。与素混凝土路面板相比，连续配筋混凝土路面板的厚度可减薄 15%~20%；缩缝间距可增长 100~300 m，但钢筋用量多、造价高、施工较复杂。

(4) 预应力混凝土路面。预应力混凝土路面是通过技术工艺使路面板产生预加应力的水泥混凝土路面。按施加预应力的方式不同，分为三种：

1) 无筋预应力混凝土路面。在混凝土板两端设置墩座埋入地基内，墩座与板之间设置弹力缝，放入钢弹簧。板长中央设置加力缝，缝内设千斤顶，对混凝土板逐渐施加压应力至 5 MPa，然后塞入混凝土预制块，取出千斤顶，用混凝土填塞缝隙。

2) 有筋预应力混凝土路面。在混凝土板厚中央预留孔，穿进钢丝束，张拉后将两头锚固，并在孔内注入水泥浆，使钢丝束与混凝土黏牢。较窄的混凝土板可仅在板的纵向加力，较宽的混凝土板需在纵横向同时加力，或按与路中线成小于 45°角的斜向加力。后者在混凝土板的两侧施加应力，可以连续浇筑很长的板。在混凝土板的两侧施加应力，所加预应力在纵向为 2~4 MPa，在横向为 0.4~1.4 MPa。

3) 预应力混凝土路面。用膨胀水泥制备混凝土铺筑路面，借配筋或在混凝土板的两端设置墩座，通过混凝土的膨胀施加预应力。

预应力混凝土路面板的厚度可减至 10~15 cm，缩缝间距可增至 100~150 m。但因这种路面板的施工工艺复杂，所需机具性能要求较高，除在某些飞机场建设中获得成功外，尚未得到普遍推广。

(5) 钢纤维混凝土路面。钢纤维混凝土路面是在混凝土面层中掺入钢纤维的水泥混凝土路面。在混凝土中掺入 1.5%~2.0%（体积比）的长度为 25~60 mm、直径为 0.25~1 mm 的钢纤维，配制成钢纤维混凝土，其 28 d 抗压强度和抗弯拉强度较素混凝土可提高 50% 以上，而且它的抗疲劳和抗裂缝能力也较素混凝土高。与素混凝土路面板相比，钢纤维混凝土路面板的厚度可减小 30%~50%，缩缝间距可增至 15~30 m，纵缝间距可增至 8 m，胀缝可以不设。

(6) 装配式混凝土路面。装配式混凝土路面是在工厂中预制成混凝土板，运至工地现场安装而成的路面。装配式混凝土板一般做成边长为 1~2 m 的正方形或矩形，也可做成边长为 1.2 m 的六角形，板厚为 12~18 cm，还可做成宽为 3.5 m、长为 3~6 m 的大型板，但需有相应的运输和吊装机具来配合。板的边缘和角隅可配置钢筋，也可在全板面配设钢筋网。为提高混凝土的质量，可采用预应力、真空吸水、机械振捣和蒸汽养护等工艺。装配式混凝土路面板可以全年生产，不受气候影响，质量容易得到保证，而且铺装进度快，铺完即可通车，损坏后易于拆换修理。因此，其较适用于停车站场及港口码头处，但由于其接缝多、整体性差，故在公路和城市道路干线上很少采用。

（7）水泥混凝土小块铺砌路面。水泥混凝土小块铺砌路面是面层由水泥混凝土预制块铺砌而成的路面。混凝土预制块可采用异形块或矩形块，预制块的长度为 200~250 mm，宽度为 100~125 mm，长宽比通常为 2∶1。预制块的厚度为 100~120 mm。预制块下整平层的厚度为 30~50 mm。水泥混凝土小块铺砌路面常用于人行道路面、停车练习场、堆场、街区道路等。

7.1.2 水泥混凝土路面的特点

与其他类型的路面相比，水泥混凝土路面具有以下优点：

（1）强度高、刚度大。水泥混凝土路面具有很高的抗压强度和较高的抗弯拉强度及抗磨耗能力。

（2）稳定性好。水泥混凝土路面具有较好的水稳性和热稳性，特别是它的强度能够随着时间的延长而逐渐提高，不存在沥青路面的"老化"现象。

（3）耐久性好。由于水泥混凝土路面的强度和稳定性好，所以，经久耐用，一般能使用 30 年以上，而且耐磨性好，水泥混凝土路面在较长的时间内能保持较好的路面使用品质，养护费用少，还能够通行包括履带式车辆等在内的各种运输工具。

（4）有利于夜间行车。水泥混凝土路面色泽鲜明，能见度好，对夜间行车有利。

同时，水泥混凝土路面也存在一些缺点，主要有以下几个方面：

（1）混凝土板整体性强，对基层的抗冲刷性要求高，对板底脱空敏感。水泥混凝土路面有许多接缝，接缝是水泥混凝土路面的薄弱部位，在交通量大、重载车较多的路面上，对基层的抗冲刷性要求较高，否则将在接缝部位出现唧泥、错台和啃边等病害。在基层被冲刷掏空或基础支撑不稳固等情况下，水泥混凝土路面板极易形成断板、断边、断角等结构性破坏。

（2）行车舒适性较低。由于水泥混凝土模量高，刚度大，有接缝，因此减振效果差，噪声较大；一般水泥混凝土路面要布置许多接缝，这些接缝不但会增加施工和养护的复杂性，而且容易引起行车跳动，影响行车的舒适性。行车时噪声大，容易起尘。

（3）开放交通较迟。水泥混凝土路面完工后，实测强度大于设计强度的 80% 以上，才可停止养生。根据温度和混凝土类型的不同，一般养护期要经过 7~28 d 才能开放交通。如需提前开放交通，则需要采取特殊措施。

（4）常规情况下修复困难。水泥混凝土路面强度高，即使断板破损，硬度仍然很大，在缺乏修复新材料和机械时，开挖很困难，修补工作量大且影响交通。采用快速维修材料与技术，能够实现当晚修复，第二天即可开放交通，但成本较高。

(5) 对水泥和水的需要量大（拌合用水和养护用水），这给水泥供应不足和缺水地区带来较大的困难。

7.1.3 水泥混凝土路面的病害和分级

水泥混凝土路面病害可分为：断裂类、竖向位移类、接缝类和表层类四种类型。断裂类主要指纵、横、斜向裂缝和交叉裂缝、断裂板等；竖向位移类主要指沉陷和胀起；接缝类主要指加封的填缝料损坏、唧泥、错台和拱起等；表层类主要指坑洞、露骨、龟裂和起皮、粗集料断裂纹、修补损坏等。

1. 断裂类病害

贯穿水泥混凝土面层的断裂裂缝，按裂缝出现的方位和板断裂的块数，分为以下四种病害：平行或近于平行路面中心线的纵向裂缝；垂直或斜于路面中心线的横向或斜向裂缝；从板角隅斜向裂缝两端的距离小于 1.8 m 的角隅断裂；两条以上裂缝交叉，断裂成 3 块以上的交叉裂缝和断裂板。

纵向、横向或斜向裂缝和角隅断裂病害，按裂缝缝隙边缘碎裂程度和缝隙宽度，可分为下列三个轻重程度等级：

(1) 轻微。缝隙边缘无碎裂或错台的细裂缝，缝隙宽度小于 3 mm；或者填缝良好、边缘没有造成错台。

(2) 中等。缝隙边缘中等碎裂或错台小于 10 mm 的裂缝，且缝隙宽度小于 15 mm。

(3) 严重。缝隙边缘严重碎裂或错台大于 10 mm，且缝隙宽度大于 15 mm。

2. 竖向位移类病害

水泥混凝土面层的竖向位移，按产生原因的不同，可分为沉陷和胀起两种病害。沉陷和胀起，按其对行车的影响，可分为下列三个轻重程度等级：

(1) 轻微。车辆以限速驶过时，仅引起无不舒适感的轻微跳动。

(2) 中等。车辆驶过时，有产生不舒适感的较大跳动。

(3) 严重。车辆驶过时，产生过大的跳动，引起严重不舒适或不安全。

3. 接缝类病害

水泥混凝土路面板接缝处的损坏，按损坏的形态和影响范围，可分为接缝填缝料损坏、纵向接缝张开、唧泥和板底脱空、错台、接缝碎裂、拱起六种病害。

(1) 接缝填缝料损坏病害：该病害按填缝料出现老化、挤出、缺损的情况和接缝填缝料损坏病害程度，可分为下列三个轻重程度等级。

1) 轻微。整个路段接缝填缝情况良好，仅有少量接缝出现上述损坏。

2) 中等。整个路段接缝填缝料情况尚可，1/3 以下的接缝长度出现上述损坏，水和硬质材料易渗入或挤入。

3) 严重。接缝填缝料情况很差，1/3 以上的接缝长度出现上述损坏，水和硬质材料能自由渗入或挤入，填缝料需立即更换。

(2) 纵向接缝张开病害：该病害按接缝的张开量，可分为下列两个轻重程度。

1) 轻微。接缝张开量为 10 mm 以下。

2) 严重。接缝张开量为 10 mm 以上。

（3）唧泥和板底脱空病害：该类病害可分为下列两个轻重程度等级。

1) 轻微。当车辆驶过时，有水从板缝或边缘外唧出，或者在板接（裂）缝或边缘的邻近表面残留有少量唧出材料的沉淀物。

2) 严重。在板接（裂）缝或边缘的表面残留有大量唧出材料的沉淀物。当车辆驶过时，板有明显的颤动和脱空感。

（4）错台病害：该病害按相邻板边缘的高差大小，可分为下列三个轻重程度等级。

1) 轻微。错台量小于 5 mm。

2) 中等。错台量 5~10 mm。

3) 严重。错台量大于 10 mm。

（5）接缝碎裂病害：该病害按碎裂范围和程度，可分为下列三个轻重程度等级。

1) 轻微。碎裂仅出现在接缝或裂缝两侧 80 mm 范围内，尚未采取临时修补措施。

2) 中等。碎裂范围大于 80 mm，部分碎块松动或散失，但不影响安全或危害轮胎。

3) 严重。影响行车安全或危害轮胎。

（6）拱起病害：缝两侧板块因膨胀抬高，高度大于 10 mm 以上，损坏不分轻重，按所涉及的板块面积计算。

4. 表层类病害

水泥混凝土面层的表层损坏，可分为磨损和露骨，纹裂、龟裂和起皮，活性集料反应引起的龟裂，粗集料冻融裂纹，坑洞，修补损坏病害六种病害。

（1）磨损和露骨病害：该病害按磨损或露骨的深度，可分为下列两个轻重程度等级。

1) 轻微。磨损、露骨深度小于等于 3 mm。

2) 严重。磨损、露骨深度大于 3 mm。

（2）纹裂、龟裂和起皮病害：该病害按是否出现起皮和起皮病害的面积，可分为下列三个轻重程度等级。

1) 轻微。板的大部分面积出现纹裂或龟裂，但表面状况良好，无起皮。

2) 中等。板出现起皮，面积小于等于混凝土板面积的 10%。

3) 严重。板出现起皮，面积大于混凝土板面积的 10%。

（3）活性集料反应引起的龟裂病害：该病害可分为下列三个强度等级。

1) 轻微。板出现龟裂，面层可能变色，但未出现起皮和接缝碎裂。

2) 中等。出现起皮和（或）接缝碎裂，沿裂缝和接缝有白色细屑。

3) 严重。出现起皮和（或）接缝碎裂的范围发展到影响行车安全或危害轮胎，路表面有大量白色细屑。

（4）粗集料冻融裂纹病害：该病害可分为下列三个轻重程度等级。

1) 轻微。裂纹出现在缝或自由边附近 0.3 m 范围内，缝未发生碎裂。

2) 中等。裂纹出现在缝或自由边附近，范围大于 0.3 m，受影响区内缝出现轻微或中等碎裂。

3) 严重。裂纹影响区内裂缝出现严重碎裂，不少材料散失。

(5) 坑洞病害：该病害不分轻重程度等级。

(6) 修补损坏病害：该病害按修补处再次出现的损坏情况，可分为下列三个轻重程度等级。

1) 轻微。轻微破损，或边缘处有轻微碎裂。

2) 中等。轻微裂缝或车辙、推移，边缘处有中等碎裂和10 mm以下错台。

3) 严重。出现严重裂缝、车辙、推移或错台，需重新进行修补。

7.1.4 水泥混凝土路面破损原因分析

水泥混凝土路面破损的发生，可分为外界因素、设计因素、施工因素，以及各种因素互相影响。因此，必须充分做好病害统计资料，查明原因，采取针对性治理对策。

1. 断板

水泥混凝土路面断板产生的原因：大部分是由于温度应力与荷载应力超过混凝土的抗拉强度后混凝土路面板产生断裂并发展为断板。断板主要发生在路基填挖交界段或高填方路段及路面与桥涵等构造物交接路段。以下几种情况可能会导致水泥混凝土路面产生断板：

(1) 在施工期间由于混凝土的初期收缩受到阻碍而产生的拉应力超过了混凝土的抗拉强度而引起的横向裂缝。

(2) 由于板块尺寸过大所产生的温度翘曲应力超过了混凝土的抗弯拉强度而引起的横向裂缝。

(3) 由于地基的不均匀沉降或地基受侵蚀而使板底出现脱空后，致使应力增加而引起的纵向、横向或角隅断裂。

(4) 由于车辆荷载的重复作用，所产生的重复荷载应力超过了混凝土的疲劳强度而引起的纵向或横向裂缝。

2. 裂缝

裂缝包括纵向、横向、斜向和交叉裂缝。裂缝损坏是指通底的裂缝将板块分割为2块或3块，初期可能未贯通板面，但终将发展为贯通板面。

(1) 表面裂缝产生的原因：在水泥混凝土路面施工中发生的离析，实际是粗集料从混合料中重新集中，颗粒下沉，水分向上迁移，从而形成表面泌水，表面泌水的结果是使水泥混凝土路面表面含水率增加。当混合料表面水的蒸发速度比内部水速度快时，水的蒸发就会使表面形成凹面。由于表面凹面较凸面所受压力大，同时固体颗粒之间产生管张力，促使颗粒凝集。当混凝土表面尚未充分硬化而不能抵抗这一张力时，其就会出现裂缝。这种在混凝土浇筑后数小时表面普遍出现的细微的、各方向均存在的裂缝，就称为龟裂。

(2) 贯穿裂缝产生的原因：贯穿裂缝是指贯穿板全厚的裂缝，可分为横向裂缝、纵向裂缝、斜向裂缝、交叉裂缝、板角裂缝等。裂缝的产生原因：基层的影响；材料质量不良；混凝土的化学反应的影响；混凝土配合比的影响；施工及养护不当的影响。

3. 板角断裂

板角断裂是一条垂直通底且与板角两边接缝相交的裂缝，从板角到裂缝两端点间的距离分别等于或小于端点所在板长的一半。

板角断裂通常是由于表面水浸入、地基承载力降低、接缝出现唧泥、板底形成脱空、接缝传荷能力差、重载反复作用所引起的。

4. 错台

错台现象常常与唧泥、填缝料丧失、路基的不均匀变形等密切相关。一方面，填缝料的丧失，会造成路面水的渗入，在车辆荷载的作用下产生唧泥，随着唧泥的连续不断发生，路基土被不断带走，路基表面标高不断降低，就会产生错台。这一点可以从城市道路混凝土路面看出，甚至在无水的情况下，即使无唧泥产生，仍可观察到车辆通过后土细粒喷出。另一方面，路基若处理不好，如压实程度不同，则通车后会随着时间增长，产生不均匀沉降和变形，也可产生错台。

5. 唧泥

唧泥是在车辆荷载作用下，面板接缝、裂缝和板边下部产生的水和细粒土混合物的强制性位移造成的，车辆通过时基层细料和水一起从板接缝处挤出，逐渐使基础失去支撑能力，在荷载的重复作用下，最终将产生板断裂的现象。

唧泥是水泥混凝土面板直接铺筑在细粒高缩性土和易冲刷的基层上产生的，其结果一是产生严重的错台，二是产生接缝附近的断板破坏，这是混凝土路面的主要常见病害。唧泥主要是由于填缝料损坏、雨水下渗和路面排水不良造成的。

6. 边角剥落

边角剥落是指沿接缝方向的板边碎裂和脱落，裂缝面与板面成一定角度。边角剥落是由接缝内进入坚硬材料而妨碍了板的膨胀变形、接缝处水泥混凝土强度不足、传荷设施（传力杆）设计或设置不当（未正确定位、锈蚀等）、接缝施工质量差、重载反复作用等造成的。

7. 接缝料损坏

接缝料损坏是指由于接缝的填缝料老化、剥落等原因，接缝内已无填料，接缝被砂、石、土等填塞。接缝料损坏的主要原因：施工时缝内灰尘清理不彻底；填缝料弹性和黏结能力差；填缝料本身没有达到耐热度技术指标等。

8. 坑洞

坑洞是指板面出现有效直径大于 30 mm、深度大于 10 mm 的局部坑槽，损坏程度按坑洞、坑洞群所涉及的面积计算。水泥混凝土路面形成坑洞的主要原因：水泥混凝土级配不合理，水泥混凝土的强度达不到设计的要求，路面在重载作用下形成坑洞；路基压实度不够，在重载反复作用下，路面出现局部沉降破碎，破碎的水泥混凝土被车带走形成坑洞；路面断角在重载和雨水直接作用下，出现松动破碎，随着时间的推移逐步形成坑洞。

9. 拱起

拱起是指水泥混凝土面板在膨胀受阻时，接缝两侧的板突然向上拱起，横缝两侧的板体发生明显抬高，高度大于 10 mm 的病害形式。路面产生拱起的主要原因：胀缝被砂、石、杂物堵塞，使板伸胀受阻；胀缝设置的传力杆水平向、垂直向偏差大，使板伸胀受阻；凹曲线的纵坡变化处没设胀缝，水泥混凝土膨胀时，易在竖曲线两端变形的板内产生压力，形成拱起；胀缝拱胀的发生同施工季节、连续铺筑长度、基层与面板之间的摩阻力等因素有关。

10. 露骨

露骨是指板块表面细集料散失、粗集料暴露或表层疏松剥落。露骨产生的主要原因：表面灰浆不足，洒水提浆造成路面表层强度不足或水泥的耐磨性差；为了提高平整度，局部采用砂浆找平，在交通荷载作用下，表层剥落、露骨；水泥混凝土拌和不均匀或运输中离析，局部粗集料多水泥浆少，造成露骨。

7.2 水泥混凝土路面设计理论和设计内容

7.2.1 水泥混凝土路面设计理论

水泥混凝土路面板具有较高的力学强度，在车轮荷载作用下变形小，按照现行的设计理论，水泥混凝土板工作在弹性阶段，也就是在汽车荷载作用下，板内产生的最大应力不超过水泥混凝土的比例极限应力。当水泥混凝土板工作在弹性阶段时，基层和土基所承受的荷载、单位应力及产生的变形也是微小的，它们也都工作于弹性阶段。同时，由于水泥混凝土板与基层或土基之间的摩阻力一般较小，因此在力学模型上，可把水泥混凝土路面结构看成是弹性地基板，用弹性地基板体系理论进行分析计算。

水泥混凝土路面的应力分析一般以弹性地基上的薄板为基本的力学模型。弹性地基包括文克勒地基、弹性半空间地基与弹性层状体系地基。其中，前两种地基模型较为常用。

水泥混凝土路面铺筑在基层上，在行车荷载和自然环境因素作用下，具有以下物理力学特点：

（1）水泥混凝土的强度和模量远大于基层与土基的强度和模量；

（2）水泥混凝土本身的抗压强度远大于抗弯拉强度，为其的 6~7 倍；

（3）基层表面与路面板间摩阻力较小；

（4）板块厚度相对于平面尺寸较小，板块在荷载作用下的竖向位移很小；

（5）水泥混凝土板在自然条件下，存在沿板厚方向的温度梯度，会产生翘曲现象，如果受到约束，会在板中产生翘曲应力；

（6）荷载多次重复作用，温度梯度也反复变化，水泥混凝土板有疲劳现象。

根据以上特点，对板体进行受力分析时，应注意：

（1）水泥混凝土板基层和土基在模量和强度上的差异决定了基层和土基的模量、强度参数的变化对整个结构的应力分布情况影响不大，这时可以将下层结构看作同一材料（介质）的弹性体（地基）。

（2）在实际工程中，水泥混凝土板往往因为抗弯拉强度不足发生断裂（而不是压碎），这与水泥混凝土本身抗压强度远大于抗弯拉强度的力学特点相吻合。因此，在对水泥混凝土路面板进行厚度设计时，应以抗弯拉强度作为主要标准。

（3）在力学模型中，基层表面与路面板之间摩阻力可以忽略，从而得到了板块与基层之间完全光滑的联结条件；也就是板块和弹性地基间只传递竖向应力，而不传递水平方向上的应力。

（4）水泥混凝土板在荷载作用下的挠度很小，可以采用小挠度弹性薄板理论。

（5）水泥混凝土板在某种温度梯度下的温度翘曲应力最大值应出现在板块变形受到地基摩阻力完全限制的时候，也就是板与地基始终保持接触时。

（6）进行板厚设计时，要考虑荷载疲劳应力和温度疲劳应力的综合作用。

路面结构设计方法可大致分为经验力学法和力学经验法两类。我国水泥混凝土路面结构设计方法属于力学经验法。

路面结构设计方法按设计指标和参数，可分为确定型和概率型两种。

（1）确定型设计法是水泥混凝土路面传统的设计方法，即输入定值的材料和结构参数、交通参数及环境参数等，通过结构计算得到在设计使用期内满足设计指标要求所需的面层厚度。《公路水泥混凝土路面设计规范》（JTJ 012—1994）采用的设计方法，即为一种确定型的设计方法。

（2）概率型设计方法引入可靠度的概念，将材料和结构参数的变异性及交通荷载参数的变异性引入结构设计方法，可以估计设计方法的总方差及各项设计变量的不确定性在总方差中所占的比重，并使设计结果同施工质量管理和控制水平相关联，从而可以更确切地选定路面结构的相关参数，有针对性地提出改善主要设计参数变异性的设计或施工措施。已失效的《公路水泥混凝土路面设计规范》（JTG D40—2002）及目前使用的《公路水泥混凝土路面设计规范》（JTG D40—2011）均引入了结构可靠度的概念，改确定型设计方法为概率型设计方法。

7.2.2 水泥混凝土路面设计内容

1. 路面结构组合设计

应依据公路等级、交通荷载、路基条件、当地温度和湿度状况及使用性质要求，选择水泥混凝土路面结构组合。

2. 各结构层材料组成设计

针对各结构层在路面结构中所起的作用，依据当地材料供应情况，选择满足结构层性能要求的混合料，进行配合比设计和确定设计参数。通过材料组成设计，使面层混凝土具有足够的弯拉强度及抗疲劳性能，基层具有良好的抗冲刷性能和一定的刚度，垫层达到要求的稳定性及一定的刚度。

3. 面层接缝构造和配筋设计

根据混凝土面层内产生的荷载应力和温度应力进行面层的平面尺寸设计。依据接缝的作用，选择缩缝、胀缝或施工缝的类型，确定接缝的间距，布设接缝的位置，设计接缝的构造，包括传力杆、拉杆的布置及填缝材料的确定、板内的配筋量确定和配筋布置。

4. 面层厚度设计

根据公路等级、材料类型与参数及当地的气候、水文、地质条件，按设计标准的要求，确定满足设计使用期内使用要求所需的混凝土面层厚度。

另外，面层还应具有抗滑、耐磨、平整及减轻车辆轮胎噪声等表面特性。

5. 路面排水设计

根据路面排水要求及表面排水或内部排水设施的作用与设置条件，选择路面结构排水系统的布设方案，确定排水设施的构造尺寸和材料规格要求。

6. 路肩设计

确定路肩铺面的结构层次、各结构层的类型和厚度。

7.3 水泥混凝土路面结构组合设计

7.3.1 水泥混凝土路面的路基

水泥混凝土面层刚度大，要求路基应稳定、密实，并为路面提供均匀支撑，即要求路基在环境和荷载作用下产生尽可能小的不均匀变形。

路堤设计高程应尽可能超过中湿状态的路基临界高度，使路床处于中湿或干燥状态。路床顶面的综合回弹模量值，轻交通荷载等级不得低于 40 MPa，中等或重交通荷载等级不得低于 60 MPa，特重或极重交通荷载等级时不得低于 80 MPa。路基综合回弹模量值不满足此值要求时，应选用粗粒土或低剂量石灰土或水泥稳定土作床料或上路床填料；当路基工作区底面接近或低于地下水水位时，采取更换填料、设置排水渗沟等措施；水文地质条件不良的土质路堑，应采取地下排水措施。

高液限黏土及含有机质的细粒土，不应用作高速公路和一级公路的路床填料或二级公路和二级以下公路的上路床填料；高液限粉土、塑性指数大于16或膨胀率大于3%的低液限黏土，不应用作高速公路和一级公路的上路床填料。因条件限制必须采用上述土作填料时，应掺加水泥、粉煤灰或石灰等结合料进行改善。

季节性冰冻地区的中湿和潮湿类路基，当冰冻线深度达到路基的易冻胀土层时，在易冻胀土层上应设置防冻垫层，或用不易冻胀土置换冰冻线深度范围内的易冻胀土。

对于石质挖方或填石路床顶面应铺设整平层。整平层可采用碎石和石屑或低剂量水泥稳定粒料，其厚度视路床顶面不平整程度确定，最小厚度不小于 100 mm。

7.3.2 水泥混凝土路面的垫层

为改善土基的湿度和温度状况，在下述情况下需在基层或底基层下面设置垫层：

（1）季节性冰冻地区，路面总厚度小于表7-1中最小防冻厚度要求时，应设防冻垫层，使路面结构厚度符合要求。

表 7-1 水泥混凝土路面最小防冻厚度   m

路基干湿类型	路基土质	当地最大冰冻深度/m			
		0.50~1.00	1.00~1.50	1.50~2.00	>2.00
中湿路基	易冻胀土	0.30~0.50	0.40~0.60	0.50~0.70	0.60~0.95
	很易冻胀土	0.40~0.60	0.50~0.70	0.60~0.85	0.70~1.10

续表

路基干湿类型	路基土质	当地最大冰冻深度/m			
		0.50~1.00	1.00~1.50	1.50~2.00	>2.00
潮湿路基	易冻胀土	0.40~0.60	0.50~0.70	0.60~0.90	0.75~1.20
	很易冻胀土	0.45~0.70	0.55~0.80	0.70~1.00	0.80~1.30

注：1. 易冻胀土——细粒土质砾（GM、GC）、除极细粉土质砂外的细粒土质砂（SM、SC）、塑性指数小于12的黏质土（CL、CH）。
2. 很易冻胀土——粉质土（ML、MH）、极细粉土质砂（SM）、塑性指数在12~22之间的黏质土（CL）。
3. 冻深小或填方路段，或者基、垫层采用隔湿性能良好的材料，可采用低值；冻深大或挖方及地下水位高的路段，或者基、垫层采用隔湿性能较差的材料，应采用高值。
4. 冻深小于0.50 m的地区，可不考虑结构层防冻厚度。

（2）水文地质条件不良的土质路堑，路床湿度较大时，宜设置排水垫层。

路基可能产生不均匀沉降或不均匀变形时，可加设半刚性垫层。

垫层的宽度应与路基同宽，其最小厚度不得小于150 mm。防冻垫层和排水垫层宜采用碎石、砂砾等颗粒材料。

7.3.3 水泥混凝土路面的基层和底基层

水泥混凝土路面的基层和底基层应具有足够的抗冲刷能力和适当的刚度。按交通等级、结构层组合要求和材料供应条件，各交通等级宜选用的基层类型见表7-2。混凝土预制块面层应采用水泥稳定粒料作基层。

表7-2 各交通荷载等级的基层、底基层材料类型

交通荷载等级	极重、特重	重	中等，轻
基层	贫混凝土、碾压混凝土沥青混凝土	密级配沥青稳定碎石、水泥稳定碎石	级配碎石、水泥稳定碎石、石灰、粉煤灰稳定碎石
底基层	级配碎石、水泥稳定碎石、石灰、粉煤灰稳定碎石		未筛分碎石、级配砾石或不设

碾压混凝土基层或贫混凝土基层上应铺设沥青混凝土夹层，厚度不宜小于40 mm。无机结合料稳定碎石基层上应设置封层，封层可采用单层沥青表面处治或适宜的膜层材料。采用单层沥青表面处治时，厚度不小于6 mm。

在多雨地区，路基为低透水性细粒土的高速公路和一级公路，或者承受特重或重交通的二级公路，宜采用排水基层和纵向边缘排水系统排出渗入水，以减少渗入水对基层的冲刷作用，排水基层可选用多孔隙的开级配水泥稳定碎石或开级配沥青稳定碎石。设置排水基层时，其下应设置由水泥稳定粒料或者密级配粒料组成的不透水底基层，底基层顶面宜铺设沥青封层或防水土工织物。

承受极重、特重或重交通荷载的路面，基层下应设置底基层；承受中等或轻交通荷载时，可不设底基层。当基层采用无机结合料稳定材料，且上路床由细粒土组成时，应在基层下设置粒料类底基层，小于0.075 mm颗粒含量宜少于7%。

硬路肩采用混凝土面层时，基层的结构与厚度应与行车道相同。基层的宽度应比混凝土

面层每侧宽出 300 mm（小型机具施工时）或 650 mm（滑模式摊铺机施工时）。

碾压混凝土基层应设置与混凝土面层相对应的接缝。弯拉强度超过 1.5 MPa 的贫混凝土基层会产生收缩裂缝，也应设置与混凝土面层相对应的横向缩缝；而且，当摊铺宽度大于 7.5 m 时，还应设置纵向缩缝。

7.3.4 水泥混凝土面层

水泥混凝土面层一般采用设接缝的普通混凝土。可能产生不均匀沉降时，应采用接缝设置传力杆的钢筋混凝土面层。

行车舒适性要求高的高速公路可视需要选用连续配筋混凝土面层或沥青上面层与连续配筋混凝土或横缝设传力杆的普通混凝土下面层组成的复合式路面。复合式路面的沥青上面层厚度不宜小于 40 mm，水泥混凝土下面层的计算厚度，应满足极限状态设计表达式的要求。水泥混凝土下面层与沥青混凝土上面层之间应设置黏层。

在高程受限制路段、收费站、混凝土加铺层和桥面铺装等处可选用钢纤维混凝土。钢纤维混凝土的钢纤维体积率为 0.68% ~ 1.0%，面层厚度宜为普通混凝土面层厚度的 0.65 ~ 0.75 倍，按钢纤维掺量确定。特重或重交通荷载时，其最小厚度应为 180 mm，中等或轻交通荷载时，其最小厚度应为 160 mm。

碾压混凝土只能用于二级及二级以下公路的面层（特重和重交通荷载除外）。矩形或异形混凝土预制块面层，适用于服务区停车场、二级及二级以下公路桥头引道沉降未稳定段。矩形块的长度宜为 200 ~ 250 mm，宽度宜为 100 ~ 125 mm，厚度宜为 80 ~ 150 mm。预制块下面所设置砂垫层的厚度宜为 30 ~ 50 mm。

水泥混凝土面层厚度，根据交通等级、公路等级和参数变异水平等级，按极限状态设计表达式计算，并以最重轴载和最大温度梯度综合作用下不产生疲劳断裂作为验算标准。各种混凝土面层的设计厚度应依据计算厚度加 6 mm 磨耗层后，按 10 mm 向上取整数。表 7-3 可供路面结构组合设计及初拟面层厚度时参考。

表 7-3 水泥混凝土面层厚度的参考范围

交通荷载等级	极重	特重			重		
公路等级	—	高速	一级	二级	高速	一级	二级
变异水平等级	低	低	中	低	中	低	中	低	中
面层厚度/mm	≥320	320 ~ 280	300 ~ 260	280 ~ 240	270 ~ 230	260 ~ 220

交通荷载等级	中等			轻	
公路等级	二级	三、四级		三、四级	
变异水平等级	高	中	高	中	高
面层厚度/mm	250 ~ 220	240 ~ 210	230 ~ 200	220 ~ 190	210 ~ 180

混凝土路面表面构造应采用刻槽、压槽、拉槽或拉毛等方法制作。构造深度在交工验收时满足表 7-4 的要求。表中，特殊路段对于高速公路和一级公路，指立交、平交或变速车道等处；对于其他等级公路，指急弯、陡坡、交叉口或集镇附近。此外，年降雨量 600 mm 以下的地区，表列数值可适当降低。

表 7-4 各级公路水泥混凝土面层的表面构造深度要求   mm

公路等级	高速公路、一级公路	二级、三级、四级公路
一般路段	0.7~1.10	0.5~1.00
特殊路段	0.8~1.20	0.6~1.10

7.4 水泥混凝土路面平面布置和接缝设计

7.4.1 水泥混凝土路面平面布置

水泥混凝土路面平面布置图可根据路面类型的不同有所区别，比较典型的平面布置图如图 7-1 所示，主要由混凝土板、工作缝、胀缝、缩缝、拉杆、传力杆、纵横向边缘钢筋和角隅钢筋组成。

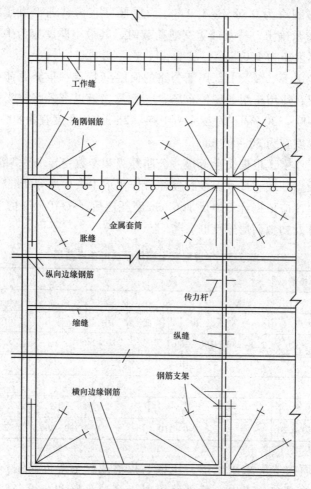

图 7-1 水泥混凝土路面平面布置图

7.4.2 水泥混凝土路面接缝设计

水泥混凝土路面接缝设计的主要内容是确定接缝间距、布置、构造、接缝传荷能力及缝隙的填封。

1. 纵向接缝

（1）纵缝间距：纵缝间距通常按车道宽度确定。带有路缘带的高速公路和一级公路，板宽可按车道和路缘带的宽度确定。纵向接缝间距宜为3.0~4.5 m。一次铺筑宽度小于路面宽度时，应设置纵向施工缝；一次铺筑宽度大于4.5 m时，应设置纵向缩缝。

（2）纵缝布置：纵缝应与路线平行。在路面等宽的路段内或路面变宽路段的等宽部分，纵缝的间距和形式应保持一致。路面变宽段的加宽部分与等宽部分之间，以纵向施工缝隔开，加宽板在变宽段起终点处的宽度不应小于1 m。

（3）纵缝构造：纵向施工缝采用设拉杆平缝形式，上部应锯切槽口，深度为30~40 mm，宽度为3~8 mm，槽内灌塞填缝料，构造如图7-2（a）所示。

纵向缩缝采用假缝形式，锯切的槽口深度应大于施工缝的槽口深度，以保证混凝土在干缩或温缩时能在槽口位置开裂。采用粒料基层时，槽口深度应为板厚的1/3；采用半刚性基层时，槽口深度应为板厚的2/5。其构造如图7-2（b）所示。

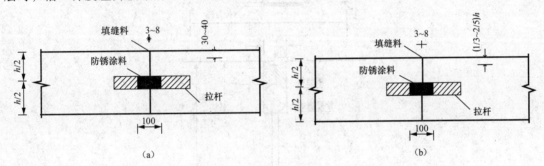

图7-2 纵缝构造（尺寸单位：mm）
（a）纵向施工缝；（b）纵向缩缝

（4）拉杆：拉杆应采用螺纹钢筋，设在板厚中央，并应对拉杆中部100 mm范围内进行防锈处理。拉杆的直径、长度和间距，可参照表7-5选用。施工布设时，拉杆间距应按横向接缝的实际位置予以调整，最外侧的拉杆距横向接缝的距离不得小于100 mm。

连续配筋混凝土面层的纵缝拉杆可由板内横向钢筋延伸穿过接缝代替。

表7-5 拉杆的直径、长度和间距表

面层厚度/mm	到自由边或未设拉杆纵缝的距离/m					
	3.00	3.50	3.75	4.50	6.0	7.50
200~250	14×700×900	14×700×800	14×700×700	14×700×600	14×700×500	14×700×400
≥260	16×800×800	16×800×700	16×800×600	16×800×500	16×800×400	16×800×300
注：拉杆尺寸表示方法为直径×长度×间距。						

2. 横向接缝

（1）横缝间距：普通水泥混凝土面层宜取 4~6 m，面板的长宽比不宜超过 1.35，平面面积不宜大于 25 m²。碾压混凝土或钢纤维混凝土面层宜为 6~10 m，钢筋混凝土面层宜为 6~15 m，面板的长宽比不宜超过 2.5，平面面积不宜大于 45 m²。

（2）横缝布置：每日施工结束或因临时原因中断施工时，必须设置横向施工缝，其位置应尽可能选在缩缝或胀缝处。

在邻近桥梁或其他固定构造物处，或者其他道路相交处应设置横向胀缝。设置的胀缝条数，视膨胀量大小而定。低温浇筑混凝土面层或选用膨胀性高的集料时，宜酌情确定是否设置胀缝。

（3）横缝构造。

1）横向缩缝。横向缩缝可以等间距或变间距布置，一般采用假缝形式，缩缝缝隙宽度为 3~8 mm，设传力杆时槽口深度宜为面层厚度的 1/4~1/3，不设传力杆时槽口深度宜为面板厚的 1/5~1/4，槽内填塞填缝料。二级及二级以下公路槽口可一次锯切成型，高速公路和一级公路的槽口宜二次锯切成型。在第一次锯切缝的上部宜增设宽 7~10 mm 的浅槽口，槽口下部应设置背衬垫条，上部应用填缝料灌填，构造如图 7-3 所示。

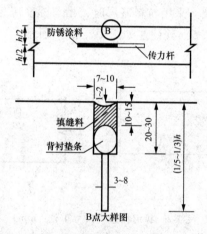

图 7-3 二次锯缝切槽口构造（尺寸单位：mm）

对于极重、特重和重交通荷载公路的横向缩缝，中等和轻交通荷载公路邻近胀缝或自由端部的 3 条缩缝，收费广场的横向缩缝，应采用设传力杆假缝形式，其构造如图 7-4（a）所示。其他情况可采用不设传力杆假缝形式，其构造如图 7-4（b）所示。

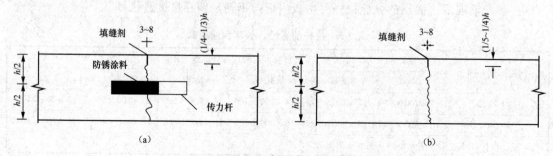

图 7-4 横向缩缝构造（尺寸单位：mm）
(a) 设传力杆假缝型；(b) 不设传力杆假缝型

2）胀缝。胀缝缝隙宽 20~25 mm，缝隙上部浇灌填缝料，下部设置填缝板，中部设置可滑动的传力杆。传力杆一半以上长度的表面涂覆沥青膜，外面再套 0.4 mm 厚的聚乙烯膜，且此端加金属套，套内预留 30 mm 的空隙，填以泡沫塑料或纱头。胀缝的构造如图 7-5 所示。

3）施工缝。设在缩缝处的施工缝，应采用加传力杆的平缝形式，其构造如图 7-6 所示；设在胀缝处的施工缝，其构造应与胀缝相同。

4）传力杆。传力杆应采用光圆钢筋，设在板厚中央，且保证传力杆的一半长度能够自由滑动，其尺寸和间距可按表 7-6 选用。最外侧传力杆距纵向接缝或自由边的距离为 150~250 mm。

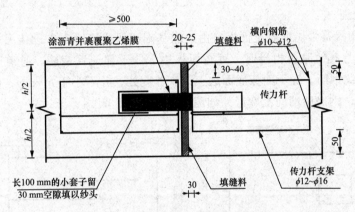

图 7-5 胀缝构造（尺寸单位：mm）

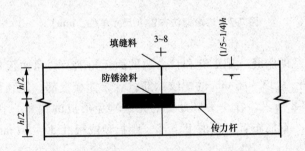

图 7-6 横向施工缝构造（尺寸单位：mm）

表 7-6 传力杆尺寸和间距　　　　　　　　　　　　　　　　　　mm

面层厚度	传力杆直径	传力杆最小长度	传力杆最大间距
220	28	400	300
240	30	400	300
260	32	450	300
280	32~34	450	300
≥300	34~36	500	300

（4）交叉口接缝布设。交叉口接缝布设时，应先考虑保持主要道路的接缝位置和形式

全线贯通，而后考虑次要道路的接缝布设如何与主要道路相协调，并适当调整交叉口范围内主要道路的横缝位置。

两条道路正交时，各条道路直道部分均保持本身纵缝的连贯，相交路段内各条道路的横缝位置按相对道路的纵缝间距作相应变动，保证两条道路的纵横缝垂直相交，互不错位。两条道路斜交时，主要道路直道部分保持纵缝的连贯，相交路段内的横缝位置按次要道路的纵缝间距作相应变动，保证与次要道路的纵缝相连接。相交道路弯道加宽部分的接缝布置，应不出现或少出现错缝和锐角板。当出现错缝、锐角板时，宜加设防裂钢筋和角隅补强钢筋。另外，在次要道路弯道加宽段起终点断面处的横向接缝，应采用胀缝形式。膨胀量大时，应在直线段连续布置 2~3 条胀缝。

（5）端部处理。

1）板边和角隅补强。混凝土面板自由边缘基础薄弱或接缝为未设传力杆的平缝时，主线与匝道相接或与其他路面相接时，可在面板边缘的下部配置钢筋。通常选用 2 根直径为 12~16 mm 的螺纹钢筋，置于面板底面之上 1/4 厚度处，并不小于 50 mm，间距为 100 mm。为加强锚固能力，钢筋两端向上弯起，如图 7-7 所示。

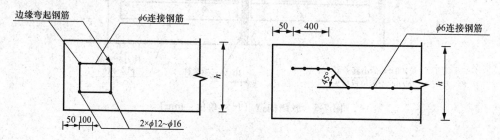

图 7-7　边缘钢防布置（尺寸单位：mm）

承受特重交通荷载的胀缝、施工缝和自由边的面板角隅及锐角面板角隅，宜配置角隅钢筋。通常选用 2 根直径为 12~16 mm 的螺纹钢筋，置于面板上部，距顶面不小于 50 mm，距边缘 100 mm，如图 7-8 所示。在交叉口处，对无法避免形成的锐角，宜设置双层钢筋网补强，以避免板角断裂。钢筋布置在板的上下部，距板顶或板底 50~70 mm 为宜。

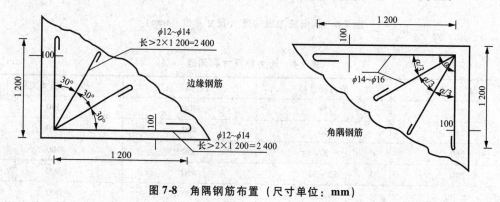

图 7-8　角隅钢筋布置（尺寸单位：mm）

2）混凝土路面与固定构造物相衔接。混凝土路面与固定构造物相衔接的胀缝无法设置传力杆时，可在临近构造物的板端部内配置双层钢筋网，或在长度为 6~10 倍板厚的范围内逐渐将板厚增加 20%。

混凝土面板下有箱形构造物横向穿越，且其顶面至面板底面的距离小于 800 mm 时，在构造物顶宽及两侧各 $1.5h + 1.5$ m 且不小于 4 m 的范围内，混凝土面板应布设双层钢筋网，上下层钢筋网各距板顶面和底面 1/4~1/3 厚度处。

构造物顶面至面板底面的距离为 800~1600 mm 时，在上述长度范围内的混凝土面板中应布设单层钢筋网。钢筋网设在距顶面 1/4~1/3 厚度处。钢筋直径为 12 mm，纵向钢筋间距 100 mm，横向钢筋间距 200 mm。

配筋混凝土面板与相邻混凝土面板之间应设置传力杆缩缝。

混凝土面板下有圆形管状构造物横向穿越，其顶面至面板底面的距离小于 1 200 mm 时，在构造物两侧各 $1.5h + 1.5$ m 且不小于 4 m 的范围内，混凝土面板内应设单层钢筋网，钢筋网设在距板层顶面 1/4~1/3 厚度处。钢筋尺寸、间距及传力杆接缝设置与箱形构造物相同。

3) 混凝土路面与桥梁相接。混凝土路面与桥梁相接，桥头设有搭板时，应在搭板与混凝土面板之间设置长 6~10 m 的钢筋混凝土面层过渡板。过渡板与搭板之间的接缝采用设拉杆平缝形式，过渡板与混凝土面板间的横缝采用设传力杆胀缝形式。膨胀量大时，应连续设置 2~3 条设传力杆胀缝。当桥梁为斜交时，钢筋混凝土板的锐角部分应采用钢筋网补强。桥头未设搭板时，宜在混凝土面板与桥台之间设置长 10~15 m 的钢筋混凝土面板，或设置混凝土预制块或沥青路面过渡段，其长度应不小于 8 m。

4) 混凝土路面与沥青路面相接。混凝土路面与沥青路面相接时，其间应设置不小于 3 m 长的过渡段。过渡段的路面采用两种路面呈阶梯状叠合布置，其下面铺设的变厚度混凝土过渡板的厚度不得小于 200 mm。

过渡板与混凝土面层相接处的接缝内设置直径为 25 mm、长为 700 mm、间距为 400 mm 的拉杆。混凝土面层毗邻该接缝的 1~2 条横向接缝应设置胀缝。

5) 连续配筋混凝土面层与其他构造物连接。连续配筋混凝土面层与其他类型路面或构造物相连接的端部，应设置锚固结构。端部锚固结构可采用钢筋混凝土地梁或宽翼缘工字钢梁接缝等形式。钢筋混凝土地梁依据路基土的强弱宜采用 3~5 个，梁宽为 400~600 mm，梁高为 1 200~1 500 mm，间距为 5 000~6 000 mm。地梁与连续配筋混凝土面层应连成整体。宽翼缘工字钢梁的底部应锚入钢筋混凝土枕梁内，工字钢梁的尺寸、锚入深度应依据连续配筋混凝土路面厚度选择，枕梁宜长 3 000 mm、厚 200 mm。钢梁腹板与连续配筋混凝土面层端部之间应填入胀缝材料。

3. 接缝填封材料

接缝填封材料按使用性能分为接缝板和填缝料两类。胀缝接缝板应具有能适应混凝土板膨胀收缩、施工时不变形、复原率高和耐久性好等性能。其技术要求应符合表 7-7 的规定，且各类胀缝板吸水后的压缩应力不应小于不吸水时的 90%。木板应去除结疤，用沥青浸泡后木板厚度应为 20~(25±1) mm。高速公路和一级公路宜选用塑胶、泡沫橡胶板或沥青纤维板，其他等级公路可选用各种胀缝板。

表 7-7 胀缝板的技术要求

试验项目	胀缝板种类		
	木材类	塑胶、橡胶泡沫类	纤维类
压缩应力/MPa	5.0~20.0	0.2~0.6	2.0~10.0
弹性复原率/%	≥55	≥90	≥65
挤出量/mm	<5.5	<5.0	<3.0
弯曲荷载/N	100~400	0~50	5~40

填缝料应与混凝土接缝槽壁黏结牢固、回弹性好、不溶于水、不渗水、高温时不挤出、不流淌，抗嵌挤能力强，耐老化龟裂，负温拉伸量大，低温时不脆裂、耐久性好，具有一定抵抗砂石嵌入能力，便于施工操作，其技术指标应符合表7-8的规定。

表 7-8 填缝料的技术要求

填缝料类型	试验项目	低弹性型	高弹性型	常用材料
常温施工式填缝料	失黏（固化）时间/h	6~24	3~16	聚（氨）酯、硅树脂类、氯丁橡胶类、沥青橡胶类等
	弹性复原率/%	≥75	≥90	
	流动度/mm	0	0	
	（-10℃）拉伸量/mm	≥15	≥25	
	与混凝土黏结强度/MPa	≥0.2	≥0.4	
	黏结延伸率/%	≥200	≥400	
加热施工式填缝料	针入度（0.01mm）	<50	<90	沥青玛琋脂类、聚氯乙烯胶泥类、改性沥青类等
	弹性复原率/%	≥30	≥60	
	流动度/mm	<5	<2	
	（-10℃）拉伸量/mm	≥10	≥15	

注：低弹性型适宜在气候严寒、寒冷地区使用；高弹性型适宜在气候炎热、温暖地区使用。

高速公路、一级公路宜选用硅酮类、聚氨酯类填缝料，二级及二级以下公路可选用聚氨酯、橡胶沥青或改性沥青类填缝料。

7.5 水泥混凝土路面厚度设计

7.5.1 设计标准

水泥混凝土路面结构设计应以面层板在规定的设计基准期内，在规定行车荷载和温度梯度综合作用下，不产生疲劳断裂作为设计标准，并以最重轴载和最大温度梯度综合作用下，不产生极限断裂作为验算标准，极限状态设计表达式可分别采用式（7-1）和式（7-2）。

$$\gamma_r(\sigma_{pr} + \sigma_{tr}) \leq f_r \quad (7\text{-}1)$$

$$\gamma_r(\sigma_{p,\max} + \sigma_{t,\max}) \leq f_r \quad (7\text{-}2)$$

式中 σ_{pr}——面层板在临界荷位处产生的行车荷载疲劳应力（MPa）；

σ_{tr}——面层板在临界荷位处产生的温度梯度疲劳应力（MPa）；

$\sigma_{p,max}$——最重的轴载在临界荷位处产生的最大荷载应力（MPa）；

$\sigma_{t,max}$——所在地区最大温度梯度在临界荷位处产生的最大温度翘曲应力（MPa）；

γ_r——可靠度系数，依据所选目标可靠度变异水平等级及变异系数通过计算确定；

f_r——水泥混凝土弯拉强度标准值（MPa），按表7-9取值。

贫混凝土或碾压混凝土基层应以设计基准期内行车荷载不产生疲劳断裂作为设计标准。其极限状态设计表达式可采用式7-3。

$$\gamma_r \sigma_{bpr} \leqslant f_{br} \tag{7-3}$$

式中 $\gamma_r \sigma_{bpr}$——基层内产生的行车荷载疲劳应力（MPa）；

f_{br}——基层材料的弯拉强度标准值（MPa）。

水泥混凝土的设计强度以28 d龄期的弯拉强度控制，各交通等级要求的混凝土弯拉强度标准值不得低于表7-9的规定。

表7-9 水泥混凝土弯拉强度标准值表　　　　　　　　　　　　　　　MPa

交通荷载等级	极重、特重、重	中等	轻
水泥混凝土的弯拉强度标准值	≥5.0	4.5	4.0
钢纤维混凝土的弯拉强度标准值	≥6.0	5.5	5.0

7.5.2 设计参数

1. 水泥混凝土路面结构可靠度

路面结构可靠度可定义为：在规定的时间内，在规定的条件下，路面使用性能满足预定水平的概率。也可定义为：在规定的设计基准期内，在规定的交通和环境条件下，行车荷载疲劳应力和温度梯度疲劳应力的总和不超过混凝土弯拉强度的概率。各级公路水泥混凝土路面结构的设计安全等级及相应的设计基准期、目标可靠指标和目标可靠度，应符合表7-10的规定。

表7-10 可靠度设计标准

公路等级	高速	一级	二级	三级	四级
安全等级	一级		二级		三级
设计基准期/a	30	20	15		10
目标可靠度/%	95	90	85	80	70
目标可靠指标	1.64	1.28	1.04	0.84	0.52

路面使用性能包括功能性和结构性两个方面。设计基准期是指路面设计所取的使用时间。路面设计基准期并不是路面结构的使用寿命，而是指计算路面结构可靠度时所取的基准时间。

目标可靠度是所设计路面结构应具有的可靠度水平。其选取是一个工程经济问题。目标可靠度选取得较高，则设计的路面结构较厚，初期修建费用较高，但使用期间的养护费用和车辆运行费用较低；目标可靠度选取得较低，初期修建费用可降低，但使用期间养护费用和车辆运行费用会提高。

变异水平等级可通过技术经济比较确定。表 7-10 中的材料性能和结构尺寸参数的变异水平等级为建议采用的。也可按施工技术、施工质量控制和管理要求达到和可能达到的具体水平，选用其他等级。降低选用的变异水平等级，须增加混凝土面层的设计厚度；提高选用的变异水平等级，可降低混凝土路面的设计厚度或混凝土的强度。对于高速公路来说，为保证优良的行驶质量，不宜降低变异水平等级。滑模或轨道式施工机械施工，并进行严格的施工质量控制和管理的工程，可选用低变异水平等级；滑模或轨道式施工机械施工，但施工质量控制和管理较弱的工程，或采用小型机具施工，并进行严格的施工质量控制和管理的工程，可选用中低变异等级；采用小型机具施工，施工质量控制和管理较弱的工程，可选用高变异水平等级。

选定了变异水平等级，施工时就应采取相应的技术和管理措施，保证变异系数控制在相应等级的规定范围内。可靠度系数是目标可靠度、设计参数变异水平等级、变异系数的函数，是应用可靠度计算式推算得到的，见表 7-11。

表 7-11 可靠度系数表

变异水平等级	目标可靠度/%			
	95	90	85	80 ~ 70
低	1.20 ~ 1.33	1.09 ~ 1.16	1.04 ~ 1.08	—
中	1.33 ~ 1.50	1.16 ~ 1.23	1.08 ~ 1.13	1.04 ~ 1.07
高	—	1.23 ~ 1.33	1.13 ~ 1.18	1.07 ~ 1.11

注：变异系数接近表 7-11 下限时，可靠度系数取低值；接近上限时，取高值。

2. 交通参数

《公路水泥混凝土路面设计规范》（JTG D40—2011）规定，水泥混凝土路面结构设计也以 100 kN 的单轴-双轮组荷载作为标准设计轴载，并以水泥混凝土面板底面的弯拉应力为指标进行轴载换算。同时获取最重轴载和货车中占主要份额特重车型轴载。

（1）以轴型为基础的换算方法。各类车辆按轴型称重和统计时，可采用以轴型为基础的轴载当量换算系数法计算分析设计车道使用初期的设计轴载日作用次数。随机统计 3 000 辆 2 轴 6 轮及以上车辆中单轴、双轴和三联轴等不同轴型出现的单轴次数，并分别称取其单轴轴载。可按单轴轴重级位统计整理后得到轴载谱，并按式（7-4）计算确定不同轴重级位的设计轴载当量换算系数。

$$k_{p,i} = \left(\frac{P_i}{P_s}\right)^{16} \tag{7-4}$$

式中 $k_{p,i}$——不同单轴轴重级位 i 的设计轴载当量换算系数；

P_i——单轴 i 的轴重（kN）；

P_s——设计轴载的轴重（kN）。

依据单轴轴载谱和相应的设计轴载当量换算系数，可按式（7-5）计算得到设计车道使用初期的设计轴载日作用次数。

第7章 水泥混凝土路面设计

$$N_s = ADTT \frac{n}{3\,000} \sum_i (k_{p,i} \cdot P_i) \tag{7-5}$$

式中 N_s——设计车道的设计轴载日作用次数[轴次/(车道·日)];

$ADTT$——设计车道的年平均日货车交通量[辆/(车道·日)];

n——随机调查3 000辆2轴6轮以上车辆中出现的单轴总轴数;

P_i——单轴轴重级位i的频率(以分数计)。

(2) 以车辆类型为基础的换算方法。以车辆类型为基础进行各种轴型的轴载称重和统计时,可采用车辆当量轴载系数法计算分析设计车道使用初期的设计轴载日作用次数。

可将2轴6轮及以上车辆分为整车、半挂和多挂3大类,每类车再按轴数细分,分别按车型称重后得到单轴轴载谱。可由式(7-4)和式(7-6)计算得到各类车辆的设计轴载当量换算系数。

$$k_{p,k} = \sum_i k_{p,i} \cdot P_i \tag{7-6}$$

式中 $k_{p,k}$——k类车辆的设计轴载当量换算系数;

P_i——k类车辆单轴轴重级位i的频率(以分数计)。

依据调查所得的车辆类型组成数据,可按式(7-7)计算确定设计车道使用初期的设计轴载日作用次数。

$$N_s = ADTT \times \sum_k (k_{p,k} \cdot P_k) \tag{7-7}$$

式中 P_k——k类车辆的组成比例(以分数计)。

(3) 当量设计轴载累计作用次数。设计基准期内水泥混凝土路面设计车道临界荷位处所承受的设计轴载累计作用次数,可按照式(7-8)计算:

$$N_e = \frac{N_s \cdot [(1+g_r)t - 1] \times 365}{g_r} \cdot \eta \tag{7-8}$$

式中 N_e——设计基准期内设计车道所承受的设计轴载累计作用次数(轴次/车道);

t——设计基准期(年);

g_r——基准期内货车交通量的年平均增长率(以分数计);

η——临界荷位处的车辆轮迹横向分布系数,按表7-12选用。

表7-12 水泥混凝土路面轮迹横向分布系数

公路等级		纵缝边缘处
高速公路、一级公路、收费站		0.17~0.22
二级及二级以下公路	行车道宽>7 m	0.34~0.39
	行车道宽≤7 m	0.54~0.62

(4) 交通荷载分级。由于不同等级的道路承受不同的交通荷载作用,为了判别道路承受荷载的轻重,《公路水泥混凝土路面设计规范》(JTG D40—2011)也进行了交荷载等级的划分。

水泥混凝土路面设计车道在设计基准期内所承受的交通荷载作用,按设计基准期内设计车道临界荷位处所承受的设计轴载累计作用次数分为5级,分级范围见表7-13。

表 7-13 水泥混凝土路面交通荷载分级

交通荷载等级	极重	特重	重	中等	轻
设计基准期内设计车道承受设计轴载（100 kN）累计作用次数 $N_e/\times 10^4$	$>1\times 10^6$	$1\times 10^6 \sim 2\,000$	$2\,000 \sim 100$	$100 \sim 3$	<3

3. 材料参数

水泥混凝土路面设计过程中所需的水泥混凝土强度和弹性模量可参考表 7-14 取用。

表 7-14 水泥混凝土强度和弹性模量参考值 MPa

弯拉强度	1.5	2.0	2.5	3.0	3.5	4.0	4.5	5.0	5.5
抗压强度	7	11	15	20	25	30	36	42	49
抗拉强度	0.89	1.21	1.53	1.86	2.20	2.54	2.85	3.22	3.55
弹性模量	15	18	21	23	25	27	29	31	33

当采用粒料类基层和底基层时，材料回弹模量值应采用重复加载的单轴压缩试验测定，或参考表 7-15 取用。

表 7-15 粒料类基层和底基层材料回弹模量参考值 MPa

材料类型	取值范围	代表值	材料类型	取值范围	代表值
级配碎石（基层）	200~400	300	级配砾石（基层）	150~300	250
级配碎石（底基层）	180~250	220	级配砾石（底基层）	150~220	190
未筛分碎石	180~220	200	天然砂砾	105~135	120

当采用无机结合料类基层和底基层时，材料弹性模量值应采用单轴压缩试验测定，水泥稳定类材料试件期 90 d，石灰稳定类材料试件龄期 180 d，或参考表 7-16 取用。应用时需要经湿度系数（表 7-17）进行调整。

表 7-16 无机结合料类基层和底基层材料弹性模量参考值

材料类型	7 d 浸水抗压强度	试件模量	收缩开裂后模量	疲劳破坏后模量
水泥稳定类	3.0~6.0	3 000~14 000	2 000~2 500	300~500
	1.5~3.0	2 000~10 000	1 000~2 000	200~400
石灰、粉煤灰稳定类	≥0.8	3 000~14 000	2 000~2 500	300~500
	0.5~0.8	2 000~10 000	1 000~2 000	200~400
石灰稳定类	≥0.8	2 000~4 000	800~2 000	100~300
	0.5~0.8	1 000~2 000	400~1 000	50~200
开级配水泥稳定碎石（CTPB）	≥4.0	1 300~1 700		—

水泥混凝土路面设计过程中所需的路基回弹模量应通过重复加载的三轴压缩试验确定，或查表 7-17 取用，应用时需经湿度系数（表 7-18）进行调整。

第7章 水泥混凝土路面设计

表 7-17 路基回弹模量参考值 MPa

土组	取值范围	代表值	土组	取值范围	代表值
级配良好砾（GW）	240~290	250	含细粒土砂（SF）	80~160	120
级配不良砾（GP）	170~240	190	粉土质砂（SM）	120~190	150
含细粒土砾（GF）	120~240	180	黏土质砂（SC）	80~120	100
粉土质砾（GM）	160~270	220	低液限粉土（ML）	70~110	90
黏土质砾（GC）	120~190	150	低液限黏土（CL）	50~100	70
级配良好砂（SW）	120~190	150	高液限粉土（MH）	30~70	50
级配不良砂（SP）	100~160	130	高液限黏土（CH）	20~50	30

注：1. 对于砾和砂，D_{60}（通过率为60%时的颗粒粒径）大时，模量取高值；D_{60} 小时，模量取低值。
  2. 对于其他含细粒的土组，小于0.075 mm颗粒含量大和塑性指数高时，模量取低值；反之，模量取高值。

表 7-18 路基回弹模量湿度调整系数

土组	路床顶距地下水位的距离/m					
	1.0	1.5	2.0	2.5	3.0	4.0
细粒质砾（GF）、土质砾（GM、GC）	0.81~0.88	0.86~1.00	0.91~1.00	0.96~1.00	—	—
细粒质砂（SF）、土质砂（SM、SC）	0.80~0.86	0.83~0.97	0.87~1.00	0.90~1.00	0.94~1.00	—
低液限粉土（ML）	0.71~0.74	0.75~0.81	0.78~0.89	0.82~0.97	0.86~1.00	0.94~1.00
低液限黏土（CL）	0.70~0.73	0.72~0.80	0.74~0.88	0.75~0.95	0.77~1.00	0.81~1.00
高液限粉土（MH）、高液限黏土（CH）	0.70~0.71	0.71~0.75	0.72~0.78	0.73~0.82	0.73~0.86	0.74~0.94

注：1. 小于0.075 mm颗粒含量大和塑性指数高时，调整系数取低值；反之，调整系数取高值。
  2. 当表中调整系数最大值为1.00时，调整系数取高值。

4. 温度梯度

根据公路所在地的公路自然区划，按表7-19选用混凝土面层的最大温度梯度标准值。

表 7-19 最大温度梯度标准值

公路自然区划	Ⅱ、Ⅴ	Ⅲ	Ⅳ、Ⅵ	Ⅶ
最大温度梯度/（℃·m^{-1}）	83~88	90~95	86~92	93~98

注：海拔高时，取高值；湿度大时，取低值。

7.5.3 混凝土板应力分析与厚度计算

按基层和面层的类型和组合的不同，路面结构分析可分别采用下述力学模型：

（1）弹性地基单层板模型——适用于粒料基层上的混凝土面层，旧沥青路面加铺混凝土面层，面层板底面以下部分按弹性地基处理。

(2) 弹性地基双层板模型——适用于无机结合料类基层或沥青类基层上混凝土面层,旧混凝土路面上加铺分离式混凝土面层,面层和基层或者新旧面层作为双层板,基层底面以下或者旧面层底面以下部分按弹性地基处理。

(3) 复合板模型——适用于两层不同性能材料组成的面层或基层复合板,旧混凝土路面上加铺结合式混凝土面层,两层不同性能材料组成的层间黏结的面层,作为弹性地基上的单层板或弹性地基上双层板的上层板;无机结合料类基层或沥青类基层与无机结合料类底基层组成的基层,作为弹性地基上双层板的下层板。

为了简化计算,通常选取使面板内产生最大应力或最大疲劳损伤的一个荷载位置作为应力计算时的临界荷位。由于现行设计规范采用疲劳断裂作为设计标准,选择临界荷位时应以产生最大疲劳作用的疲劳方程分析具有不同接缝传荷能力的混凝土路面的疲劳损伤,得出其临界荷位在纵缝边缘中部。双层板模型计算时,其基层板的临界荷位与面层板相同。

1. 弹性地基的综合回弹模量

水泥混凝土路面结构分析应采用弹性地基板体理论。除粒料类基层外,其他各类基层与混凝土面层应按分离式双层板模型进行结构分析。粒料类基层及各类底基层和功能层,应与路基一起视为多层弹性地基,以地基顶面的当量回弹模量表征。

(1) 新建公路的板底地基当量回弹模量 E_t 应按式(7-9)计算。

$$E_t = \left(\frac{E_x}{E_0}\right)^\alpha E_0 \tag{7-9}$$

$$\alpha = 0.86 + 0.26\ln h_x \tag{7-10}$$

$$E_x = \frac{\sum_{i=1}^{n}(h_i^2 E_i)}{\sum_{i=1}^{n} h_i^2} \tag{7-11}$$

$$h_x = \sum_{i=1}^{n} h_i \tag{7-12}$$

式中 E_0——路床顶综合回弹模量(MPa);

α——与粒料层总厚度 h_x 有关的回归系数,按式(7-10)计算;

E_x——粒料层的当量回弹模量(MPa),按式(7-11)计算;

h_x——粒料层的总厚度(m),按式(7-12)计算;

n——粒料层的层数;

E_i、h_i——第 i 结构层的回弹模量(MPa)与厚度(m)。

(2) 在旧沥青混凝土路面上铺筑水泥混凝土面层时,原沥青混凝土路面顶面的地基综合当量回弹模量 E_t 可根据落锤式弯沉仪(荷载50 kN、承载板半径150 mm)的中心点弯沉的测定结果,按式(7-13)计算确定;或根据贝克曼梁(后轴重100 kN的车辆)的弯沉测定结果,按式(7-14)计算确定。

$$E_t = 18\,621/\omega_0 \tag{7-13}$$

$$E_t = 13\,739\omega_0^{-1.04} \tag{7-14}$$

$$\omega_0 = \overline{\omega} + 1.04 s_w \tag{7-15}$$

式中　ω_0——路段代表弯沉值（0.01 mm），按式（7-15）；

　　　$\overline{\omega}$——路段弯沉平均值（0.01 mm）；

　　　s_w——路段弯沉的标准差（0.01 mm）。

2. 弹性地基单层板

（1）弹性地基单层板荷载应力。

1）设计轴载的荷载疲劳应力。设计轴载在四边自由板临界荷位处产生的荷载疲劳应力 σ_{pr} 应按式（7-16）计算。

$$\sigma_{pr} = k_r k_f k_c \sigma_{ps} \tag{7-16}$$

式中　σ_{pr}——设计轴载在面层板临界荷位处产生的荷载疲劳应力（MPa）；

　　　σ_{ps}——设计轴载在四边自由板临界荷位处产生的荷载应力（MPa），按式（7-19）计算；

　　　k_r——考虑接缝传荷能力的应力折减系数，采用混凝土路肩时，$k_r = 0.87 \sim 0.92$（路肩面层与路面面层等厚时取低值，减薄时取高值）；采用柔性路肩或土路肩时，$k_r = 1$；

　　　k_f——考虑设计基准期内荷载应力累计疲劳作用的疲劳应力系数，可按式（7-17）计算；

　　　k_c——考虑计算理论与实际差异以及动载等因素影响的综合系数，按公路等级查表7-20确定。

表 7-20　综合系数 k_c

公路等级	高速公路	一级公路	二级公路	三、四级公路
k_c	1.15	1.10	1.05	1.00

$$k_f = N_e^\lambda \tag{7-17}$$

式中　N_e——设计基准期内设计轴载累计作用次数；

　　　λ——材料疲劳指数，普通混凝土、钢筋混凝土、连续配筋混凝土，$\lambda = 0.057$；碾压混凝土和贫混凝土，$\lambda = 0.065$；钢纤维混凝土，按式（7-18）计算。

$$\lambda = 0.053 - 0.017 p_f \frac{l_f}{d_f} \tag{7-18}$$

式中　p_f——钢纤维的体积率（%）；

　　　l_f——钢纤维的长度（mm）；

　　　d_f——钢纤维的直径（mm）。

设计轴载在四边自由板临界荷位处产生的荷载应力 σ_{ps} 按公式（7-19）计算：

$$\sigma_{ps} = 1.47 \times 10^{-3} r^{0.70} h_e^{-2} P_s^{0.94} \tag{7-19}$$

$$r = 1.21 \left(\frac{D_c}{E_t}\right)^{\frac{1}{3}} \tag{7-20}$$

$$D_c = \frac{E_c h_c^3}{12(-v_c^2)} \tag{7-21}$$

式中　σ_{ps}——设计轴载在四边自由板临界荷位处产生的荷载应力（MPa）；

　　　P_s——设计轴载的单轴重（kN）；

h_c、E_c、v_c——混凝土面层板的厚度（m）、弯拉弹性模量（MPa）和泊松比；

r——混凝土面层板的相对刚度半径（m），按式（7-20）计算；

D_c——混凝土面层板的截面弯曲刚度（MN·m），按式（7-21）计算；

E_t——板底地基当量回弹模量（MPa）。

2）最重轴载的最大荷载应力。最重轴载在面层板临界荷位处产生的最大荷载应力，应按式（7-22）计算。

$$\sigma_{p,max} = k_r k_c \sigma_{pm} \tag{7-22}$$

式中 $\sigma_{p,max}$——最重轴载 p_m 在面层板临界荷位处产生的最大荷载应力（MPa）；

σ_{pm}——最重轴载 p_m 在四边自由板临界荷位处产生的最大荷载应力（MPa），按（7-19）计算，式中的设计轴载 P_s 改为最重轴载 P_m（以单轴计，kN）。

（2）弹性地基单层板温度疲劳应力。温度应力在面层板临界荷位处产生的温度疲劳应力应按式（7-23）计算。

$$\sigma_{tr} = k_t \sigma_{t,max} \tag{7-23}$$

式中 σ_{tr}——面层板临界荷位处的温度疲劳应力（MPa）；

$\sigma_{t,max}$——最大温度梯度时面层板产生的最大温度应力（MPa），按式（7-24）确定；

k_t——考虑温度应力累计疲劳应力作用的温度疲劳应力系数，按式（7-28）确定。

最大温度梯度时混凝土面层板最大温度应力 $\sigma_{t,max}$ 应按式（7-24）计算。

$$\sigma_{t,max} = \frac{\alpha_c E_c h_c T_g}{2} B_L \tag{7-24}$$

式中 α_c——混凝土的线膨胀系数，根据粗集料的岩性特征确定，通常可取 $10 \times 10^{-6}/℃$；

T_g——公路所在地 50 年一遇的最大温度梯度，查表 7-19 取用；

B_L——综合温度翘曲应力和内应力的温度应力系数，按式（7-25）确定。

$$B_L = 1.77^{-4.48h_c} C_L - 0.131(1 - C_L) \tag{7-25}$$

$$C_L = 1 - \frac{\sinh t \cos t + \cosh t \sin t}{\cos t \sin t + \sinh t \cosh t} \tag{7-26}$$

$$t = \frac{L}{3r} \tag{7-27}$$

式中 C_L——混凝土面层板的温度翘曲应力系数，按式（7-20）计算；

L——面层板的横缝间距，即板长（m）；

r——面层板的相对刚度半径（m）。

温度疲劳应力系数 k_t 应按式（7-32）计算。

$$k_t = \frac{f_r}{\sigma_{t,max}} \left[\alpha_t \left(\frac{\sigma_{t,max}}{f_r} \right)^{b_t} - c_t \right] \tag{7-28}$$

式中 a_t、b_t、c_t——回归系数，按所在地区的公路自然区划查表 7-21 确定。

表 7-21 回归系数 a_t、b_t 和 c_t

系数	公路自然区划					
	Ⅱ	Ⅲ	Ⅳ	Ⅴ	Ⅵ	Ⅶ
a_t	0.828	0.855	0.841	0.871	0.837	0.834

续表

系数	公路自然区划					
	II	III	IV	V	VI	VII
b_t	1.323	1.355	1.323	1.287	1.382	1.270
c_t	0.041	0.041	0.058	0.071	0.038	0.052

3. 弹性地基分离式双层板

采用贫混凝土或碾压混凝土作基层时，需要验算基层的荷载疲劳应力是否超过材料能力。

采用其他材料作基层时，与前述弹性地基单层板理论相比，虽在计算中考虑了基层刚度大时的影响，但无需考虑基层的极限状态，也就无需针对基层计算其各自应力，在选用公式进行实际计算时需加以注意。

（1）弹性地基双层板荷载应力。

1）面层板或上面层板的荷载疲劳应力 σ_{pr} 应按式（7-16）计算。其中，荷载疲劳应力系数、应力折减系数 k_r 和综合系数 k_c 的确定方法，与单层板的相同；设计轴载 P_s 在上层板临界荷位处产生的荷载应力 σ_{ps} 应按式（7-29）确定。

$$\sigma_{ps} = \frac{1.45 \times 10^{-3}}{1 + D_b/D_c} r_g^{0.65} h_c^{-0.2} P_s^{0.94} \tag{7-29}$$

$$D_b = \frac{E_b h_b^3}{12(1 - v_b^2)} \tag{7-30}$$

$$r_g = 1.21 \left[(D_c + D_b)/E_t \right]^{1/3} \tag{7-31}$$

式中 D_b ——下层板的截面弯曲刚度（MN·m），按式（7-30）计算；

$h_b、E_b、v_b$ ——下层板的厚度（m）、弯拉弹性模量（MPa）和泊松比；

r_g ——双层板的总相对刚度半径（m），按式（7-31）计算；

$h_c、D_c$ ——上层板的厚度（m）和截面弯曲刚度（MN/m），D_c 按式（7-21）计算。

2）下层板在临界荷载位处产生的荷载应力 σ_{bbr}。贫混凝土或压碾压混凝土基层板或者下面层板的荷载疲劳应力，应按式（7-32）计算。其中，疲劳应力系数 k_f 和综合系数 k_c 的确定方法与单层板的确定方法相同；设计轴载 P_s 在下层板临界荷位处产生的荷载应力按式（7-33）计算。

$$\sigma_{bbr} = k_f k_c \sigma_{bps} \tag{7-32}$$

$$\sigma_{bps} = \frac{1.41 \times 10^{-3}}{1 + D_c/D_b} r_g^{0.68} h_b^{-2} P_s^{0.94} \tag{7-33}$$

式中 σ_{bbr} ——下层板的荷载疲劳应力（MPa）；

σ_{bps} ——设计轴载 P_s 在下层板临界荷位处产生的荷载应力（MPa）。

3）上层板最大荷载应力。最重轴载在上层板临界荷位处产生的最大荷载应力应按式（7-16）计算。其中，应力折减系数和综合系数应按《公路水泥混凝土路面设计规范》（JTG D40—2011）B.2.1条确定；最重轴载在四边自由板临界荷位处产生的最大荷载应力应按式（7-29）计算，式中的设计轴载改为最重轴载以单轴计。

4）下层板最大荷载应力。下层板在最重轴载作用下的最大荷载应力 $\sigma_{p,max}$ 计算公式与弹性地基单层板相同，其中的两个修正系数 k_r、k_c 的取值也相同。

（2）弹性地基双层板温度应力。上层板的温度疲劳应力 σ_{tr}、最大温度翘曲应力 $\sigma_{t,max}$、综合温度翘曲应力和内应力作用的温度应力系数 B_L 的计算式，与单层板的相同。但式中的温度翘曲应力系数 C_L 应按式（7-34）确定。下层板的温度疲劳应力不需计算分析。

$$C_L = 1 - \left(\frac{1}{1+\xi}\right)\frac{\sinh t \cos t + \cosh t \sin t}{\cos t \sin t + \sinh t \cosh t} \quad (7-34)$$

$$t = \frac{L}{3r_g} \quad (7-35)$$

上层板的温度翘曲应力系数 C_L 应按式（7-34）计算。

$$\xi = -\frac{(k_n r_g^4 - D_c) r_\beta^3}{(k_n r_\beta^4 - D_c) r_g^3} \quad (7-36)$$

$$r_\beta = \left(\frac{D_c D_b}{(D_c + D_b) k_n}\right)^{\frac{1}{4}} \quad (7-37)$$

$$k_n = \frac{1}{2}\left(\frac{h_c}{E_c} + \frac{h_b}{E_b}\right)^{-1} \quad (7-38)$$

式中 ξ——与双层板结构有关的参数，按式（7-36）计算；

r_β——层间接触状况参数（m），按（7-37）计算；

k_n——面层与基层之间竖向接触刚度，上下层之间不设沥青混凝土夹层或隔离层时，按式（7-38）计算；设沥青混凝土夹层或隔离层时，k_n 取 3 000 MPa/m。

下层板的温度疲劳应力不需计算分析。

4. 复合板

（1）面层复合板。

1）对 D_c 和 h_c 的修正。面层复合板的荷载疲劳应力和最大荷载应力计算，与单层板或上层板完全相同，只需用面层复合板的截面弯曲刚度 $\tilde{D}_c$ 和等效厚度 $\tilde{h}_c$ 替代单层板或上层板的弯曲刚度 D_c 和厚度 h_c 即可。板相对刚度半径 r 或 r_g 应依据面层复合板弯曲刚度 $\tilde{D}_c$ 重新计算。面层复合板弯曲刚度 $\tilde{D}_c$ 应按式（7-39）计算，等效厚度 $\tilde{h}_c$ 应按（7-40）计算。

$$\tilde{D}_c = \frac{E_{c1}h_{c1}^3 + E_{c2}h_{c2}^3}{12(1-v_{c2}^2)} + \frac{(h_{c1}+h_{c2})^2}{4(1-v_{c2}^2)}\left(\frac{1}{E_{c1}h_{c1}} + \frac{1}{E_{c2}h_{c2}}\right)^{-1} \quad (7-39)$$

$$\tilde{h}_c = 2.42\sqrt{\frac{\tilde{D}_c}{E_{c2}d_x}} \quad (7-40)$$

$$d_x = \frac{1}{2}\left[h_{c2} + \frac{E_{c1}h_{c1}(h_{c1}+h_{c2})}{E_{c1}h_{c1} + E_{c2}h_{c2}}\right] \quad (7-41)$$

式中 E_{c1}、h_{c1}——面层复合板上层的弯拉弹性模量（MPa）和厚度（m）；

E_{c2}、v_{c2}、h_{c2}——面层复合板下层的弯拉弹性模量（MPa）、泊松比和厚度（m）；

d_x——面层复合板中性轴至下层底部的距离（m），按式（7-41）计算。

2）面层复合板最大温度应力修正。面层复合板的疲劳温度应力系数与单层板相同。最大温度应力 $\sigma_{t,max}$ 应按式（7-42）计算。

$$\sigma_{t,max} = \frac{\alpha_c T_g E_{c2}(h_{c1} + h_{c2})}{2} B_L \zeta \tag{7-42}$$

$$\zeta = 1.77 - 0.27\ln\left(\frac{h_{c1}E_{c1}}{h_{c2}E_{c2}} + 18\frac{E_{c1}}{E_{c2}} - 2\frac{h_{c1}}{h_{c2}}\right) \tag{7-43}$$

式中 B_L——面层复合板的温度应力系数，计算方法与单层板模型相同，其中面层板厚度 h_c 取面层复合板的总厚度 $h_{c1} + h_{c2}$，温度翘曲应力系数 C_L，单层板时按单层模型公式计算，双层板时按双层板模型公式计算；

ζ——面层复合板的最大温度应力修正系数，按式（7-43）计算。

（2）基层复合板。基层为复合板时，有三层刚性层的情况，类似于碾压混凝土或贫混凝土基层用结合式双层板代替的情况。要在应用分离式双层板模前，对基层复合板的弯曲刚度应按式（7-44）进行修正。以弯曲刚度替代《公路水泥混凝土路面设计规范》（JTG D40—2011）B.4.1条和B.5.2条的弯曲刚度，计算双层板的荷载应力和温度应力。

$$D_{b0} = D_{b1} + D_{b2} \tag{7-44}$$

$$\sigma_{bpr} = \frac{\tilde{\sigma}_{bpr}}{1 + D_{b2}/D_{b1}} \tag{7-45}$$

式中 D_{b0}——基层复合板的弯曲刚度（MN·m）；

D_{b1}，D_{b2}——基层复合板的弯曲刚度（MN·m），分别按基层和底层的厚度 h_{b1}、h_{b2} 以及弹性模量 E_{b1} 和 E_{b2} 计算得到。

$\tilde{\sigma}_{bpr}$——按分离式双层板计算得到的基层复合板的名义荷载应力，其中以基层厚度 h_{b1} 替代式中式中基层厚度 h_b，以复合板弯曲刚度 D_{b0} 替代式中基层板弯曲刚度 D_b。

将以上基层复合板的弯曲刚度代替分离式双层板模型计算公式中的基层弯曲刚度，计算双层板的荷载应力和温度应力。

基层为贫混凝土或碾压混凝土时，复合板中基层的荷载疲劳应力 σ_{bpr} 应按式（7-45）计算。其他类型基层不需进行荷载疲劳应力计算。

7.5.4 厚度计算流程

水泥混凝土路面概率型设计方法，以路面结构的总开裂率为控制指标，以式（7-1）作为路面结构极限状态表达式。具体设计步骤如下：

（1）根据相关的设计资料，进行路面结构组合设计，初拟路面结构，包括路床、垫层、基层和面层的材料类型和厚度，并按表7-3所列的水泥混凝土面层厚度建议范围，依据交通等级、公路等级和所选变异水平等级初选混凝土板厚度。

（2）按照初拟路面结构的组合情况，选择相应的结构分析模型。

（3）参照图7-9所示的混凝土板厚度计算流程，分别计算混凝土面层板（单层板或双层板的面层板）的最大轴载产生的最大荷载应力、设计轴载产生的荷载疲劳应力、最大温度梯度产生的最大温度应力和温度疲劳应力。

（4）当荷载疲劳应力同温度疲劳应力之和与可靠度系数的乘积，小于且接近于混凝土弯拉强度标准值，同时，最大荷载应力同最大温度应力之和与可靠度系数的乘积，小于混凝土弯拉强度标准值,即满足式(7-1)和式(7-2)的要求时,则初选厚度可作为混凝土板的计算厚度。

(5)贫混凝土或碾压混凝土基层或者双层板的下面层,需要计算其荷载疲劳应力,并验算荷载疲劳应力与可靠度系数的乘积是否小于其材料的弯拉强度标准值。

如不能同时满足式(7-1)~式(7-3)应改选混凝土板厚度或(和)调整基层类型或(和)厚度,重新计算,直到满足式(7-1)~式(7-3)为止。

设计厚度加 6 mm 磨损厚度后,应按 10 mm 向上取整,作为路面的设计厚度。

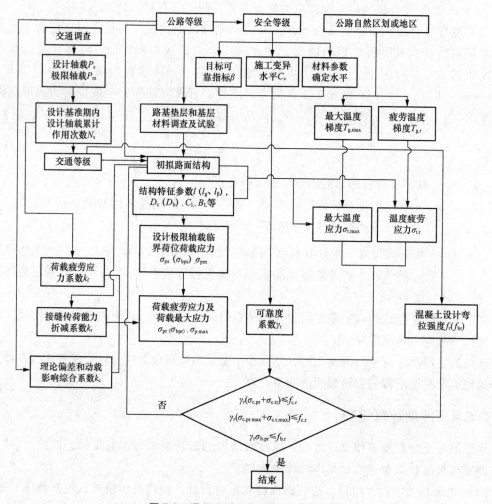

图 7-9 混凝土路面板厚度计算流程图

7.6 水泥混凝土路面加铺层设计

加铺层设计工作包括旧路面结构损坏状况调查和评定、加铺层方案确定、旧路面结构参数的确定以及加铺层厚度的计算。当原有路面需要提高等级时,对不符合技术标准的路段应进行线形改善,改线路段应按新建路面设计。

7.6.1 路面结构状况评定及加铺层方案

在加铺层设计之前,必须对旧混凝土路面进行全面技术调查,其主要内容如下:
(1) 公路修建和养护技术资料:路面结构和材料组成、接缝构造及养护历史等;
(2) 路面损坏状况:损坏类型、轻重程度、范围及修补措施等;
(3) 路面结构强度:路表弯沉、接缝传荷能力、板底脱空状况、面层厚度和混凝土强度等;
(4) 已承受的交通荷载及预计的交通需求:交通量、轴载组成及增长率等;
(5) 环境条件:沿线气候条件、地下水水位以及路基和路面的排水状况等;
(6) 桥隧净空:沿线跨线桥及隧道的净空要求等。

1. 路面损坏状况

旧混凝土路面损坏状况采用断板率和平均错台量两项指标来评定。断板率的调查和计算可按现行《公路水泥混凝土路面养护技术规范》(JTJ 073.1—2001) 进行,记录调查路段内不同轻重等级的各种断板块数,并以断板块数占调查路段总板块数的百分率表示断板率。

错台调查宜采用错台仪量测接缝两侧板边的高程差,量测点的位置在错台严重车道右侧边缘内 300 mm 处,以调查路段内各条接缝高程差的平均值表示该路段的平均错台量。设备条件不具备时,也可采用角尺进行量测,但精度难以保证。

根据调查路段内断板率和平均错台量,可以评定路面损坏状况的轻重程度等级,供决策养护和改建措施时参考。路面损坏状况评级标准见表 7-22。

对于断板率较低的高速公路和一级公路,应采用断板率和平均错台量两项评定指标。对于断板率较高的其他等级公路,当错台病害对行车安全和行驶质量的影响并非主要因素时,可仅采用断板率作为评定指标。当两项指标不一致时,以最不利指标作为最终评定等级。

表 7-22 路面损坏状况分级标准

等级	优良	中	次	差
断板率/%	≤5	5~10	10~20	>20
平均错台量/mm	≤3	3~7	7~12	>12

旧混凝土面层板的接缝传荷能力采用弯沉测试法调查评定。弯沉测试采用落锤式弯沉仪。测定接缝传荷能力的试验荷载应接近于设计轴载的一侧轮载(50 kN),将荷载施加在邻近接缝的路面表面,实测接缝两侧边缘的弯沉值。按式(7-46)计算接缝传荷系数。

$$k_j = \frac{\omega_u}{\omega_1} \times 100\% \quad (7\text{-}46)$$

式中 k_j——接缝传荷系数(%);
ω_u——未受荷板接缝边缘处的弯沉值(0.01 mm);
ω_1——受荷板接缝边缘处的弯沉值(0.01 mm)。

根据调查路段内接缝的传荷系数测定结果,评定路面接缝的平均传荷能力(表 7-23)。

表 7-23 接缝传荷能力分级标准

等级	优良	中	次	差
接缝传荷系数/%	≥80	60~80	40~60	<40

板底脱空的调查可根据面层板角隅处的多级荷载弯沉测试结果，并综合考虑唧泥和错台发展程度及接缝传荷能力进行判别，也可采用雷达、声波检测仪器检测底板脱空状况。

2. 加铺层方案的选择

加铺层应根据使用要求及旧混凝土路面的状况，选用分离式或结合式水泥混凝土加铺结构，或沥青混凝土加铺结构，经技术经济比较后选定。加铺层结构类型的确定原则如下：

（1）当旧混凝土路面的损坏状况和接缝传荷能力评定等级为优良，面层板的平面尺寸及接缝布置合理，路拱横坡符合要求时，可采用结合式混凝土加铺层方案、分离式混凝土加铺方案或沥青混凝土加铺方案。

（2）当旧混凝土路面的损坏状况和接缝传荷能力评定等级为中等以上时，或者新旧混凝土板的平面尺寸不同、接缝形式或位置不对应或路拱横坡不一致时，应采用分离式混凝土加铺层或沥青混凝土加铺方案。

（3）当旧混凝土路面的损坏状况和接缝传荷能力评定等级为次等以上时，可采用沥青混凝土加铺层方案。

加铺时必须对旧水泥混凝土路面进行处治，应更换破碎板、修补和填封裂缝，压浆填封板底脱空，磨平错台，清除旧混凝土面层表面的松散碎屑、油迹或轮胎擦痕，剔除接缝中失效的填缝料和杂物，并重新封缝。

加铺时，对于检测有明显板底脱空的路段，应采用压浆材料填封板底脱空，浆体材料应具备流动性好、早期强度高、无离析、无泌水、无收缩等特性。

当旧水泥混凝土面层损坏情况严重时，宜选用打裂压稳方案或碎石化方案处治旧混凝土路面。根据公路等级和交通状况，将处治后的旧路面用作改建路面的基层或底基层。打裂压稳方案，打裂后应使75%以上的旧混凝土板产生不规则开裂，相邻裂缝形成的块状面积为0.4~0.6 m；碎石化方案，破碎后75%以上的旧混凝土板破碎成最大尺寸小于400 mm的颗粒。

7.6.2 旧混凝土路面结构参数的确定

旧混凝土路面结构参数是通过钻孔取样和弯沉或承载板等测试手段，取得混凝土板的厚度、弯拉强度和模量、基层顶面的综合回弹模量等有关设计参数，为加铺层厚度计算做准备。

1. 旧混凝土面层厚度

根据钻孔取出的圆柱形试件的高度，按（7-47）计算旧混凝土面层厚度：

$$h_e = \bar{h}_e - 1.04 s_h \qquad (7-47)$$

式中 h_e ——旧混凝土面层测厚度的标准值（mm）；

$\bar{h}_e$ ——旧混凝土面层测厚度的均值（mm）；

s_h ——旧混凝土面层厚度量测值标准差（mm）。

2. 旧混凝土面层弯拉强度

旧混凝土弯拉强度可采用钻孔芯样的劈裂试验测定结果，通过劈裂强度与弯拉强度的关系式（7-48）和式（7-49）计算确定旧混凝土弯拉强度标准值和旧混凝土劈裂强度标准值：

$$f_r = 1.87 f_{sp}^{0.87} \tag{7-48}$$

$$f_{sp} = \bar{f}_{sp} - 1.04 s_{sp} \tag{7-49}$$

式中 f_r——旧混凝土的弯拉强度标准值（MPa）；

f_{sp}——旧混凝土的劈裂强度标准值（MPa）；

$\bar{f}_{sp}$——旧混凝土的劈裂强度测定值的均值（MPa）；

s_{sp}——旧混凝土的劈裂强度测定值的标准差（MPa）。

3. 旧混凝土弯拉弹性模量

旧混凝土面层的弯拉弹性模量标准值采用式（7-50）计算确定：

$$E_c = \frac{10^4}{0.09 + \dfrac{0.96}{f_r}} \tag{7-50}$$

式中 E_c——旧混凝土的弯拉弹性模量标准值（MPa）；

f_r——旧混凝土面层的弯拉强度标准值（MPa）。

4. 旧混凝土路面基层顶面的当量回弹模量

旧混凝土路面基层顶面的当量回弹模量标准值，宜采用落锤式弯沉仪（标准荷载 100 kN 处、承载板半径 150 mm）测量板中荷载作用下的弯沉曲线，按式（7-51）确定：

$$E_t = 100 e^{3.60 + 24.03\omega_0^{-0.57} - 15.63 SI^{0.222}} \tag{7-51}$$

$$SI = \frac{1}{\omega_0}(\omega_0 + \omega_{300} + \omega_{600} + \omega_{900}) \tag{7-52}$$

式中 E_t——基层顶面的当量回弹模量标准值（MPa）；

SI——路面结构的荷载扩散系数，由式（7-52）确定；

ω_0、ω_{300}、ω_{600}、ω_{900}——距离荷载中心 0 mm、300 mm、600 mm 和 900 mm 处的计算回弹弯沉值（0.01 mm）。

当采用落锤式弯沉仪的条件受到限制时，也可选择在清除断裂混凝土板后的基层顶面进行梁式弯沉测量后反算，或根据基层钻芯的材料组成及性能情况依经验确定。

7.6.3 水泥混凝土加铺层结构设计

根据加铺层与旧混凝土面层结合方式的不同，混凝土加铺层可分为分离式和结合式两种结构形式。

1. 分离式

在旧混凝土面层与加铺层之间应设置隔离层，隔离层材料可选用沥青混凝土，隔离层的厚度不宜小于 40 mm。加铺层的接缝形式和位置，应按新建混凝土面层的要求布置。普通混凝土、钢筋混凝土、连续配筋混凝土加铺层的厚度不宜小于 180 mm，钢纤维混凝土加铺层的厚度不宜小于 140 mm。

加铺层和旧混凝土面层应力分析,应按分离式双层板进行,旧混凝土板的厚度、混凝土的弯拉强度和弹性模量标准及基层顶面当量回弹模量标准值,按确定旧混凝土路面结构参数的方法确定,加铺层混凝土的弯拉强度标准值应符合表7-19,加铺层的厚度,应按加铺层和旧混凝土板的应力满足式(7-1)与式(7-2)设计。

2. 结合式

结合式加铺层铺筑前宜采用铣刨、喷射高压水或钢珠、酸蚀等方法,凿毛清理混凝土面层表面,并在清理后的表面涂敷黏结剂,使加铺层与旧混凝土面层结成整体结合式加铺层厚度不宜小于80 mm。加铺层的接缝形式和位置应与旧混凝土面层的接缝完全对应和对齐,加铺层内可以不设拉杆和传力杆。

加铺层和旧混凝土面层应力分析,应按结合式双层板进行,旧混凝土板的厚度、混凝土的弯拉强度和弹性模量标准以及基层顶面当量回弹模量标准值,应采用旧混凝土路面实测值,按旧混凝土路面结构参数的方法确定,确定加铺的设计厚度,旧混凝土板的应力应满足式(7-1)与式(7-2)。

(1)沥青加铺层的结构。沥青加铺层可设单层或双层沥青面层,至少有一层采用密级配沥青混合料,可根据需要设置调平层,在路面边缘宜设置内部排水系统。沥青加铺层与原水泥混凝土面板之间宜洒布改性沥青,加强层间结合,避免层间滑移

可以根据气温、荷载、旧混凝土路面承载能力、接缝传荷能力采取增加沥青加铺层厚度,在加铺层中掺加纤维和橡胶沥青等改性剂,在旧水泥混凝土板顶面或加铺层内设置应力吸收层、聚酯玻纤布或土工织物夹层等措施减缓反射裂缝。

沥青加铺层下层采用大粒径沥青碎石,沥青加铺层厚度应兼顾混合料的公称最大粒径相匹配和减缓反射裂缝要求来确定。高速公路和一级公路的最小厚度宜为100 mm,其他等级公路的最小厚度宜为80 mm。

(2)应力分析。加铺层下旧混凝土面层应力分析中,混凝土板是主要承载层,其作用类似于普通混凝土面层。通过对有沥青上面层的混凝土板的分析,得出了荷载应力与温度应力的修正公式及有关计算系数,并绘制出计算曲线图。计算时,应先求沥青上面层的混凝土板的应力,之后再考虑沥青上面层的影响,从而得到沥青上面层的混凝土板的荷载应力和温度应力。

旧混凝土板的厚度、混凝土的弯拉强度和弹性模量标准及基层顶面当量回弹模量标准值,应采用旧混凝土路面实测值,按确定旧混凝土路面结构参数的方法确定,旧混凝土板的应力应满足式(7-1)与式(7-2)。

7.6.4 旧沥青路面加铺水泥混凝土路面

旧沥青路面可采用水泥混凝土加铺层。加铺层铺筑前应对较严重的车辙、拥包进行铣刨,对坑槽和网裂较严重的路段进行补强,在旧沥青面层与水泥混凝土加铺层之间设置调平层。调平材料可选用沥青混凝土。普通混凝土、钢筋混凝土、连续配筋混凝土加铺层的厚度不宜小于180 mm,钢纤维混凝土加铺层的厚度不宜小于140 mm。

旧沥青路面顶面当量回弹性模量可按《公路水泥混凝土路面设计规范》(JTG D40—2011)规定计算确定,并按照新建水泥混凝土路面进行加铺层设计,超薄水泥混凝土加铺层

的厚度宜为 80~130 m,面板平面尺寸宜为 2.5 m×1.0 m,切缝深度宜为面层板厚的 1/4~1/3,缝宽宜为 3~5 mm,无须封缝。

7.7 水泥混凝土路面设计示例

1. 基本资料

该道路基本资料同上沥青路面设计基本资料,不予重复。本道路路段路基土为Ⅲ区黄土地质,土基的回弹模量取值为 60 MPa。

2. 交通量分析

交通组成见表 7-24,交通量年增长率为 6%。设计基准期年限为 20 年。车道系数为 1,方向系数取 0.55。

表 7-24 交通组成与交通量及车辆路面设计参数

序号	车型名称	前轴重/kN	后轴重/kN	后轴数	后轴轮组数	后轴距	交通量/(次·日$^{-1}$)
①	江淮 HF150	45.1	101.5	1	双	—	200
②	黄河 JN360	50	110	2	双	<3m	200
③	解放 CA150	28.7	68.2	1	双	—	700
④	三菱 T653B	29.3	48	1	双	—	600
⑥	宇通 ZK6876H	30	55	1	双	—	100
⑦	小客车	—	—	1	单	—	800

3. 设计轴载

(1) 水泥混凝土路面的轴载换算:

$$N_s = \sum_{i=1}^{n} \delta_i N_i \left(\frac{P_i}{P_s}\right)^{16} \tag{7-53}$$

式中 P_s——设计轴载重(kN);

n——各种轴型的轴载级位数;

N_i——i 级轴载作用次数;

δ_i——轮型系数。

单轴-双轮组时,$\delta_i = 1$;单轴-单轮时,$\delta_i = 2.22 \times 10^3 \times P_i^{-0.43}$;

双轴-双轮组时,按式 $\delta_i = 1.07 \times 10^{-5} P_i^{-0.22}$ 计算。

根据式(7-53)对本设计混凝土路面进行轴载换算,可以得到交通轴载换算表(表 7-25)。

由以上计算式得:$N_s = 256.860$。

累计标准轴载作用次数:

$$N_e = \frac{N_s \times [(1+\gamma)^t - 1]}{\gamma} \times 365 \times \eta \tag{7-54}$$

式中 N_e——标准轴载累计当量作用次数;

t——设计年限(年),二级公路为 20 年;

γ——交通量年平均增长率，取用值为6%；

η——轮迹横向分布系数，取0.55。

表7-25 交通组成轴载换算

车型	轴位	轴重	轴数	轮组数	δ_i	N_e	$\delta_i N_i \left(\dfrac{P_i}{100}\right)^{16}$
江淮 HF150	前轴	45.1	1	单	$2.22 \times 10^3 \times 45.1^{-0.43}$	200	0.253
	后轴	101.5	1	双	1	200	253.798
黄河 JN360	前轴	50	1	单	$2.22 \times 10^3 \times 50^{-0.43}$	200	1.260
	后轴	110	2	双	$1.07 \times 10^{-5} \times 220^{-0.22}$	200	0.003 50
解放 CA150	前轴	28.7	1	单	$2.22 \times 10^3 \times 28.7^{-0.43}$	700	0
	后轴	68.2	1	双	1	700	1.533
三菱 T653B	前轴	29.3	1	单	$2.22 \times 10^3 \times 29.3^{-0.43}$	600	0
	后轴	48	1	双	1	600	0.004 76
宇通 ZK6876H	前轴	30	1	单	$2.22 \times 10^3 \times 30^{-0.43}$	100	0
	后轴	55	1	双	1	100	0.007 01
			$N_s = \sum\limits_{i=1}^{n} \delta_i N_i \left(\dfrac{P_i}{100}\right)^{16}$				256.860

代入公式得

$$N_e = \frac{N_s \times [(1+\gamma)^t - 1]}{\gamma} \times 365 \times \eta$$

$$= \frac{256.86 \times [(1+6\%)^{20} - 1]}{6\%} \times 365 \times 0.55$$

$$= 1\,896\,835.952 (辆次)$$

查公路水泥混凝土路面设计规范可知其交通荷载等级为重交通荷载等级。

(2) 可靠度系数的确定。道路安全等级为"二级"目标可靠度为85%，变异水平为"中"，可靠系数为 $\gamma_r = 1.1$。

(3) 路基参数的确定。二级公路重交通路基综合回弹模量应大于 50 MPa，因路基处于干燥状态，路基土为砂性土，路基综合回弹模量处理为 60 MPa，使其满足设计要求。

4. 结构组合初拟与设计参数确定

(1) 路面结构初步拟定。公路为重交通，变异水平为中级。拟定水泥混凝土路面结构层组合厚度见表7-26。

表7-26 水泥混凝土路面结构设计层厚度

层位	结构层材料名称	结构层厚度/mm	弹性模量
1	普通水泥混凝土面板（面层）	230	29 000
2	水泥稳定碎石（基层）	200	1 600
3	级配碎石（底基层）	200	300

相关参数的确定：
1）普通混凝土面层弯拉强度标准值为 5.0 MPa，混凝土弹性模量取 29 000 MPa，泊松比取为 0.15；
2）水泥稳定碎石基层回弹模量取 1 600 MPa，泊松比为 0.20；
3）以级配碎石作为底基层，回弹模量取 300 MPa，泊松比取为 0.35；
4）混凝土以砾石当粗集料，热膨胀系数 $\alpha_c = 11 \times 10^{-6}/℃$；
5）砂性土填 80 cm，路基回弹模量 60 MPa；
6）路面标准轴载 100 kN，最重轴载 110 kN。

(2) 平面尺寸、接缝形式选择。

路面面板平面尺寸：长 5 m，宽 3.5 m。

接缝：重及以上交通荷载等级要设传力杆的假缝，间距一般为 4~6 m，本道路板长拟定为 5 m，取横缝间距也为 5 m。

横向缩缝：采用假缝，缝隙宽 0.5 cm，深度为 6 cm。

本工程按一个车道施工，以及为了防止横缝错开，纵缝为带拉杆的缩缝，间距一般为 3~4.5 m，本设计拟定为 3.5 m，即路面宽度。硬路肩基层材料与路面相同，需设拉杆连接。纵缝上部留有 0.5 cm 的缝隙，其内部浇填缝料，内设拉杆。拉杆的直径、长度和间距为 14 mm×700 mm×800 mm。

施工缝采用平口缝，深度为 4 cm，宽度为 0.5 cm，内浇灌填缝料，设拉杆。

具体设计见水泥路面接缝设计图（略）。

5. 计算地基综合回弹模量

(1) 计算板底地基综合当量回弹模量 E_t：

$$E_x = \sum_{i=1}^{n} h_i^2 E_i / \sum_{i=1}^{n} h_i^2 = \frac{h_1^2 E_1}{h_1^2} = \frac{0.20^2 \times 300}{0.20^2} = 300 (\text{MPa})$$

$$h_x = \sum_{i=1}^{n} h_i = 0.2 \text{ m}$$

$$\alpha = 0.26\ln(h_x) + 0.86 = 0.26 \times \ln 0.2 + 0.86 = 0.442$$

$$E_t = \left(\frac{E_x}{E_0}\right)^{\alpha} E_0 = \left(\frac{300}{60}\right)^{0.442} \times 60 = 122.21 (\text{MPa})$$

所以板底地基当量回弹模量 $E_t = 122.21$ MPa。

(2) 普通混凝土面层板截面弯曲刚度 D_c：

$$D_c = \frac{E_c h_c^3}{12(1-\nu_c^2)} = \frac{29\,000 \times 0.23^3}{12 \times (1-0.15^2)} = 30.08 (\text{MN} \cdot \text{m})$$

(3) 半刚性基层板截面弯曲刚度 D_b：

$$D_b = \frac{E_b h_b^3}{12(1-\nu_b^2)} = \frac{1\,600 \times 0.20^3}{12 \times (1-0.2^2)} = 1.11 (\text{MN} \cdot \text{m})$$

(4) 双层板总相对刚度半径 r_g 计算如下：

$$r_g = 1.21 \left(\frac{D_c + D_b}{E_t}\right)^{1/3} = 1.21 \times \left(\frac{30.08 + 1.11}{122.21}\right)^{1/3} = 0.768 (\text{m})$$

6. 荷载应力计算

荷载应力大小：

（1）100 kN 轴载作用下的荷载应力的荷载应力为

$$\sigma_{ps} = \frac{1.45 \times 10^{-3}}{1 + D_b/D_c} r_g^{0.65} h_c^{-2} P_s^{0.94}$$

$$= \frac{1.45 \times 10^{-3}}{1 + 1.11/30.08} \times 0.768^{0.65} \times 0.23^{-2} \times 100^{0.94}$$

$$= 1.689 (\text{MPa})$$

（2）面层板在最重荷载作用下的荷载应力为

$$\sigma_{pm} = \frac{1.45 \times 10^{-3}}{1 + D_b/D_c} r_g^{0.65} h_c^{-2} P_m^{0.94}$$

$$= \frac{1.45 \times 10^{-3}}{1 + 1.11/30.08} \times 0.768^{0.65} \times 0.23^{-2} \times 110^{0.94}$$

$$= 1.849 (\text{MPa})$$

三个修正系数分别为：

接缝传荷能力应力折减系数：当采用混凝土路肩时，$k_r = 0.87$；

综合系数，二级公路应取：$k_c = 1.05$；

累计疲劳作用疲劳应力系数：$k_f = N_e^v = (189.68 \times 10^4)^{0.057} = 2.280$。

上层板荷载疲劳应力计算：

$$\sigma_{pr} = k_r k_f k_c \sigma_{ps} = 0.87 \times 2.280 \times 1.05 \times 1.689 = 3.52 (\text{MPa})$$

上层板荷载最大疲劳应力计算：

$$\sigma_{p,\max} = k_r k_c \sigma_{pm} = 0.87 \times 1.05 \times 1.849 = 1.69 (\text{MPa})$$

7. 温度应力计算

本设计路线处于Ⅲ区，温度梯度取值为 90～95 ℃/m，依据规范温度梯度值取 91 ℃/m。B_L 及 C_L 计算如下：

面层与基层之间的竖向接触刚度：

$$k_n = \frac{1}{2} \left(\frac{h_c}{E_c} + \frac{h_b}{E_b} \right)^{-1} = \frac{1}{2} \times \left(\frac{0.23}{29\,000} + \frac{0.2}{1\,600} \right)^{-1} = 3761.35 (\text{MPa/m})$$

层间接触状况参数：

$$r_\beta = \left[\frac{D_c D_b}{(D_c + D_b) k_n} \right]^{\frac{1}{4}} = \left[\frac{30.08 \times 1.11}{(30.08 + 1.11) \times 3\,761.35} \right]^{\frac{1}{4}} = 0.130 (\text{m})$$

$$\xi = -\frac{(k_n r_g^4 - D_c) r_\beta^3}{(k_n r_\beta^4 - D_c) r_g^3} = -\frac{(3\,761.35 \times 0.768^4 - 30.08) \times 0.130^3}{(3\,761.35 \times 0.768^4 - 30.08) \times 0.768^3} = 0.214$$

$$t = \frac{L}{3 r_g} = \frac{5}{3 \times 0.768} = 2.17$$

$$C_L = 1 - \left(\frac{1}{1+\xi} \right) \frac{\sinh t \cos t + \cosh t \sin t}{\cos t \sin t + \sinh t \cosh t} = 1 - \frac{0.234}{1 + 2.17} = 0.926$$

$$B_L = 1.77 e^{-4.48 h_c} C_L - 0.131 \times (1 - C_L) = 1.77 e^{-4.48 \times 0.23} \times 0.926 - 0.131 \times (1 - 0.926) = 0.575$$

计算最大温度应力为

$$\sigma_{t,max} = \frac{\alpha_c E_c h_c T_g}{2} B_L = \frac{11 \times 10^{-6} \times 29\,000 \times 0.23 \times 91}{2} \times 0.575 = 1.92(\text{MPa})$$

计算温度疲劳应力为：

该地区为Ⅲ区，查表得 $a_t = 0.855, b_t = 1.355, c_t = 0.041$。

回归系数相关参数见表 7-21。

计算温度疲劳应力系数：

$$k_t = \frac{f_r}{\sigma_{t,max}} \left[a_t \left(\frac{\sigma_{t,max}}{f_r} \right)^{b_t} - c_t \right] = \frac{5}{1.92} \times \left[0.855 \times \left(\frac{1.91}{5} \right)^{1.355} - 0.041 \right] = 0.5$$

计算温度疲劳应力：

$$\sigma_{tr} = k_t \sigma_{t,max} = 0.5 \times 1.92 = 0.96(\text{MPa})$$

8. 结构极限状态校核

二级公路，变异水平中级，目标可靠度为85%，可靠度取值：$\gamma_r = 1.1$。

验证单层板极限状态：混凝土面层弯拉强度标准值为5.0 MPa。

$$\gamma_r (\sigma_{pr} + \sigma_{tr}) = 1.1 \times (3.52 + 0.96) = 4.928(\text{MPa}) < f_r = 5 \text{ MPa}$$

$$\gamma_r (\sigma_{pr,max} + \sigma_{tr,max}) = 1.1 \times (1.69 + 1.92) = 3.971(\text{MPa}) < f_r = 5 \text{ MPa}$$

由计算中很容易看出，23 cm 厚混凝土面层能够承受荷载应力和温度应力的综合疲劳作用，而且 4.928 MPa 很接近 5 MPa。所以，原拟定的路面结构合理，不需要再拟定新的路面结构进行验算。

思考与习题

1. 简述水泥混凝土路面的优缺点。
2. 如何确定水泥混凝土路面交通荷载等级？
3. 水泥混凝土路面有哪些类型？其特点如何？
4. 简述水泥混凝土路面的病害类型、产生原因及处置措施。
5. 水泥混凝土路面应该设置哪些横缝？应该设置哪些纵缝？它们的构造要求分别是怎样的？
6. 简述水泥混凝土路面设计流程和要求。
7. 水泥混凝土路面中疲劳问题的考虑方式与沥青路面设计中的方式各是什么？有什么区别与联系？
8. 为什么要提出多种设计计算模型？各自对应着什么样的结构组合？
9. 为什么在我国高速公路、一级公路工程中，水泥混凝土路面的应用比例越来越低？

第8章

路面施工

★ 主要内容

本章主要介绍粒料类基层施工、无机结合料稳定类基层施工、沥青路面施工和水泥混凝土路面施工。

★ 学习目标

（1）熟悉粒料类基层的施工要点。

（2）掌握无机结合料稳定类基层施工要点、沥青路面面层施工要点、水泥混凝土路面面层施工要点。

8.1 粒料类基层施工

粒料类基层是用尺寸均匀的碎（砾）石作为基本材料，以石屑、黏土或石灰土作为填充结合料，经压实而成的结构层。碎石层的结构强度，主要来自碎石颗粒间的嵌挤作用及填充结合料的黏结作用。嵌挤作用的大小，主要取决于石料的尺寸、强度、形状以及压实度，黏结作用则取决于填充结合料本身的内聚力及其与矿料之间黏附力的大小。碎石颗粒尺寸为 0～75 mm，通常按其尺寸大小划分为6类，见表8-1。颗粒最大尺寸，按层厚和石料强度选定，一般不宜超过压实层厚的0.8倍，石料较软时，可采用较大尺寸。

表8-1 各种碎石尺寸与分类表

编号	碎石名称	粒径范围/mm	用途
1	粗碎石	75～50	集料
2	中碎石	50～35	
3	细碎石	35～25	
4	石渣	25～15	嵌缝料
5	石屑	15～5	
6	米石	0～5	封面料

8.1.1 填隙碎石基层施工

用单一尺寸的粗碎石作主集料,形成嵌锁作用,并用石屑填满碎石间的孔隙,增加密实度和稳定性,称为填隙碎石。填隙碎石可适用于各等级公路的底基层和二级以下公路的基层。填隙碎石的压实厚度为 10~20 cm,若设计层厚超过该值,应分层压实,单层填隙碎石的压实厚度宜为公称最大粒径的 1.5~2.0 倍。

填隙碎石用作基层时,碎石最大粒径不应超过 53 mm,压碎值不大于 26%,用作底基层时,碎石的最大粒径不应超过 63 mm,压碎值不大于 30%。集料中针片状颗粒和软弱颗粒含量应不大于 15%。

填隙碎石施工,一般按下列工序进行:准备下承层;运输和摊铺粗碎石;初压;撒布石屑;振动压实;第二次撒布石屑;振动压实;局部补撒石屑及扫匀;填满孔隙,振动压实;洒水饱和并碾压滚浆(湿法施工)或洒少量水后终压成型(干法施工)。

填隙碎石的施工成型阶段主要在于撒铺填隙料和碾压。初压用 8 t 两轮压路机碾压 3~4 遍,使粗碎石稳定就位;初压结束时,表面应平整,并具有要求的路拱和纵坡。撒铺填隙料及碾压:用石屑撒布机或类似的设备按松铺厚度 2.5~3.0 cm 将干填隙料均匀地撒铺在已压稳的粗碎石上,用人工或机械扫匀后,再用振动压路机慢速碾压,将全部填料振入粗碎石间的孔隙中。反复该过程 2~3 次,直到全部孔隙被填满为止。同时,应将局部多余的填隙料铲除或扫除,填隙料不应在粗碎石表面局部地自成一层,表面必须见到粗碎石。若设计厚度超过一层压实厚度,需分层施工时,应将已压成的填隙碎石层表面的填隙料扫除一些,使表面粗碎石外露 5~10 mm,然后再摊铺第二层粗碎石。

填隙料应干燥,宜采用振动压路机碾压,碾压后,表面集料之间的空隙应填满,但表面应看得见集料。填隙碎石层上为薄沥青面层时,宜使集料的棱角外露 3~5 mm,碾压后基层的固体体积率宜不小于 85%,底基层的固体体积率宜不小于 83%,填隙碎石基层未洒透层沥青或未开铺封层前,不得开放交通。

8.1.2 级配碎石基层施工

1. 材料要求

在级配碎石基层原材料、级配及结构组合确定后,碎石基层能否正常发挥其良好的特性,关键在于施工。只有级配碎石基层施工达到了密实和均匀的要求,并形成良好透水性的高质量结构层,才能保证其减缓裂缝、排水和抗疲劳等功能。

2. 施工工序

(1)配料。严格控制料场碎石质量,使其完全符合要求。配料前,对各档集料进行严格筛分,各档集料应隔离堆放;细集料应覆盖,防止雨淋。再根据最终采用的级配严格确定各级碎石所占比例,并换算为体积比以便用装载机配料,配料拌和后应定期抽检混合料级配,以便实时控制和调整各规格材料配比。

(2)拌和。拌和均匀是优质级配碎石形成强度和具有良好功能的关键,对于级配碎石基层施工,要求采用厂拌法。实践证明,混合料集中厂拌比路拌更均匀且不易离析。

另外，拌和中含水率宜高于最佳含水率1%~2%，以抵消运输和摊铺过程中水分散失，从而利于碾压。级配碎石可在较大含水率下碾压，含水率稍大会降低集料之间的摩擦力，利于达到较高密实度。拌合机应保持良好的工作状态，并根据级配碎石材料最大粒径适当调整叶片，使其具有适当的尺度及净空。同时，调整各料仓的开度，使拌和后的混合料满足级配要求。

（3）施工现场的准备工作。在摊铺前，应检查底基层的施工质量，底基层的坡度、高程、横断面应满足要求。同时，在摊铺前视现场情况，在基层下承层表面适当洒水，使其表面保持适宜的湿度。在正式摊铺前，应通过试铺来确定松铺系数，试铺时可以按照松铺系数1.35进行。

（4）摊铺。应采用摊铺机摊铺级配碎石基层，以便使摊铺出的级配碎石充分均匀和平整，压实以后的基层厚度均匀一致。如不具备这一条件，应采用平地机摊铺，但此时应严格检查并消除混合料的离析现象，作为底基层或功能层时常采用这种平地机摊铺的方式。

用摊铺机进行摊铺时，应全铺摊铺，采用两台摊铺机梯队作业时，要求两台摊铺机一前一后相隔5~8 m，同步向前摊铺。

摊铺时必须注意材料离析现象，应设专人随时消除粗细集料离析情况并查明原因。对于粗集料"窝"和粗集料"带"，应添加细集料，并拌和均匀；对于细集料"窝"，应添加粗集料，并拌和均匀。

（5）碾压。级配碎石摊铺后，应立即用压路机碾压。碾压时，根据情况可用喷雾式洒水车适当洒水，使级配碎石在最佳含水率下进行碾压，以达到要求的压实度。如果含水率过大，应待其干到接近最佳含水率时再碾压。

对于作为上基层的级配碎石，压实度要求较高（≥99%），此时，建议采用振动压实。对于12~15 cm厚级配碎石基层，建议采用激振力≥30 t的振动压路机碾压4~6遍，且第一遍初压和最后一遍终压采用12 t左右的两轮或三轮钢轮压路机碾压1~2遍，整个过程共碾压6~8遍。

（6）接缝处理。第一天完成的级配碎石接缝处的混合料，可以留5~8 m不碾压，待第二天洒水后与新摊铺的混合料一起碾压，接头处必须补充洒水，使其含水率达到规定的要求。

（7）现场检测。压实完成后的级配碎石层必须进行现场压实度试验，并检测弯沉值、回弹模量，其现场检验频率要求见表8-2。

表8-2 级配碎石的现场检验频率

试验内容	质量要求	极限低值	检查数量
颗粒组成	符合规定级配范围		2~3个点
现场压实度	基层98%	94%	6~10处
	底基层96%	92%	
弯沉值	参考现行《公路路面基层施工技术细则》（JTG F20—2015）的规定		每车道40~50测点

8.2 无机结合料稳定类基层施工

8.2.1 材料要求

由于无机结合料稳定类材料具有稳定性好、抗冻性能强、结构本身自成板体等特点，常作为各级公路的基层或底基层，也常称为半刚性基层（或底基层），有时也用作各种功能层。作底基层或功能层时可参照无机结合料稳定基层的施工方法和要求进行施工。

施工前应对组成无机结合料稳定基层的所有原材料进行质量检验，通过试验选择符合要求的原材料，然后进行配合比设计，在证明混合料强度和稳定性均符合要求后才能使用。

1. 原材料试验项目

（1）确定土及砂砾、碎石等集料的原始含水量；

（2）用筛分法分析砂砾、碎石等集料的颗粒组成情况，检验所用材料的级配是否符合要求，为集料配合比设计提供依据；

（3）用液限和塑限试验计算土的塑性指数并判定该土种是否适用；

（4）用相对密度、吸水率试验测定砂砾、碎石等粒料的相对密度与吸水率，评定其质量，计算固体体积率；

（5）用压碎值试验评定碎石、砂砾等的抗压碎能力是否符合要求；

（6）进行有机质和硫酸盐含量试验，对土有怀疑时做该项试验，判断土是否适宜用石灰和水泥进行稳定；

（7）用石灰中的有效成分氧化钙和氧化镁的含量进行测定，确定石灰有效成分含量，评定石灰质量，以便确定结合料剂量；

（8）通过水泥强度等级和终凝时间测定，确定水泥是否满足设计强度和施工时间要求。

2. 原材料的质量要求

（1）集料和土。对集料和土的一般要求是能被经济地粉碎，满足一定级配要求，便于碾压成型，并应满足以下指标：

1）液限和塑限。结合料为水泥时，土的液限一般不超过40%，塑限一般不超过17%。结合料为石灰时，应选用塑性指数为15～20的黏质土或含有一定量黏质土的中、粗粒土。塑性指数小于10的土宜用水泥稳定，塑性指数大于15的土宜用石灰和水泥综合稳定。

2）颗粒组成。用无机结合料稳定类材料作底基层时，集料最大粒径不应超过37.5 mm，作基层时，最大粒径不应超过31.5 mm。用无机结合料稳定类材料作基层时，土的均匀系数（集料通过率为60%的筛孔与通过率10%的筛孔尺寸的比值）应大于5，一般选用均匀系数大于10的土。

3）压碎值。用于无机结合料稳定类基层的碎石、砾石应具有足够的抗压碎能力。用作高速公路和一级公路的无机结合料稳定类基层集料压碎值不应大于30%，用作其他公路的无机结合料稳定类基层集料压碎值不应大于35%（底基层可放宽至40%）。

4）硫酸盐及有机质。用水泥类材料作结合料时，土中硫酸盐质量不应超过0.25%，有机质质量不宜过超过2%；超过上述规定时，不应单纯用水泥稳定，可先用石灰与土混合均匀，闷料一昼夜后再用水泥稳定。用工业废渣稳定土时，土中硫酸质量不应超过 0.8%，有机质质量不应超过 10%。

（2）无机结合料。常用的无机结合料为水泥、石灰、粉煤灰及煤渣等。

1）水泥。普通硅酸盐水泥、矿渣硅酸盐水泥和火山灰质硅酸盐水泥均可用于稳定集料和土。为了有充裕的时间组织施工，不应使用快硬水泥、早强水泥或受潮变质的水泥，应选用终凝时间较长（6 h 以上）的水泥，如 32.5 级水泥或 42.5 级水泥。

2）石灰。石灰质量应符合三级以上消石灰或生石灰的质量要求。准备使用的石灰应尽量缩短存放时间，以避免有效成分损失过多，若存放时间过长则应采取措施妥善保管。

3）粉煤灰。粉煤灰的主要成分是 SiO_2、Al_2O_3 和 Fe_2O_3，三者总质量应超过 70%，烧失量不应超过 20%，若烧失量过大，则混合料强度将明显降低，甚至难以达到要求。粉煤灰比表面积宜大于 2 500 m^2/g，粒径变化范围为 0.001 ~ 0.3 mm。干湿粉煤灰均可使用，但湿粉煤灰含水量不宜超过 35%；干粉煤灰露天堆放时应洒水湿润，防止随风飞扬造成污染。使用时将结团的灰块打碎或过筛，并清除有害杂质。

4）煤渣。煤渣是煤燃烧后的残留物，主要成分是 SiO_2 和 Al_2O_3，松干密度为 700 ~ 100 kg/m^3，最大粒径不应大于 30 mm，颗粒组成以有一定级配为佳。

（3）水。人可以饮用的水均可使用。

8.2.2 施工工序

无机结合料稳定类基层的混合料有厂拌法和路拌法之分。用于高速公路和一级公路的无机结合料稳定类基层对强度、平整度等技术性能有较高的要求，应采用施工质量好、进度快的厂拌法施工，其他公路的无机结合料稳定类基层可用路拌法施工。

1. 铺筑试验段

通过试验段的铺筑，可优化施工工艺，取得施工经验，为大面积基层的铺筑确定合适的施工方法，同时还可检验拌和、运输、碾压、养护等施工设备的可靠性，并最终确定基层类型及混合料配合比。

2. 厂拌法施工

厂拌法施工是在中心拌合厂（场）用强制式拌合机、双转轴桨叶式拌合机等拌合设备将原材料拌和均匀，然后运至施工现场进行摊铺、碾压、养护等工序作业的施工方法。厂拌法施工前，应先调试用于拌和、摊铺、碾压等工序的设备，使之处于良好的工作状态。拌和前应进行适当的试拌，使大批量拌和的混合料组成符合设计要求。

（1）下承层准备与施工放样。无机结合料稳定类基层施工前应对下承层（底基层或土基）按施工质量验收标准进行检查验收，验收合格后方可进行基层施工。下承层应平整、密实、无松散、无"弹簧"等不良现象，并符合设计标高、横断面宽度和坡度等几何尺寸。注意做好基层施工的临时排水工作。

施工放样主要是恢复道路中线，在直线段每隔 20 m，曲线段每隔 10 ~ 15 m 设一中桩，并在两侧路肩边缘设置指示桩，在指示桩上明显标出基层的边缘设计标高及松铺厚度的位置。

（2）备料。无机结合料稳定类基层的原材料应符合质量要求。料场中的各种原材料应分别堆放，不得混杂。运到料场的水泥应防雨防潮，准备使用的石灰应提前洒水，使石灰充分消解。石灰和粉煤灰过干会随风飞扬而造成污染，过湿又会成团而不便于拌和。因此，应适时洒水或设遮雨棚，使之保持适宜的水分。

（3）拌和。拌和时应按混合料配合比要求准确配料，使集料级配、结合料剂量等符合配合比设计要求，并根据原材料实际含水量及时调整向拌合机内的加水量。水泥稳定类和工业废渣稳定类混合料的含水量可比最佳含水量大 1~2 个百分点，而石灰稳定类混合料的含水量可比最佳含水量小 1~2 个百分点，这样可获得较好的压实效果。

（4）摊铺。拌和好的水泥稳定类混合料和石灰稳定类混合料应尽快运到施工现场摊铺并碾压成型，以免因时间过长而使混合料强度损失过大。工业废渣稳定类混合料在 24 h 内进行摊铺碾压即可。运输混合料的距离较长时，应用篷布等将其覆盖以免水分损失过大。

高速公路及一级公路的无机结合料稳定类基层应用沥青混合料摊铺机、水泥混凝土摊铺机或专用稳定土摊铺机摊铺，这样可保证基层的强度及平整度、路拱横坡、标高、几何外形等指标符合设计和施工规范要求。摊铺过程中应设专人跟随摊铺机行进，以便随时消除粗、细集料严重离析的现象。应严格控制基层的厚度和高程，禁止用薄层贴补的办法找平，确保基层的整体承载能力。拌合机与摊铺机的生产能力应相互协调，避免出现机械停工待料和生产能力不足的问题。

（5）碾压。碾压是使无机结合料稳定类基层获得强度和稳定性的关键工序。摊铺整平的混合料应立即用 12 t 以上的振动压路机、三轮钢轮压路机或轮胎压路机碾压。无机结合料稳定类基层压实厚度与压路机吨位的关系宜符合表 8-3 的要求。必须分层碾压时，最小分层厚度不应小于 100 mm。碾压时应遵循先轻后重的次序安排各种型号的压路机，以先慢后快的方法逐步碾压密实。在直线段由两侧向路中心碾压，在平曲线范围内由弯道内侧逐步向外侧碾压。碾压过程中若局部出现"弹簧"、松散、起皮等不良现象，应将这些部位的混合料翻松重新拌和均匀后再碾压。无机结合料稳定类基层的压实质量应符合表 8-4 规定的压实度要求。

表 8-3 无机结合料稳定类基层压实厚度与压路机吨位的关系

压路机类型与吨位	适宜的压实厚度/mm	最小分层厚度/mm
三轮压路机 12~15 t	15	
三轮压路机 18~20 t	20	10
质量更大的振动压路机	根据试验确定	

表 8-4 无机结合料稳定类基层压实度要求　　　　　　　　　　　　　　%

公路等级			高级公路和一级公路		二级及二级以下公路	
层位			基层	底基层	基层	底基层
材料类型	水泥稳定	细粒土	—	95	95	93
		中粗粒土	98	97	96	95
	石灰稳定	细粒土	—	95	95	93
		中粗粒土		96	97	95
	工业废渣稳定	细粒土	—	95	97	93
		中粗粒土	98	96	97	95

水泥稳定类混合料从加水拌和开始到碾压完毕的时间称为延迟时间。混合料从开始拌和到碾压完毕的所有作业必须在允许延迟时间内完成，以免混合料的强度达不到设计要求。厂拌法施工的允许延迟时间为 2~3 h。

（6）养护与交通管制。无机结合料稳定类基层碾压完毕，应进行保湿养护，养护期不少于 7 d。养护期间应尽量封闭交通，若必须开放交通时，应限制重型车辆通行并控制行车速度，以减少行车对基层的扰动。

3. 路拌法施工

路拌法施工是将集料或土、结合料按一定顺序均匀平铺在施工作业面上，用路拌机械拌和均匀并使混合料含水量接近最佳含水量，随后进行碾压等工序的作业。路拌法施工的流程：下承层准备→施工测量→备料→摊铺→拌和→整形→碾压→养护。其中，下承层准备、施工测量、碾压及养护的施工方法和要求与厂拌法相同。

4. 施工应注意的问题

（1）施工季节。无机结合料稳定类基层宜在春末或夏季组织施工。施工期间的最低气温应在 5 ℃以上，在冰冻地区，应保证结冻前有一定成型时间，即在第一次重冰冻（−3 ℃~5 ℃）到来之前的半个月到一个月（水泥稳定类）或一个月到一个半月（石灰、工业废渣稳定类）完成。

（2）接缝及"掉头"处的处理。无论用厂拌法还是路拌法施工，均应尽量减少横向接缝和纵向接缝，必须设置接缝时，应妥善处理。对于水泥稳定类基层，同一天施工的两个作业段衔接处应搭接拌和，即前一段拌和后留下 5~8 m 长的混合料不碾压，待后一段施工时，在前一段未碾压的混合料中加入水泥，并拌和均匀。

（3）水泥稳定类混合料基层施工作业段长度的确定。一般条件下，每个作业段长度以 200 m 为宜。

8.3 沥青路面施工

8.3.1 用料要求

1. 沥青材料的准备

（1）道路石油沥青。

1）道路石油沥青各个沥青等级的适用范围（表 8-5）及质量应符合相关要求。

表 8-5 道路沥青的适用范围

沥青等级	适用范围
A 级沥青	各个等级的公路，适用于任何场合和层次
B 级沥青	1. 高速公路、一级公路沥青下面层及以下层次，二级及二级以下公路的各个层次； 2. 用作改性沥青、乳化沥青、改性乳化沥青、稀释沥青的基质沥青
C 级沥青	三级及三级以下公路的各个层次

2）沥青路面采用的沥青标号，宜按照公路等级、气候条件、交通条件、路面类型及在结构层中的层位及受力特点、施工方法等，结合当地的使用经验，经技术论证后确定。

对高速公路、一级公路，夏季温度高、高温持续时间长、重载交通、山区及丘陵区上坡路段、服务区、停车场等行车速度慢的路段，尤其是汽车荷载剪应力大的层次，宜采用稠度大、60℃黏度大的沥青。对冬季寒冷的地区或交通量小的公路、旅游公路宜选用稠度小、低温延度大的沥青；对日温差、年温差大的地区宜注意选用针入度指数大的沥青。当高温要求与低温要求发生矛盾时应优先考虑满足高温性能的要求。各种沥青标号对应的针入度指数见表8-6。

表8-6 各种沥青标号对应的针入度指数

标号	110号			90号				70号					
针入度	100~120			80~100				60~80					
气候分区	2-1	2-2	3-2	1-1	1-2	1-3	2-2	2-3	1-3	1-4	2-2	2-3	2-4

（2）乳化石油沥青。乳化沥青类型根据集料品种及使用条件选择。阳离子乳化沥青可适用于各种集料品种，阴离子乳化沥青适用于碱性石料。乳化石油沥青品种及适用范围见表8-7。

（3）液体石油沥青。液体石油沥青宜采用针入度较大的石油沥青，使用前按先加热沥青后加稀释剂的顺序调配。

（4）改性沥青。

1）改性沥青可单独或复合采用高分子聚合物、天然沥青及其他改性材料制作。

2）用作改性剂的SBR胶乳中的固体物含量宜少于45%。严禁长时间暴晒或冰冻。

3）改性沥青的剂量以改性剂占改性沥青总量的百分数计算，胶乳改性沥青的剂量应以扣除水以后的固体物含量计算。

表8-7 乳化石油沥青品种及适用范围

分类	品种及代号	适用范围
阳离子乳化沥青	PC-1	表面处治、贯入式路面及下封层用
	PC-2	透层油及基层养护用
	PC-3	黏层油用
	BC-1	稀浆封层或冷拌沥青混合料用
乳化沥青	PA-1	表面处治、贯入式路面及下封层用
	PA-2	透层油及基层养护用
	PA-3	黏层油用
	BA-1	稀浆封层或冷拌沥青混合料用
阴离子乳化沥青	PN-2	透层油用
	BN-1	与水泥稳定集料同时使用（基层路拌或再生）

（5）改性乳化沥青。改性乳化沥青品种及适用范围见表8-8。

表 8-8 改性乳化沥青品种及适用范围

品种		代号	适用范围
改性乳化沥青	喷洒型改性乳化沥青	PCR	黏层、封层、桥面防水黏结层用
	拌合用乳化沥青	BCR	改性稀浆封层和微表处用

2. 集料的准备

集料粒径规格以方孔筛为准。不同料源、品种、规格的集料不得混杂堆放。

（1）粗集料。沥青面层使用的粗集料包括碎石、破碎砾石、筛选砾石、钢渣、矿渣等，但高速公路和一级公路不得使用筛选砾石和矿渣。

（2）细集料。

1）沥青面层的细集料可采用天然砂、机制砂、石屑。

2）天然砂可用河砂或海砂，通常宜用粗、中砂。SMA 和 OGFC 混合料不宜使用天然砂。

（3）填料。

1）拌合机的粉尘可作为矿粉的一部分回收使用，但每盘用量不得超过填料总量的 25%。

2）高速公路、一级公路的沥青面层不宜采用粉煤灰作填料。

8.3.2 施工准备

在边线外侧 0.3~0.5 m 处，每隔 5~10 m 钉边桩进行水平测量，拉好基准线，画好边线。清扫下承层，底面层施工前两天在基层上洒透层油。在中面层或底面层上喷洒黏层油。试验段开工前 28 d 安装好试验仪器和设备，配备好试验人员报请监理工程师审核。各层开工前 14 d 在监理工程师批准的现场备齐全部机械设备进行试验段铺筑，以确定松铺系数、施工工艺、机械配备、人员组织、压实遍数，并检查压实度、沥青含量、矿料级配及沥青混合料马歇尔各项技术指标等（工艺参数和技术参数）。

8.3.3 层铺法沥青路面的施工

1. 沥青表面处治

沥青表面处治是用沥青裹覆矿料铺筑的一种薄层路面面层。其主要作用是防水、抗磨耗、防滑和改善碎（砾）石路面的使用品质。在计算路面厚度时，不作为单独受力结构层。沥青表面处治宜选择在干燥和较热的季节施工，并在雨季前及日最高温度低于 15 ℃ 到来以前半个月结束，使表面处治层通过开放交通压实，成型稳定。沥青表面处治材料规格和用量见表 8-9。

沥青表面处治最常采用的施工方法是层铺法。按其浇洒沥青及洒布矿料次数可分为单层式、双层式及三层式三种。单层式沥青表面处治厚度为 1.0~1.5 cm，双层式厚度为 1.5~2.0 cm，三层式厚度为 2.5~3.0 cm。

表 8-9 沥青表面处治材料规格和用量(方孔筛)

沥青种类	类型	厚度/cm	集料 第一层 粒径规格	集料 第一层 用量/m³·1000 m⁻²	集料 第二层 粒径规格	集料 第二层 用量/m³·1000 m⁻²	集料 第三层 粒径规格	集料 第三层 用量/m³·1000 m⁻²	沥青或乳液用量/(kg·m⁻²) 第一次	第二次	第三次	合计用量
石油沥青	单层	1.0 1.5	S12 S10	7~9 12~14	—		—		1.0~1.2 1.4~1.6	—	—	1.0~1.2 1.4~16
石油沥青	双层	1.5 2.0 2.5	S10 S9 S8	12~14 16~18 18~20	S12	7~8	—		1.4~1.6 1.6~1.8 1.8~2.0	1.0~1.2 1.0~1.2 1.0~1.2	—	2.4~2.8 2.6~3.0 2.8~3.2
石油沥青	三层	2.5 3.0	S8 S6	18~20 20~22	S10	12~14	S12	7~8	1.6~1.8 1.8~2.0	1.2~1.4 1.2~1.4	1.0~1.2 1.0~1.2	2.8~4.4 4.0~4.6
乳化沥青	单层	0.5	S14	7~9	—		—		0.9~1.0	—	—	0.9~1.0
乳化沥青	双层	1.0	S12	9~11	S14	4~6	—		1.8~2.0	1.0~1.2	—	2.8~3.2
乳化沥青	三层	3.0	S6	20~22	S10	9~11	S12 S14	4~6 3.5~4.5	2.0~2.2	1.8~2.0	1.0~1.2	4.8~5.4

表面处治层是按嵌挤原则构成强度的,为了保证矿料间有良好的嵌挤作用,同一层的矿料颗粒粒径应尽量均匀,其最大粒径应与表面处治单层厚度相当。沥青表面处治可采用道路石油沥青、乳化沥青、煤沥青铺筑。当采用乳化沥青时,为了减少乳液流失,可在主层集料中掺加20%以上的较小粒径的集料。沥青表面处治层施工后,应在路侧另备 5~10 mm 碎石、3~5 mm 石屑、粗砂或小砾石 2~3 m³/1 000 m² 作为初期养护用量,在施工时应与最后一遍料一起洒布。

层铺法沥青表处治的施工工艺为:①清理基层;②洒布沥青;③铺撒矿料;④碾压;⑤初期养护。

双层式或三层式沥青表面处治施工重复②、③、④步工艺。

2. 沥青贯入式路面

沥青贯入式路面具有较高的强度和稳定性,其强度构成主要依靠矿料的嵌挤作用和沥青材料的黏结力,适用于二级及二级以下的公路,城市道路的次干道及支路,也可作为沥青混凝土路面的联结层。由于沥青贯入式路面是一种多孔隙结构,为了防止水的下渗,增强路面的水稳定性,路面的最上层应撒布封层料或加铺拌合层。

沥青贯入式路面应选择在干燥和较热的季节施工,并在雨季前及日最高温度低于 15 ℃ 前半个月结束,使贯入式结构层通过开放交通碾压成型。

沥青贯入层厚度一般为 4~8 cm,但乳化沥青贯入式路面的厚度不应超过 5 cm。当贯入层上部加铺拌合沥青混合料面层时,总厚度宜为 6~10 cm,其中,拌合层的厚度宜为 2~4 cm。

沥青贯入式路面所用的集料应选择有棱角、嵌挤性好的坚硬石料,结合料可采用黏稠石油沥青、煤沥青或乳化沥青,其规格和用量见表 8-10。材料的其他要求与沥青表面处治层基本相同。

表 8-10 沥青贯入式面层材料规格和用量（方孔筛）

沥青品种	石油沥青					
厚度/cm	4		5		6	
规格和用量	规格	用量	规格	用量	规格	用量
封层料	S14	3~5	S14	3~5	S13（S14）	4~6
第三遍沥青		1.0~1.2		1.0~1.2		1.0~1.2
第二遍嵌缝料	S12	6~7	S11（S10）	10~12	S11（S10）	10~12
第二遍沥青		1.6~1.8		1.8~2.0		2.0~2.2
第一遍嵌缝料	S10（S9）	12~14	S8	16~18	S8（S6）	16~18
第一遍沥青		1.8~2.1		2.4~2.6		2.8~3.0
主层石料	S5	45~50	S4	55~60	S3（S4）	66~76
沥青总用量		4.4~5.1		5.2~5.8		5.8~6.4

沥青品种	石油沥青				乳化沥青			
厚度/cm	7		8		4		5	
规格和用量	规格	用量	规格	用量	规格	用量	规格	用量
封层料	S13（S14）	4~6	S13（S14）	4~6	S13（S14）	4~6	S14	4~6
第五遍沥青								0.8~1.0
第四遍嵌缝料							S14	5~6
第四遍沥青					S14	0.8~1.0		1.2~1.4
第三遍嵌缝料						5~6	S12	7~9
第三遍沥青		1.0~1.2		1.0~1.2	S12	1.4~1.6		1.5~1.7
第二遍嵌缝料	S10（S11）	11~13	S10（S11）	11~13		7~8	S10	9~11
第二遍沥青		2.4~2.6		2.6~2.8	S9	1.6~1.8		1.6~1.8
第一遍嵌缝料		18~20	S6（S8）	20~22		12~14	S8	10~12
第一遍沥青	S6（S8）	3.3~3.5		4.0~4.2	S5	2.2~2.4		2.6~2.8
主层石料	S3	80~90	S1（S2）	95~100		40~45	S4	50~55
沥青总用量		6.7~7.3		7.6~8.2		6.0~6.8		7.4~8.5

注：1. 煤沥青贯入式的沥青用量可较石油沥青用量增加15%~20%。
2. 表中乳化沥青是指乳液的用量，并适用于乳液浓度约为60%的情况，如果浓度不同，用量应予换算。
3. 在高寒地区及干旱风砂大的地区，可超出高限，再增加5%~10%。

沥青贯入式的施工工序为：整修和清扫基层；浇洒透层或黏层沥青；铺撒主层矿料；碾压；浇洒第一层沥青；趁热铺撒第一次嵌缝料；碾压；浇洒第二层沥青；撒布第二次嵌缝料，然后碾压；再浇洒第三层沥青；铺撒封层料，最后碾压。

8.3.4 拌合法沥青路面的施工

1. 乳化沥青碎石混合料路面

乳化沥青碎石混合料适用于三级及三级以下公路的沥青面层、二级公路的养护罩面以及各级公路沥青路面的联结层或整平层。一般情况下，乳化沥青碎石混合料路面的沥青面层采用双层式：下层采用粗粒式沥青碎石混合料，上层采用中粒式或细粒式沥青碎石混合料。单层式只适合在少雨干燥地区或半刚性基层上使用。在多雨潮湿地区必须做上封层或下封层。

已拌好的混合料应立即运至现场进行摊铺。拌和与摊铺过程中已破乳的混合料，应予废弃。拌制的混合料应用沥青摊铺机摊铺。若采用人工摊铺，应防止混合料离析。松铺系数可通过试验确定。

2. 热拌沥青混合料路面

（1）沥青混合料的拌和。

1）沥青的加热温度控制在规范规定的范围之内，即150 ℃~170 ℃。集料的加热温度控制在160 ℃~180 ℃；混合料的出厂温度控制在140 ℃~165 ℃。当混合料出厂温度过高时应废弃。混合料运至施工现场的温度控制在120 ℃~150 ℃。如图8-1所示为沥青拌合站的布置和构造。

2）出厂的混合料须均匀一致，无白花料，无粗细料离析和结块现象，不符要求时废弃。

(a)

(b)

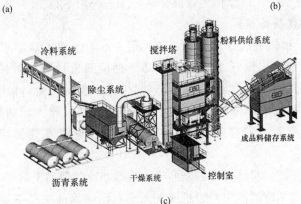
(c)

图8-1　沥青混合料拌合站

（a）沥青混合料拌合站；（b）集料成品料仓；（C）沥青拌合站设备构造

（2）沥青混合料的运输。

1）运送车辆应有紧密、清洁、光滑的金属底板，底板应涂一薄层油水混合液（柴油和水的比例可为1:3),以防止混合料黏到底板上,但不得有余液积聚。不允许使用石油衍生剂作汽车底板的涂料。装卸前,汽车底板应排干积水。车辆应有帆布篷等保温和防抛洒措施。

2)装料时运料汽车应前后移动,避免离析。运料汽车应在摊铺机前10~30 cm处停车,不得撞击摊铺机。卸料过程中运料车应挂空挡,靠摊铺机推动前进,以确保摊铺层的平整度。

3)沥青混合料运输车的运量应有所富余,摊铺机前应有运料车等候卸料。

(3)沥青混合料的摊铺。

1)下、中面层采用走线法施工,上面层采用平衡梁法施工。

2)摊铺机均匀行驶,行走速度和拌合站产量相匹配,以确保所摊铺路面的均匀不间断。在摊铺过程中不准随意变换速度,尽量避免中途停顿。如图8-2所示。

3)开铺前将摊铺机的熨平板进行加热至不低于100 ℃。

4)采用双机或三机梯进式施工时,相邻两机的间距控制在10~20 m。两幅应有50~100 mm宽度的重叠。如图8-3所示。

5)摊铺机无法作业的地方,经监理工程师同意后采取人工摊铺施工。

(4)沥青混合料的压实。

1)压路机采用2~3台双轮双振压路机及2~3台重量不小于16 t胶轮压路机组成。

2)初压:采用双轮双振压路机静压1~2遍,正常施工情况下,温度应不低于110 ℃并紧跟摊铺机进行;复压:采用胶轮压路机和双轮双振压路机振压等综合碾压4~6遍,碾压温度应控制在80 ℃~100 ℃;终压:采用双轮双振压路机静压1~2遍,碾压温度应不低于65 ℃。边角部分,使用小型振动压路机碾压,如图8-4所示。

3)碾压顺纵向由低边向高边按规定要求的碾压速度均匀进行。相邻碾压重叠宽度大于30 cm。

4)采用雾状喷水法,以保证沥青混合料碾压过程中不黏轮。

(5)沥青面层接缝处理。

1)横向接缝。横接缝的处理方法:首先用3 m直尺检查端部平整度,不符合要求时,垂直于路中线切齐清除。清理干净并在端部涂黏层沥青后接着摊铺。摊铺时调整好预留高度,接缝处摊铺层施工结束后再用3 m直尺检查平整度。横向接缝的碾压先用双轮双振压路机横向碾压,碾压时压路机位于已压实的混合料层上伸入新铺层的宽为15 cm,然后每压一遍向新铺混合料方向移动150~200 mm,直至全部在新铺层上为止,再改为纵向碾压。

①尽量采用平接缝。将已摊铺的路面尽头边缘在冷却但尚未结硬时锯成垂直面,并与纵向边缘成直角,或趁未冷透时用凿岩机或人工垂直刨除端部层厚不足部分。采用斜接缝时,注意搭接长度,一般为0.4~0.8 m。

②预热软化已压实部分路面,加强新旧混合料的黏结。

③摊铺机起步速度要慢,并调整好预留高度,摊铺结束后立即碾压,压路机先进行横向碾压(从先铺路面上跨缝开始,逐渐移向新铺面层),再纵向碾压成为一体,碾压速度不宜过快。

第8章 路面施工

图 8-2 沥青混合料摊铺

图 8-3 沥青混合料面层梯队摊铺或全幅摊铺

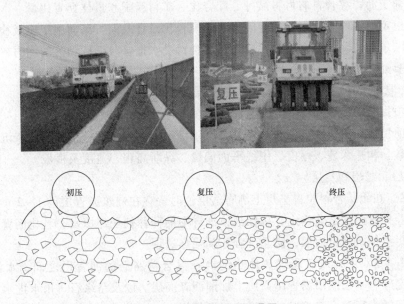

图 8-4 沥青混合料面层碾压

2）纵向接缝。梯队作业采用热接缝，施工时将已铺混合料部分留下 200~300 mm 宽暂不碾压，作为后摊铺部分的高程基准面，后摊铺部分完成后立即骑缝碾压，以消除缝迹。

半幅施工不能采用热接缝时，采用人工顺直刨缝或切缝。铺另半幅前必须将边缘清扫干净，并涂洒少量黏层沥青。摊铺时应重叠在已铺层上 50~100 mm，摊铺后将混合料人工清走。碾压时先在已压实路面行走，碾压新铺层 100~150 mm，然后压实新铺部分，再伸过已压实路面 100~150 mm，充分将接缝压实紧密。尽量采用两台或两台以上摊铺机梯队作业，以达到热接缝的施工要求。当半幅路施工或因特殊原因而产生纵向冷接槎时，宜加设挡板或加设切刀切齐，也可在混合料尚未冷却前采用镐刨除边缘留下毛槎的方式处理。

3）纵向冷接缝上、下层应错开 150 mm 以上，横向接缝上、下层应错开 1 m 以上。

（6）沥青路面施工检测与质量控制。

1）沥青混凝土路面施工质量控制关键点如下：

①基层强度、平整度、高程的检查与控制；

②沥青材料的检查与试验，沥青混凝土配合比设计和试验；

③沥青混凝土拌合设备及计量装置校验；

④路面施工机械设备配置与压实方案；

⑤沥青混凝土的拌合、运输及摊铺温度控制；

⑥沥青混凝土摊铺厚度控制和摊铺中的离析控制；

⑦沥青混凝土的碾压与接缝控制。

沥青混凝土配合比设计采用马歇尔试验配合比设计方法测定其物理指标（包括表观密度、空隙率、沥青饱和度、矿料间隙率等），然后测定稳定度和流值。

热拌沥青混合料配合比设计应通过目标配合比设计、生产配合比设计及生产配合比验证三个阶段，确定沥青混合料的材料品种、配合比、矿料级配和最佳沥青用量。

马歇尔稳定度试验主要用于沥青混合料的配合比设计及沥青路面施工质量检验。

浸水马歇尔稳定度试验主要是检验沥青混合料受水损害时抵抗剥落的能力，通过测试其水稳定性检验配合比设计的可行性。

2）沥青混凝土面层和沥青碎（砾）石面层的检验。

①主控项目。矿料级配、沥青含量、压实度及厚度。

②实测项目。矿料级配、沥青含量、马歇尔稳定度、压实度、平整度、弯沉值、渗水系数、摩擦系数、构造深度、厚度、中线平面偏位、纵断高程、宽度及横坡。

（7）透层、黏层和封层。

1）透层。在无结合料粒料基层上洒布透层油时，宜在铺筑沥青层前 1~2 d 洒布。透层油洒布后的养护时间由试验确定，确保液体沥青中的稀释剂全部挥发，乳化沥青渗透且水分蒸发，然后尽早铺筑沥青面层，防止工程车辆损坏透层。

2）黏层。在双层式或三层式热拌热铺沥青混合料路面的沥青层之间，水泥混凝土路面、沥青稳定碎石基层或旧沥青路面层上加铺沥青面层，以及路缘石、雨水进水口、检查井等构造物与新铺沥青混合料接触的侧面应喷洒黏层。

3）封层。封层可分为上封层和下封层。上封层根据情况选择乳化沥青稀浆封层、微表处理、改性沥青集料封层、薄层磨耗层或其他适宜的材料。下封层宜采用层铺法表面处治或稀浆封层法施工。封层施工如图 8-5 所示。

图 8-5 下封层施工

8.4 水泥混凝土路面施工

8.4.1 用料要求

因为水泥混凝土面层要承受动荷载的冲击、摩擦和反复弯曲作用,同时还受温度和湿度反复变化的影响,面层混凝土必须具有较高的抗弯拉强度、耐磨性、良好的抗冻性以及尽可能低的膨胀系数和弹性模量。通常要求面层混凝土 28 d 抗弯拉强度达到 4.0~5.0 MPa。新拌混合料还应有适当的施工和易性,一般规定其坍落度为 0~30 mm,工作度为 30 s。

1. 水泥

极重、特重、重交通荷载等级公路面层的水泥混凝土应采用旋窑生产的道路硅酸盐水泥、硅酸盐水泥、普通硅酸盐水泥;中、轻交通荷载等级公路面层的水泥混凝土可采用矿渣硅酸盐水泥。高温期施工宜采用普通型水泥,低温期施工宜采用早强型水泥。根据交通等级合理选用水泥强度等级,通常水泥强度等级为混凝土强度等级的 1.5~2 倍。

2. 粗集料

粗集料是指粒径大于 5 mm 的碎(砾)石。粗集料应质地坚硬、耐久、洁净,颗粒应接近立方体,表面粗糙,空隙率和比表面积大,符合规定级配,最大粒径不应超过 40 mm。宜选用岩浆岩或未风化的沉积岩碎石。符合使用要求的砾石也可采用,但由于砾石混合料的强度(特别是弯拉强度)低于碎石混合料,故在使用时宜掺加占总量 1/3~1/2 以上的轧碎砾石。碎石或砾石的技术要求分别见表 8-11。粗集料的标准级配范围见表 8-12。

表 8-11 碎石、碎卵石和卵石技术指标

项目	技术要求		
	I 级	II 级	III 级
碎石压碎指标/%	<18	<25	<30
卵石压碎指标/%	<21	<23	<26

续表

项目	技术要求		
	Ⅰ级	Ⅱ级	Ⅲ级
坚固性（按质量损失计）/%	<5	<8	<12
针片状颗粒含量（按质量计）/%	<8	<15	<20
含泥量（按质量计）/%	<0.5	<1.0	<1.5
泥块含量（按质量计）/%	<0.2	<0.5	<0.7
有机物含量（比色法）	合格	合格	合格
硫化物及硫酸盐（按SO_3质量计）/%	<0.5	<1.0	<1.0
岩石抗压强度	岩浆岩不应小于100 MPa，变质岩不应小于80 MPa，沉积岩不应小于60 MPa		
表观密度	>2 500 kg/m³		
松散堆积密度	>1 350 kg/m³		
空隙率	<47%		
碱集料反应	经碱集料反应试验后，试件无裂缝、酥裂、胶体外溢等现象，在规定试验龄期的膨胀应小于0.10%		

注：1. Ⅲ级碎石的压碎指标，用作路面时，应小于20%；用作下面层或基层时，可小于25%。
2. Ⅲ级粗集料的针片状颗粒含量，用作路面时，应小于20%；用作下面层或基层时，可小于25%。

表 8-12 粗集料级配范围

粒径	方筛孔尺寸/mm							
	2.36	4.75	9.50	16.0	19.0	26.5	31.5	37.5
	累计筛余（按质量计,%）							
合成级配	4.75~16	95~100	85~100	40~60	0~10			
	4.75~19	95~100	85~95	60~75	30~45	0~5		
	4.75~26.5	95~100	90~100	70~90	50~70	25~40	0~5	
	4.75~31.5	95~100	90~100	75~90	60~75	40~60	20~35	0~5
粒级	4.75~9.5	95~100	80~100	0~15				
	9.5~16		95~100	80~100	0~15			
	9.5~19		95~100	85~100	40~60	0~15		
	16~26.5			95~100	55~70	25~40	0~10	
	16~31.5			95~100	85~100	55~70	25~40	0~10

3. 细集料

细集料应使用质地坚硬、耐久、洁净的天然砂或机制砂，不宜使用再生细集料。混合料中小于5 mm 的细集料可采用天然砂、人工砂或石屑。高速公路和一级公路的水泥混凝土路面应优先采用河砂。细集料细度模数应在 2.5 以上。细集料的技术要求和标准级配范围分别见表 8-13 和表 8-14。

表 8-13 细集料技术指标表

项目	技术要求		
	Ⅰ级	Ⅱ级	Ⅲ级
机制砂单位最大压碎指标/%	<20	<25	<30
机制砂氯化物（按氯离子质量计）/%	<0.01	<0.02	<0.06
天然砂氯化物（按氯离子质量计）/%	<0.02	<0.03	<0.06
坚固性（按质量损失计）/%	<6	<8	<10
机制砂云母（按质量计）/%	<1.0	<2.0	<2.0
天然砂云母（按质量计）/%	<1.0	<1.0	<2.0
天然砂、机制砂含泥量（按质量计）/%	<1.0	<2.0	<3.0
天然砂、机制砂泥块含量（按质量计）/%	0	<0.5	<1.0
机制砂 MB<1.4 或石粉含量（按质量计）/%	<3.0	<5.0	<7.0
机制砂 MB≥1.4 或石粉含量（按质量计）/%	<1.0	<3.0	<5.0
有机物含量（比色法）	合格	合格	合格
硫化物及硫酸盐（按 SO_3 质量计）/%	<0.5	<0.5	<0.5
轻物质（按质量计）	<1.0	<1.0	<1.0
机制岩母岩抗压强度	火成岩不应小于 100 MPa，变质岩不应小于 80 MPa，水成岩不应小于 60 MPa		
表观密度	>2 500 kg/m³		
松散堆积密度	>1 400 kg/m³		
空隙率	<45%		
碱集料反应	经碱集料反应试验后，试件无裂缝、酥裂、胶体外溢等现象，在规定试验龄期的膨胀应小于 0.10%		

注：天然Ⅲ级砂用作路面时，含泥量应小于3%；用作贫混凝土基层时，可小于5%。

表 8-14 细集料级配范围

砂分级	方筛孔尺寸/mm						
	0.075	0.15	0.3	0.6	1.18	2.36	4.75
	累计筛余（按质量计）/%						
粗砂	95~100	90~100	80~95	70~85	35~65	5~35	0~10
中砂	95~100	90~100	70~92	40~70	10~50	0~25	0~10
细砂	95~100	90~100	55~85	16~40	0~25	0~15	0~10

4. 水

清洗集料、拌和混凝土及养护所用的水，不应含有影响混凝土质量的油、酸、碱、盐类和有机物等。一般以饮用水为宜；非饮用水，经化验，要求硫酸盐含量（按 SO_4^{2-} 计）小于 2.7 mg/cm³；含盐量不得超过 3.5 mg/cm³；pH 值大于 4.5。

5. 外加剂

（1）有抗冰（盐）冻要求地区，各交通等级路面、桥面、路缘石、路肩及贫混凝土基层必须使用引气剂；无抗冰（盐）冻要求地区，二级及二级以上公路路面混凝土中应使用引气剂。

（2）各交通等级路面、桥面混凝土宜选用减水率大、坍落度损失小、可调控凝结时间的复合型减水剂。各种外加剂的作用如图8-6所示。

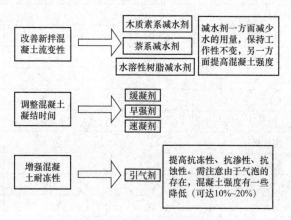

图8-6 各种外加剂的作用

6. 接缝材料

填缝料有常温施工式和加热施工式两种。高速公路、一级公路应优选用树脂类、橡胶类或改性沥青类填缝材料，并宜在填缝料中加入耐老化剂。

8.4.2 施工前的准备工作

施工前的准备工作是水泥混凝土路面施工的重要组成部分，此工作做得充分与否，直接影响工程能否有秩序按计划顺利地进行。施工前的准备工作主要包括以下内容。

1. 选择混凝土拌合场地

根据施工路线的长短和所采用的运输工具，选择混凝土拌制场地。拌合场应有足够的面积，以供堆放砂石材料和搭建水泥库房。

2. 材料准备及质量检验

根据混凝土路面施工进度计划，施工前应分批备好所需材料，并在使用前进行核对、调整，各种材料应符合规定的质量要求。新出厂的水泥应至少存放一周后方可使用。路面在浇筑前，必须对混凝土拌合物的工作性能进行检验并作必要的调整。

3. 基层的检验与整修

混凝土路面板下边基层的宽度、路拱与高程、表面平整度和压实度，均应检查其是否符合要求。

4. 混合料配合比检验与调整

根据设计要求和材料供应情况进行配合比设计及检验，选用水泥用量最省、强度符合要求的最佳配合比，然后根据施工现场的实际情况加以调整，作为施工配合比。

5. 施工放样及机械准备

根据设计图纸恢复路中线和混凝土路面边线，在中线上每隔 20 m 设一中桩，同时布设曲线主点桩及纵坡变坡点、路面板胀缝等施工控制点，并在路边设置相应的边桩，重要的中桩要进行拴桩。每隔 100 m 左右应设置一个临时水准点，以便复核路面高程。

混凝土路面施工前必须做好各种机械的检修工作，以便施工时能正常运行。选择的主导机械应能满足施工质量和进度要求，保证主导机械发挥最大效率，选用的配套机械应尽可能地少。

8.4.3 施工工序

水泥混凝土面层铺筑方法主要有小型机具铺筑、轨模摊铺施工、滑模摊铺施工等。下面依次介绍这三种方法的施工工序。

1. 小型机具施工

小型机具铺筑工艺可用于三级、四级公路水泥混凝土面层的施工，不得用于隧道水泥混凝土面层与桥面铺装施工。一般多按一个车道宽度进行施工，这有利于控制面板横向坡度和平整度，方便施工，同时也可利用一侧基层或已建成的混凝土车道作为运输混合料的通道。

（1）安装模板。模板应采用钢材、槽钢或方木制成。模板高度应为面层设计厚度，直线段模板长度不宜小于 3 m，小半径弯道及竖曲线部位可配置长度为 3 m 的短模板。在摊铺混凝土之前，应先根据车道宽度安装纵向模板，模板可用厚 4~5 mm 的钢板冲压制成，或用 3~4 mm 厚钢板与边宽 40~50 mm 的角钢或槽钢组合构成。模板底面与基层表面应密贴，以防漏浆；两侧用铁钎打入基层以固定位置，保证在混凝土振实时不松动或变形。模板内侧应均匀涂抹一层废机油、肥皂水或其他润滑剂，以利脱模。

（2）钢筋布设。

1）传力杆的安设。混凝土连续浇筑时胀缝传力杆常用钢筋支架法。传力杆的两端固定在钢筋支架上，支架脚插入基层内。

对于混凝土板浇筑结束时设置的胀缝，宜采用顶头木模固定传力杆的安装方法进行处理。继续浇筑邻板时，拆除挡板、横木及定位模板，设置胀缝板、木制压缝板条和传力杆套管。

对于缩缝及横向施工缝处传力杆，可采用预制定位支架固定传力杆的方法进行安装。在钢筋下垫用 $\phi 8 \sim \phi 10$ mm 钢筋弯成的支架（支架反向弯脚各长 4 cm，每隔 50 cm 左右垫一支），以支撑并固定传力杆的位置。

2）拉杆的布设。对于平缝处的拉杆，根据设计要求的间距，在模板上制作拉杆置放孔；假缝处拉杆的安设，可采用钢筋支架预先固定在基层上。

3）边缘钢筋及角隅钢筋的布设。边缘钢筋通常用预制混凝土垫块垫托。垫块厚度一般以 4 cm 为宜。垫块间距不大于 80 cm。在浇筑混凝土过程中，钢筋中间应保持平直，不得变形挠曲，并防止移位。

角隅钢筋应在混凝土浇筑振实至与设计厚度差 5 cm 左右时安放。距胀缝和板边缘各为 10 cm，平铺就位后，即继续浇筑上部混凝土。

(3) 混凝土的拌制与运输。混合料的制备可采用两种方式：在工地由拌合机拌制；在中心工厂集中制备，而后用汽车运送到工地。

在工地制备混合料时，要准确掌握配合比，特别要严格控制用水量。每天开始拌和前应根据天气变化情况测定砂、石材料的含水率，以调整拌和时的实际用水量。每盘所用材料应过秤。高速公路、一级公路每盘称量的精确度对水泥为±1%，砂为±2%，碎石为±2%，水为±1%。其他等级公路对水泥为±2%，砂为±3%，碎石为±3%，水为±2%。每一工班应检查材料称量的精确度至少2次，每半天检查混合料的坍落度2次。

混凝土拌合物每盘的搅拌时间，应根据搅拌机的性能和拌合物的和易性确定。搅拌最长时间不得超过拌合物要求的最短搅拌时间的3倍。

通常采用手推车或自卸汽车运输混凝土拌合物。当运距较远时，宜采用搅拌车运输。混凝土混合料必须在初凝前运到摊铺地点，并有足够的摊铺、振实、整平和抹面的时间。混合料的卸料高度不得大于1.50 m，以免发生离析。炎热干燥、大风或阴雨天气运输时，应加覆盖；冬期施工，运输时应有保温措施。每车卸料后必须及时清除车厢内的黏附残料。

(4) 混凝土的摊铺和振实。混凝土板厚在22 cm以下时，可一次摊铺捣实，当厚度超过22 cm时，可分两次摊铺，下层摊铺厚度约为总厚度的3/5（边摊铺、边整平、边振实），紧接着摊铺上层。

混凝土铺筑到一半厚度后，先采用2.2 kW（或3.0 kW）的平板式振动器振捣一遍，然后加高铺筑混凝土到顶，等初步整平后换用1.2~1.5 kW的平板式振动器再振捣一遍。凡振不到的地方，如模板边缘、传力杆处、窨井及进水口附近，均改用高频率插入式振动器振捣。插入式振动器严禁在传力杆上振捣，以免损坏邻板边缘混凝土。经平板振动器整平后的混凝土表面，应基本平整，无明显的凹凸痕迹。然后用带有振捣器的、底面符合路拱横坡的振动梁，两端搁在侧模上，沿摊铺方向振动拖平。随后，再用直径为75~100 mm的无缝钢管，两端放在侧模上，沿纵向滚压一遍。

(5) 接缝施工。

1) 胀缝。预先加工好钢筋支架，传力杆无沥青涂层的一端焊接在支架上，接缝板夹在两支架之间。将支架准确定位，用钢钎将支架与胀缝板锚固在基层上，再浇筑混凝土。在混凝土硬化前，剔除胀缝板上部的混凝土，嵌入2 cm×2 cm的木条，修整好表面。在填缝之前，凿去接缝板顶部的木条，涂胶粘剂后，嵌入多孔橡胶条。

2) 横向缩缝，即假缝。应采用切缝法或锯缝法施工。

①切缝法是在混凝土捣实整平后，利用振捣梁将"T"形振动刀准确地按缩缝位置振出一条槽，随后将铁制压缝板放入，并用原浆修平槽边。当混凝土收浆抹面后，再轻轻取出压缝板，并用专门抹子修整缝缘。

②锯缝法是在结硬的混凝土中用锯缝机（带有金刚石或金刚砂轮锯片）锯割出要求深度的槽口。这种方法要求掌握好锯割时间，合适的锯割时间视气候条件而定。

3) 纵缝。纵向假缝可采用切缝法或锯缝进行施工；对于平缝纵缝，在已浇混凝土板的缝壁涂刷沥青，并应避免涂在拉杆上。浇筑邻板时，缝的上部应压成规定深度的缝槽。

（6）表面整修与防滑措施。水泥混凝土终凝前必须抹平其表面，使表面磨耗层（2~4 mm的砂浆层）密实、平整。最好使用机械抹平。目前国产的小型电动抹面机有两种装置：装上圆盘即可进行粗光；装上细抹叶片即可进行精光。在一般情况下，面层表面仅需粗光即可。

近年来，国内外采用一种有效的方法使混凝土具有粗糙抗滑的表面，即在已结硬的路面上，用锯槽机将路面锯割成深5~6 mm、宽2~3 mm、间距20 mm的小横槽。也可在未结硬的混凝土表面塑压成槽，或压入坚硬的石屑来防滑。

（7）养护。养护的目的主要是为了防止混凝土的水分蒸发过快而产生收缩裂缝和保证水泥能充分进行水化作用。养护通常有湿法养护、塑料薄膜养护两种方法，养护期一般为28 d。混凝土强度未达到设计要求严禁硬质工具、器械等在上面拖拉，并严禁车辆通行。

（8）拆模和填缝。拆模时间应能保证混凝土边、角不因拆模而破坏，应根据气温和混凝土强度增长情况而定。

所有接缝的上部均需用填缝料封填。一般在养护期满后即可进行填缝。未填缝前，严禁车辆行驶，以免板边和角隅破坏。

2. 轨模摊铺机施工

轨模摊铺机施工，是由支撑在平底型轨道上的摊铺机将混凝土拌和物摊铺在基层上。它是水泥混凝土路面机械化施工中最普遍的一种方法。轨模摊铺机的整套机械在轨模上前后移动，并以轨模为基准控制路面的高程。摊铺机的轨道与模板同时进行安装，将轨道固定在模板上，然后统一调整定位，形成的轨模既是路面边模又是摊铺机的行走轨道。

（1）混凝土的拌和及运输。采用轨模摊铺机施工时，拌和设备应配有电子秤等可自动准确计量的供料系统；无此条件时，可采用集料箱加地磅的方法进行计量。各种组成材料的计量精度应符合规定要求。通常采用国产强制式搅拌机拌和混凝土混合料，用自卸汽车运输混凝土拌合物，拌合物坍落度大于5 cm时，应采用搅拌车运输。

（2）摊铺与振捣。轨模摊铺机有刮板式、箱式和螺旋式三种，摊铺时，将卸在基层上或摊铺箱内的混凝土拌合物按摊铺厚度均匀地充满轨道范围内。刮板式摊铺机本身能在轨道上前后自由移动，刮板旋转时将卸在基层上的混凝土拌合物向任意方向摊铺。这种摊铺机质量轻，容易操作，使用较普遍，但摊铺能力较小。箱式摊铺机摊铺时，先将混凝土拌和物通过卸料机一次卸在钢制料箱内，摊铺机向前行驶时将料箱内的混合料摊铺于基层上，通过料箱横向移动按松铺厚度准确、均匀地刮平拌合物。螺旋式摊铺机则由可以正向和反向旋转的螺旋布料器将拌合物摊平，螺旋布料器的刮板能准确调整高度。螺旋式摊铺机的摊铺质量优于前述两种摊铺机，摊铺能力较大。

摊铺机摊铺时，振捣机跟在摊铺机后面对拌合物做进一步的整平和捣实。

（3）表面整修。振捣密实的混凝土表面应进行整平、精光、纹理制作等工序的作业，使竣工后的混凝土路面具有良好的路用性能。

表面整平用能纵向移动或斜向移动的表面整平机。整平时应使整平机前保持高度为10~15 cm的壅料，并使壅料向较高的一侧移动，以保证路面板的平整，防止出现麻面及空洞等缺陷。

精光是对混凝土路面进行最后的精平，使混凝土表面更加致密、平整、美观，此工序是提高混凝土路面外观质量的关键工序之一。混凝土路面整平机配置有完善的精光机械,只要在施工过程中加强质量检查和校核,便可保证精光质量。

制作纹理是用纹理制作机在路面上拉毛、压槽或刻纹,纹理深度控制在 1~2 mm 范围内;纹理应与路面前进方向垂直,相邻板的纹理应相互沟通以利排水。纹理制作从混凝土表面无波纹水迹开始,过早或过晚均会影响纹理质量。

(4)接缝施工。横向缩缝(假缝)一般采用锯缝法。假缝型纵缝应预先用钢筋支架将拉杆固定在基层上或用拉杆置放机在施工时将拉杆置入。假缝顶面的缝槽用锯缝机锯切。纵缝为平缝带拉杆时,应根据设计要求,预先在模板上制作拉杆置放孔,模板内侧涂刷隔离剂。缝槽顶面用锯缝机切割,深度为 3~4 cm。

混凝土的养护及填缝同小型机具施工,不再赘述。

3. 滑模摊铺机铺筑施工

水泥混凝土路面滑模摊铺施工技术是当今世界上施工速度最快、工程质量最高、施工规模最大的现代化、机械化和智能化的先进技术,是高速公路水泥混凝土路面施工技术的主要趋势和发展方向,宜用于高速公路、一级和二级公路普通水泥混凝土路面的摊铺。滑模式摊铺机支撑在 4 个液压缸上,它可以通过控制机械上下移动来调整摊铺厚度。在摊铺机两侧设置有随机移动的固定滑模板。滑模式摊铺机一次通过即可完成摊铺、振捣、整平等多道工序。滑模摊铺示意如图 8-7 所示。

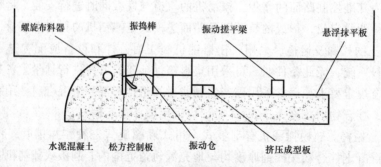

图 8-7 滑模摊铺示意

(1)测量放样,悬挂基准线。路面滑模摊铺施工取消了固定模板,代之以随摊铺机一起运动的滑移式滑动模板。路面的高程、纵横坡度、板宽、平整度等以基准线作为基本参照系,通过滑模摊铺机上设置的传感器进行调整、控制。基准线一般比路面摊铺边缘宽 0.8~1.5 m,由于路面有横坡,因此,基准线高程并不是路面边缘高程。基准线固定桩间距,在直线段不超过 10 m,曲线段可加密到 5 m。准确测量定位后,将基准线固定桩(钢钎)牢固打入基层 10~15 cm。基准线精确定位后固定在钢钎上。

基准线设置好以后,禁止扰动,特别是正在作业时,严禁碰撞和振动基准线,以确保摊铺质量。

(2)混凝土的搅拌和运输。滑模摊铺水泥混凝土路面必须采用强制式混凝土搅拌楼来生产混合料,以确保混合料的搅拌质量和生产效率。混凝土混合料的生产供应一般有预拌混凝土和现场搅拌站两种方式。

为了适应滑模摊铺水泥混凝土路面的快速施工要求，一般要求采用装载 8 m³（20 t）以上的大型车辆来运输混凝土。一般情况下，混凝土运输应当在 45 min～1 h 以内完成，否则，即使没有到初凝时间，由于坍落度损失太大，也不适宜滑模摊铺。

（3）混合料的卸料、布料。当滑模摊铺普通混凝土路面时，由于混凝土混合料被直接卸在基层上，因此，应确保卸料分布均匀。滑模摊铺机前部有螺旋布料器或布料刮板，料堆高度不得高于摊铺机的进料挡板上边缘，以减小摊铺机的摊铺推进负荷。机前缺料时，可用装载机或挖掘机补充送料，并要求供料与摊铺速度协调。

当路面设计有缩缝传力杆、钢筋混凝土路面和要求连续滑模摊铺桥面时，均需用布料机布料，从而加快施工速度，并保证混凝土路面的施工质量。布料宽度不得宽于滑模摊铺机宽度，布料的松铺厚度应适宜，松铺系数随坍落度大小而变化。布料机与滑模摊铺机的施工距离应控制在 5～10 m。

（4）混凝土的摊铺。采用滑模摊铺机在基层上行走的铺筑方案时，基层侧边缘到滑模摊铺面层边缘的宽度不宜小于 650 mm。

混凝土混合料布好后，在开始摊铺的 5 m 内，必须对所摊铺出的路面高程、厚度、宽度、中线、横向坡度等技术参数进行准确测量。根据测量结果及时缓慢地在摊铺行进中进行微调。禁止停机调整，以免影响路面的平整度。摊铺机的起步、调整、正常摊铺应在 10 m 内完成。滑模摊铺现场如图 8-8 所示。

图 8-8　滑模摊铺施工现场

滑模摊铺机的摊铺速度取决于混凝土路面板是否振捣密实。由于滑模摊铺只能一次摊铺出高密实度的混凝土路面，而不可能回车反复制作。即使不符合要求，也无法补救。所以，摊铺过程中应尽可能使摊铺机缓慢、均匀、连续不断地作业。混合料正常的滑模摊铺速度应控制在 1～2 m/min 比较适宜。不容许急速摊铺，然后停机等待，及其他间歇摊铺情况的发生。

滑模摊铺水泥混凝土路面时，摊铺机应配备自动抹平板装置。如图 8-9 所示。

（5）接缝施工。

1）纵缝。当一次摊铺多车道路面时，纵向假缝采用锯缝法制作，假缝处的拉杆用中间拉杆插入装置在摊铺时插入；纵向施工缝处的拉杆，在前一幅路面摊铺时，用摊铺机的侧向拉杆插入装置插入。

图 8-9　滑模摊铺机自动抹平板装置

2）横缝。带传力杆的假缝，可在摊铺机上配备传力杆自动插入装置（DBI）在施工时置入，或采用预制钢筋支架法固定传力杆。钢筋支架上部的混凝土应先采用手持振捣棒振捣密实，摊铺机通过时，必须提高振捣棒，使其最低点位置在挤压板的后缘高度以上，以便不扰动传力杆。当混凝土强度达到设计值的 25%~30% 时，采用支架式硬切缝机进行切割。

胀缝传力杆的施工方法可采用前置钢筋支架法（图 8-10）或传力杆插入装置法。传力杆应采用光面钢筋。

图 8-10　支架法

在混凝土强度初步形成后，使用刻纹机或拉毛机制作表面纹理。其养护、锯缝、灌缝等施工方法与小型机具法施工相同。

8.4.4　质量控制关键点

1. 水泥混凝土路面施工质量控制关键点

（1）基层强度、平整度、高程的检查与控制；

(2) 混凝土材料的检查与试验，水泥品种及用量确定；
(3) 混凝土拌合、摊铺设备及计量装置校验；
(4) 混凝土配合比设计和试件的试验；
(5) 混凝土的摊铺、振捣、成型及避免离析；
(6) 切缝时间和养护技术的采用。

2. 水泥混凝土抗折强度与抗压强度的测定

水泥混凝土抗折（抗弯拉）强度试验是以 150 mm × 150 mm × 550 mm 的梁形试件在标准养生条件下达到规定龄期后，在净跨径为 450 mm 的双支点荷载作用下进行弯拉破坏，并按规定的计算方法得到强度值。

水泥混凝土抗压强度试验是以边长为 150 mm 的正立方体为标准试件，标准养护到 28 d，再在万能试验机上按规定方法进行破坏试验测得抗压强度。当混凝土抗压强度采用非标准试件时应进行换算得到抗压强度值。

3. 水泥混凝土面层的质量检验

(1) 主控项目。弯拉强度、板厚度。
(2) 实测项目。平整度、抗滑构造深度、横向力系数 SFC、相邻板高差、纵横缝顺直度、中线平面偏位、路面宽度、纵断高程、横坡、断板率。

思考与习题

1. 简述无机结合料稳定类基层的施工要点。
2. 简述沥青面层的施工要点。
3. 何谓封层、黏层和透层？它们分别用在哪个层位？
4. 水泥混凝土路面胀缝和缩缝的设置要求有哪些？
5. 简述水泥路面施工中如何设置拉杆和传力杆。
6. 简述钢筋混凝土和连续配筋混凝土路面中钢筋的作用。
7. 离析是各种路面材料施工中均会出现的问题，查阅相资料，讨论如何在施工中避免离析现象的产生。

第 9 章 路基路面排水设计

★ 主要内容

本章主要介绍路基排水设计、路面排水设计、综合排水系统设计的要求与内容。

★ 学习目标

（1）熟悉路基排水设计的目的和一般原则。
（2）掌握路基排水设施类型及其布置要求、路基排水设计方法和路面排水设计方法、排水系统综合设计要求。

9.1 路基排水设计

9.1.1 路基排水设计的目的

水是诱发路基病害的主要因素，防排水系统设置不完善、不合理、排水设施过水断面不足，以及地下排水设施因选型不当而过早失效，都会引发严重的路基病害。如路基沉陷、冲刷、坍塌、翻浆，沥青路面松散、剥落、龟裂，水泥路面唧泥、错台、断裂等。水的作用会加剧路基和路面结构的破坏，使公路使用性能迅速恶化，缩短其使用寿命。因此，在实际的公路设计过程中，必须十分重视路基的排水设计。

路基排水系统的设置应以保障结构稳定和行车安全为目的，通过设置相应的排水设施，采取拦截、隔断、疏干等措施，把影响路基强度和稳定性的地表水和地下水排放到路基范围以外的适当地点，从而降低路基土的湿度，使路基常年处于干燥状态，确保路基路面具有足够的强度和稳定性。

9.1.2 路基排水设计的一般原则

（1）排水设计要因地制宜、全面规划、因势利导、综合治理、讲究实效、注意经济。

(2) 充分利用有利地形和自然水系。一般情况下，地面和地下设置的排水沟渠，宜短不宜长，以使水流不过于汇集，做到及时疏散，就近引流。

(3) 各种路基排水沟渠的设置，应注意与农田水利相配合，必要时可适当增设涵管、加大孔径，以防农业用水影响路基稳定，并做到路基排水有利于农田排灌。路基边沟一般不应用作农田灌溉渠道，两者必需合并时，边沟的断面应加大，并予加固，以防水流危害路基。

(4) 设计前必须进行调查研究，查明水源与地质条件，对重点路段要进行排水系统的全面规划。考虑路基排水与桥涵布置相配合，地下排水与地面排水相配合，各种排水沟渠的平面布置与竖向布置相配合，综合治理分期修建。

(5) 对于排水困难和地质不良的地段，应与路基防护加固相配合，进行特殊设计。

(6) 防止水土流失，尽量不破坏天然水系，不轻易合并自然沟渠和改变水流性质。

(7) 重点路段的主要排水设施，以及土质松软地段和陡坡地段的排水沟渠，应注意必要的防护和加固。

(8) 路基排水要结合当地水文条件和道路等级等具体情况，就地取材，以防为主，既要稳固适用，又必须讲究经济效益。可以考虑先重点后一般，先地下后地面，实行分期修建和逐步完善，但要注意不应遗留后患而导致短期内路基、路面的严重破坏，从而影响交通和造成经济等方面的损失。

9.1.3 路基地表排水设施和地下排水设施的使用条件

1. 地表排水设施的使用条件

路基地表排水设施设计时，对于降雨的重现期：高速公路、一级公路应采用 15 年，其他公路应采用 10 年。各类地表排水设施的断面尺寸应满足设计排水流量的要求，沟顶应高出沟内设计水面 0.2 m 以上。

路基地表排水设施包括边沟、截水沟、排水沟、跌水与急流槽、蒸发池、油水分离池等。

(1) 边沟。边沟分为路堑边沟和路堤边沟，位于路肩或护坡道外侧，用来于汇集和排除路面、路肩及边坡范围的地表水。边沟断面形式和尺寸应根据降雨强度、汇水面积、地形地质条件及对路侧安全与环境的影响程度等确定。

(2) 截水沟。截水沟根据路基填挖情况和所处位置可以分为路堤截水沟、堑顶截水沟和边坡平台截水沟。截水沟用来拦截和排除路基横断面上方流向路基的地表水，需防止其流向路堑冲刷路堑边坡，同时还应考虑防止汇集于截水沟内的水流渗漏而影响边坡稳定。

(3) 排水沟。排水沟是将边沟、截水沟、取（弃）土坑和路基附近低洼处汇集的水引向路基范围以外，排入附近的天然沟谷、自然水道或桥涵，以形成完整的路基排水系统。排水沟应尽可能远离路基，平面顺直，转弯处应为圆滑的弧形，使排水畅通。

(4) 跌水与急流槽。水流通过坡度大于 10%、水头高差大于 1.0 m 的陡坡地段或特殊陡坎地段时，宜设置跌水或急流槽。由于纵坡陡、水流冲刷力强，跌水与急流槽的结构必须稳固，并设置相应的防护与加固设施。急流槽底纵坡应与地形结合，进水口应防护加固，出水口应采取消能措施，防止冲刷。急流槽底应设置防滑平台和凸榫，防止基底滑动。

(5) 蒸发池。气候干旱且路域范围排水困难地段，可利用沿线的取土坑或专门设置蒸发池汇集地表水。为避免影响路基稳定和路侧安全，蒸发池边缘与路基之间的距离应不小于

5 m，且应设置隔离网、踏步等安全防护设施。蒸发池的容量应以一个月内汇入池中的雨水能及时完成渗透与蒸发作为设计依据。蒸发池的设计水位应低于排水沟沟底高程。

(6) 油水分离池。水环境敏感地段路基排水沟出口宜设置油水分离池。油水分离宜采用沉淀法处理，污水进入前应先通过格栅和沉砂池。油水分离池的大小应根据所在路段排水沟汇入水量确定，保证流入分离池的油水能有足够的时间分离或过滤净化。

2. 地下排水设施的使用条件

路基地下排水设施，按其作用与使用条件的不同，主要有暗沟（管）、渗沟、渗井、渗水隧洞、仰斜式排水孔和检查疏通井等。地下排水设施的类型、位置及尺寸应根据工程地质和水文地质条件确定，并与地表排水设施相协调。

(1) 暗沟（管）。暗沟（管）是设置在地表以下引导水流的沟道，用于排除路基范围内出露的泉水或集中的地下水流，无渗水和汇水的功能。

暗沟（管）沟底的纵坡不宜小于1%，出口处应加大纵坡，并应高出地表排水沟常水位0.2 m以上，不容许出现倒灌现象。寒冷地区的暗沟应做防冻保温处理。施工时宜由下游向上游施工，并应随挖、随撑、随填。在冬季为防止冻结，要求冰冻地区暗沟的埋置深度应大于当地的冰冻深度，以保证年四季排水畅通。

暗沟（管）应在路基填土前或开挖后，根据排水量及地形、地质条件确定断面尺寸，如图9-1所示。暗沟宜采用矩形断面，沟底、沟壁宜采用浆砌片石或水泥混凝土预制块砌筑，沟顶应设置混凝土盖板或石盖板，盖板顶面上的填土厚度不应小于0.5 m。暗沟设计时，要加强反滤设计，在泄水孔盖板上或暗管外壁铺设防渗土工布，同时在防渗土工布外侧铺设砂砾或碎石，防止暗沟淤塞。

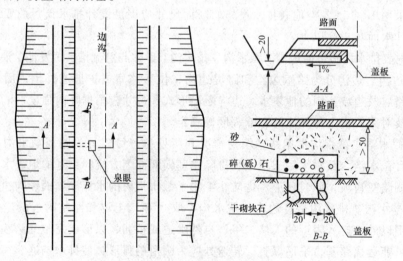

图 9-1 暗沟结构示意（尺寸单位：cm）

(2) 渗沟。有地下水出露的挖方路基、斜坡路堤、路基填挖交界结合部及地下水水位埋深小于0.5 m的低路堤等路段，应设置排水渗沟。渗沟埋置深度应根据地下水水位、需降低的水位高度及含水层介质的渗透系数等确定。截水渗沟的基底埋入隔水层内不宜小于0.5 m。边坡渗沟、支撑渗沟的基底，宜设置在含水层以下较坚实的土层上。在水文地质条件复杂容易产生冻害地段，渗沟的排水管应设置在路基冻结深度以下不小于 0.25 m 处。

（3）渗井。渗井可用于拦截、引排有固定含水层的深层地下水，以及排出下挖式通道的地表水。渗井按其渗水方向不同，可分为排水渗井与集水渗井两类，公路工程中常用排水渗井。排水渗井的作用是将地下含水层的水或地表水通过竖井，渗入地下透水层中排除，从而降低地下水或疏干地下水。渗井选用洁净的砂砾、片碎石等充填，其中小于 2.36 mm 颗粒含量不大于 5%，井壁四周应设置反滤层。

用于拦截和引排地下水的渗井，宜成井群布设，并与其他排水设施配合使用。渗井排列方向宜垂直于渗流方向，深度宜穿过含水层，断面尺寸与间距应通过渗流计算确定。用于排除下挖式通道（如立交桥的下穿通道）地表水的渗井，距离路堤坡脚不宜小于 10 m，渗井尺寸根据下挖式通道的排水量通过水力计算确定。渗井宜采用钢筋混凝土管或波纹管，上部为集水井，下部为渗透井。

（4）仰斜式排水孔。仰斜式排水孔是采用小直径的排水管在边坡体内排出深层地下水的一种有效方法，一般用于排泄坡体内有固定含水层、坡面上有集中地下水出露的地下水，通常成群布置，疏干坡体地下水的效果较好。

仰斜式排水孔的直径一般为 75~150 mm，仰角不宜小于 6°，长度应伸至地下水富集部位或潜在滑动面层。孔内透水管直径一般为 50~100 mm，可选用软式透水管或带孔的 PVC、PE 塑料管等材料。仰斜式排水孔进水口及渗水管段应包裹透水土工布，防止堵塞水孔。

（5）检查井和疏通井。为保证地下排水设施的长期有效性，需要进行定期养护维修。因此，对暗沟（管）、渗沟等需要设置检查井、疏通井。

一般情况下，渗沟每隔 30 m，渗水隧洞每隔 120 m 和平面转弯、纵坡变坡点等处，宜设置检查井、疏通井。兼起渗井作用的检查井的井壁外面，应设置反滤层。检查井的直径不宜小于 1 m，井内应设检查梯，井口应设井盖，当深度大于 20 m 时，应增设护栏等安全设备。

（6）地下排水设施类型的选择。地下排水设施类型应根据地下水类型、含水层埋藏深度、地层渗透性、地下水对环境的影响，并考虑与地表设施协调等因素来选择，且应符合表 9-1 的规定。

表 9-1 各类排水设施适用条件

类型	适用条件
渗沟	有地下水出露的挖方路基、斜坡路堤、路基填挖交替地段，当地下水埋藏浅或无固定含水层时
边坡渗沟、支撑渗沟	赋存有地下水的坡面，当坡体土质潮湿、无集中地下水但危及路基安全时
渗井	当地下水埋藏深或地下含水层较多，但路基水量不大，且渗沟难以布置地段
暗沟（管）	路基基底范围内有泉水外涌时
仰斜式排水孔	当坡面有集中地下水时

9.1.4 边沟、截水沟、排水沟的构造及加固类型

1. 边沟的构造

选择边沟断面形式时，既要考虑地形地质条件、边坡高度、汇水面积及排水功能，也要注意边沟形式对路侧安全和环境景观的影响，因地制宜，合理选用。边沟的断面形式有三角形、浅碟形、U 形、梯形、矩形、带盖板矩形及暗埋式边沟等。当路基边坡高度不大、汇水

面积较小时，优先采用三角形、浅碟形边沟。边沟断面尺寸需根据地形、地貌、汇水面积、暴雨强度、路基强度等，经过水文、水力计算，并结合当地经验确定。

梯形边沟是最常用的一种形式，底宽与深度一般不小于 0.4 m，沟壁内侧边坡 1∶1~1∶1.5，外侧边坡通常与路基挖方边坡一致。矩形边沟用于人工施工的坚硬岩石路堑地段。三角形边沟用于机械化施工的土质边沟，沟壁内侧边坡 1∶2~1∶3，外侧边坡 1∶1~1∶2。流线型沟用于沙漠、雪害地区。高速公路、一级公路挖方路段的矩形边沟，在不设护栏地段，应设置带泄水孔的钢筋混凝土盖板或增设路侧护栏。

边沟水流不应滞留在沟内，必须尽快排出，使水流不危害路基。边沟沟底纵坡宜与路线纵坡一致，不宜小于 0.3%。困难情况下，可减小至 0.1%，在路线纵坡小于最小排水纵坡路段、设置超高的平曲线路段、凹形竖曲线等处，要对边沟的排水纵坡进行验算。梯形、矩形边沟出水口的间距不宜超过 500 m，多雨地区不宜超过 300 m，三角形边沟不宜超过 200 m。边沟水流通过出水口引向路基范围以外或排入天然河道。

当边沟冲刷强度超过明沟最大允许流速时，应采取必要的防护加固措施。在边沟水流最大允许流速范围内，通常优先选用植物防护；当超过最大允许流速、可能产生冲刷时，可根据流速大小，选用换填砂砾、卵石、片石等间接加固方式，或干砌片石、浆砌片石（混凝土块）、现浇混凝土等直接加固方式。

2. 截水沟的构造

截水沟是设置在挖方路基边坡坡顶以外或山坡路堤上方的适当位置，用以拦截流向路基的地表水，减轻边沟的水流负担，保护挖方边坡和填方坡脚不受水流冲刷和损害。截水沟的断面形式应结合设置位置、排水量、地形及边坡情况确定，沟底纵坡不宜小于 0.3%，可采用梯形或矩形断面。采用梯形断面时，其底宽不应小于 0.5 m，深度通过设计流量确定，同时不应小于 0.5 m，沟壁边坡坡度视土质而定，如图 9-2 所示。当山坡覆盖层较薄而又松散时，截水沟的沟底应设置在基岩或稳定土层上。若山体横坡较陡，截水沟最低侧边缘的开挖深度不能满足设计要求时，可培筑土梗。土梗顶宽为 1~2 m，背水面坡为 1∶1~1∶1.5，若土梗基底横坡较陡，可将地表开挖成 0.5~1.0 m 宽的台阶，如图 9-3 所示。在地形陡峭的个别地段，设置一般截水沟将导致开挖破坏范围太大，或地质条件不良时，可用浆砌片石或混凝土预制截水沟，如图 9-4 所示。

挖方路基的堑顶截水沟应设置在坡口 5 m 以外，并宜结合地形进布设。在软弱地层（如松散土层、破碎岩层）路段还应考虑挖方边坡的高度，即该距离为边坡高度值再加 5 m，同时不小于 10 m。若路堑坡顶有弃土堆时，截水沟边缘应距弃土堆坡脚 15 m，弃土堆坡脚距离路堑坡顶不小于 10 m，如图 9-5 所示。对于降雨量较大的深挖路堑，还应在路堑边坡平台内侧设置截水沟。

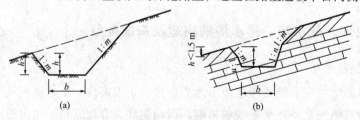

图 9-2 截水沟的横断面图例

(a) 土质截水沟；(b) 石质截水沟

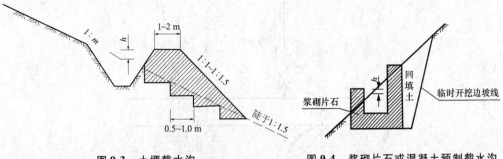

图 9-3　土埂截水沟　　　　　　图 9-4　浆砌片石或混凝土预制截水沟

填方路堤上方的截水沟距填方坡脚的距离应不小于 2 m，路堤与截水沟之间的空隙用开截水沟的弃土填筑，并将顶面做成向截水沟倾斜 2% 横坡（图 9-6）。

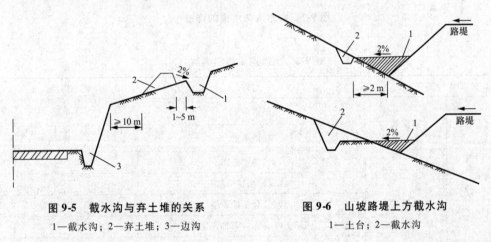

图 9-5　截水沟与弃土堆的关系　　　　　　图 9-6　山坡路堤上方截水沟
1—截水沟；2—弃土堆；3—边沟　　　　　　1—土台；2—截水沟

截水沟长度超过 500 m 时，宜在中间适当位置处增设泄水口，通过急流槽分流引排，泄水口间距 200~50 m 为宜。截水沟的水流通过出水口排入自然山沟或直接引到桥涵进口处，不宜引入路堑边沟。截水沟的出水口应与其他排水设施平顺衔接，必要时可设置跌水或急流槽等排水设施。

截水沟的沟底和沟壁要求平整密实、不滞流、不渗水，必要时予以加固和铺砌。

3. 排水沟的构造

排水沟的断面形式应结合地形、地质条件确定，一般采用梯形断面，深度与底宽均不应小于 0.5 m。排水沟的沟壁坡率视土质而定，一般土层为 1∶1~1∶1.5。

排水沟的长度不宜大于 500 m。排水沟的沟底纵坡不宜小于 0.3，与其他排水设施的连接应顺畅。水流排入河道或沟渠时，为防止对原水道产生冲刷或淤积，两者水流流向应成小于 45°的锐角相交，并设半径为 10 倍排水沟顶宽的圆弧，如图 9-7 所示。

排水设施的连接应顺畅，易受水流冲刷的排水沟应视实际情况采取防护、加固措施。

4. 路基排水沟渠的加固类型

为防止水流渗漏和对沟渠的冲刷，应对排水沟渠进行加固。路基排水沟渠的防护加固类型有多种，设计时可综合考虑沟渠土质、水流速度、沟底纵坡等条件，参照表 9-2 选用。

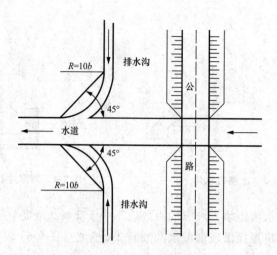

图 9-7 排水沟与水道的连接

表 9-2 土质沟渠加固类型

加固类型		名称	铺砌厚度/cm
简易式	草皮式	平铺草皮	单层
		竖铺草皮	叠铺
	筑捣式	沟底沟壁夯实	—
		水泥砂浆抹平层	2~3
		石灰三合土抹平层	3~5
		黏土碎（砾）石加固层	10~15
		石灰三合土碎（砾）石加固层	10~15
干砌式		干砌片石	15~25
		干砌片石砂浆勾缝	15~25
		干砌片石砂浆抹平	20~5
浆砌式		浆砌片石	20~25
		混凝土预制块	6~10
		砖砌水槽	沟底两层砖

浆砌式加固不仅可防止水流对沟渠的冲刷，还可起防渗作用；简易式和干砌式加固不能防止水的渗漏。沟渠加固类型与沟底纵坡有关，设计时可参考表 9-3 使用。

表 9-3 加固类型与沟底纵坡关系

纵坡/%	<1	1~3	3~5	5~7	>7
加固类型	不加固	①土质好，不加固 ②土质不好，简易加固	简易加固或干砌式加固	干砌式或浆砌式加固	浆砌式加固或改用跌水

各类排水设施的设计应满足适用功能要求，结构安全可靠，便于施工、检查和养护。排

水设施所用材料的强度应不低于表9-4的要求。

表9-4 排水构筑物材料强度要求

材料类型	最低强度要求		适用范围
	非冰冻区、轻冻区	中冻区、重冻区	
片石	MU30	MU30	沟底和沟壁铺砌
水泥砂浆	M7.5	M10	浆砌、抹面、勾缝
水泥混凝土	C20	C25	混凝土构件
	C15	C15	混凝土基础

注：1. 轻冻区是指冻结指数小于800的地区；
   2. 中冻区是指冻结指数为800~2 000的地区；
   3. 重冻区是指冻结指数大于2 000的地区。

9.1.5 渗沟的类型、构造及适用条件

1. 渗沟的类型及构造

渗沟根据材料和结构形式，可分为填石渗沟、管式渗沟、洞式渗沟、边坡渗沟和支撑渗沟、无砂混凝土渗沟等。不同类型渗沟的适用条件和排水能力也不相同，设计时应根据水文地质条件和地下水流量合理选用。

（1）填石渗沟。填石渗沟也称盲沟，一般用于流量不大、渗沟较短的地段。填石渗沟较易淤塞，设计时应考虑淤塞失效问题。由于排水层阻力较大，其纵坡不宜小于1%。

（2）管式渗沟。管式渗沟，一般设于地下引水较长的地段。当渗沟过长时，应加设横向泄水管，将渗沟内的水流分段排出。沟底最小纵坡不宜小于0.5%以免淤积。最大流速一般以不大于1.0 m/s为宜。管式渗沟的排水管管径不宜小于150 mm。

（3）洞式渗沟。洞式渗沟用于地下水流量较大，或缺乏水管时。即在沟底设置石砌涵洞，洞口大小依设计流量而定。沟底最小纵坡为0.5%。有条件时适当采用较大纵坡，以利排水。

洞式渗沟及管式渗沟一般适用于地下水流量较大、引水较长的地段。条件允许时，应优先采用管式渗沟。洞式渗沟施工麻烦，质量不易保证，目前多采用管式渗沟代替填石渗沟和洞式渗沟。以上三种形式的渗沟均由排水层（石缝或管、洞）、反滤层和封闭层所组成，如图9-8所示。

（4）边坡渗沟、支撑渗沟。边坡渗沟、支撑渗沟主要用于疏干潮湿的土质路堑边坡坡体和引排边坡上局部出露的上层滞水或泉水，坡面采用干砌片石覆盖，确保边坡干燥、稳定。

边坡渗沟、支撑渗沟应垂直嵌入边坡坡体，根据边坡情况可按条带状、分岔形或拱形布设。边坡渗沟间距宜为6~10 m，渗沟宽度宜为1.2~1.5 m；支撑渗沟的横向间距宜为6~8 m，沟深不宜小于1.5 m，沟宽不宜小于1.5 m。边坡渗沟、支撑渗沟基底宜呈阶梯状，基础宜采用浆砌片石。

沟内应回填透水性材料，同时回填料外周应设置反滤层，沟顶部可采用干砌片石铺砌。边坡渗沟下部出水口宜采用干砌片石垛支撑。

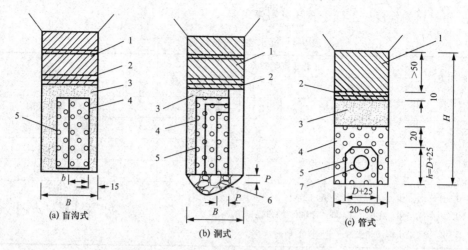

图 9-8　渗沟结构图示（尺寸单位：cm）

(a) 盲沟式；(b) 洞式；(c) 管式

1—黏土夯实；2—双层反铺草皮；3—粗砂；4—石屑；5—碎石；
6—浆砌片石沟洞；7—预制混凝土管

（5）无砂混凝土渗沟。无砂混凝土既可作为反滤层，也可作为渗沟。用无砂混凝土作为透水的井壁和沟壁以替代施工较复杂的反滤层和渗水孔设备，并可承受适当的荷载，具有透水性和过滤性好、施工简便、节省材料等优点。预制无砂混凝土板块作为反滤层，用在卵砾石、粗中砂含水层效果良好；用于细颗粒土地层，通常在无砂混凝土板块外侧铺设土工织物作为反滤层，用以防止细粒土堵塞无砂混凝土块的空隙。

渗沟材料应采用洁净的砂砾、粗砂、碎石、片石，其中小于 2.36 mm 细粒料含量不得大于 5%，回填料外围应设置反滤层。渗沟位于路基范围外时，透水性回填料顶部应覆盖厚度不小于 0.15 m 的不透水材料。渗沟能否起到良好的排水作用，反滤层的设计和施工是关键。渗沟沟壁应设置透水土工织物或中粗砂反滤层，渗水管可选用带孔的 HPE 管、PVC 管、PE 管、软式透水管、无砂混凝土等。

渗沟的埋置深度应根据地下水水位、需下降的水位高度及含水层介质的渗透系数等因素考虑确定。截水渗沟的基底宜埋入隔水层内不小于 0.5 m。边坡渗沟、支撑渗沟的基底宜设置在含水层以下较坚实的土层上。渗沟出水口应高出地表排水沟常水位 0.2 m 以上，寒冷地区的渗沟出水口，应采取防冻措施。

2. 各类渗沟的适用条件

渗沟类型应根据地下水情况、渗流量、使用部位及排水距离等，按表 9-5 确定。

表 9-5　各类渗沟适用条件

渗沟类型	适用条件
填石渗沟、无砂混凝土渗沟	可用于地下水流量大、排水距离较短的地段
管式渗沟	可用于地下水流量较大、地下水埋藏浅、地下距离较长的地段
洞式渗沟	可用于地下水流量大、埋藏深的地段

9.2 路面排水设计

9.2.1 路界地表排水设计

1. 路面表面排水设计

(1) 路堑地段路面表面水应通过横向排流的方式汇集于边沟内。

(2) 路堤较高且边坡坡面未作防护,或坡面虽有防护措施但仍有可能冲刷的路段,应采用路面集中排水系统排除路表水。

(3) 路线纵坡平缓、汇水量不大、路堤较低且边坡坡面不易受到冲刷的路段,以及设置了具有截水、排水功能的骨架护坡的高填方路段,可采用路面横向分散漫流排水方式排除路表水。

(4) 设置拦水带汇集路表水时,高速公路及一级公路的设计积水宽度不得超过右侧车道边缘;二级及二级以下公路不得超过右侧车道中心线。当硬路肩宽度较窄、汇水量大或拦水带形成的过水断面不足时,可采用沿土路肩设置 U 形路肩边沟等措施加大过水断面。路肩边沟采用水泥混凝土、沥青砂或当地其他材料预制或现场浇筑。

(5) 采用路面横向分散漫流方式排除路表水时,宜对土路肩及坡面进行加固。

2. 中央分隔带排水设计

(1) 中央分隔带表面未采用铺面封闭时,分隔带内部宜设置由防水层、纵向排水渗沟、集水槽和横向排水管等组成的防排水系统,如图9-9所示。宽度大于 3 m 的中央分隔带表面宜设置成浅碟形,横向坡度宜为 1∶4~1∶6。

(2) 中央分隔带排水渗沟在通信管道之下,渗沟顶面与回填土之间应设置反滤层,渗沟两侧及底部应设置防水层。宜采用管式渗沟,渗沟材料及设计符合相关规定,横向排水管宜采用直径为 100~200 mm 的塑料管。

(3) 降雨量较小、中央分隔带较窄时,中央分隔带可采用表面铺面封闭分散排水。分隔带铺面应采用两侧外倾的横坡,坡度宜与路面的横向坡度相同,铺面材料可采用沥青处治材料或其他封闭材料,如图9-10所示。

(4) 中央分隔带回填土与路面结构之间应设置防水层。

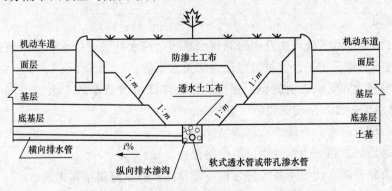

图 9-9 不铺面中央分隔带防排水系统示意

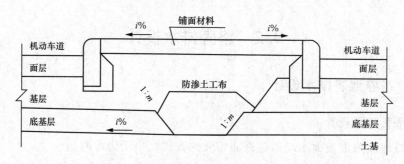

图 9-10 设铺面中央分隔带防排水系统示意

3. 超高段排水设计

(1) 超高段中央分隔带外侧半幅路面排水,可根据降用量及路面宽度,采取经内侧路面排除或设置地下水设施排除方案,并应符合以下规定:

1) 年降水量小于 400 mm 的地区,双向四车道公路,可采用在中央分隔带设开口明槽方案,路面水流经内侧路面排除。

2) 年降水量大于等于 400 mm 的地区或车道数超过四车道时,外侧路面水宜通过地下排水系统排除。

(2) 超高路段的地下排水系统由纵向集水沟(管)、集水井、检查井、横向排水管等组成。

1) 纵向集水沟(管)、集水井及检查井等排水设施应在中间带内设置,不得侵入行车道。

2) 纵向集水沟(管)可采用缝隙式集水沟(管)、碟形浅沟或设带孔盖板的矩形沟等形式。沟底纵坡宜与路线纵坡一致,且不应小于 0.3%。

3) 集水井的形式、数量和间距应根据超高路段的外侧半幅路面汇水面积、流量及出水口的泄流能力确定。集水井的间距宜为 20~50 m,纵向集水沟(管)串联集水井的个数不宜超过 3 个。路线纵坡小于 0.3% 的路段,可增加集水井数量。

4) 纵向集水沟、集水井及检查井等的盖板材料应采用钢筋混凝土、铸铁或钢筋加强的复合材料,材料强度和盖板厚度应根据设计汽车荷载等级计算确定。

9.2.2 路面内部排水设计

1. 一般规定

(1) 路面内部排水系统可由路面边缘排水系统、排水基层或排水垫层单独或组合构成。

(2) 遇到下列情况之一,宜设置路面内部排水系统:

1) 年降水量为 600 m 以上的湿润多雨地区,路床由渗透系数不大于 1 mm/s 的细粒土填筑的高速公路、一级公路或重要的二级公路;

2) 路基两侧有滞水,可能渗入路面结构内;

3) 重冰冻地区,路床为粉性土的潮湿路段;

4) 现有公路路面改建或路基改善工程,需排除积滞在路面结构内的水。

(3) 路面内部排水设计符合以下规定:

1) 路面内部排水系统中各种排水设施的设计排泄量均应不小于路面表面水渗入量的

2倍,下游排水设施的泄水能力应超过上游排水设施的泄水能力;

2) 排水设施应能避免被渗流从路面结构、路基或路肩中带来的细颗粒堵塞;

3) 系统的排水功能不应随时间很快降低。

(4) 路表面渗入路面结构的水量大,仅设置路面边缘排水系统难以迅速排除时,可在面层下设置排水基层,地下水丰富的低填和挖方路段的路基顶面应设置排水垫层。

行车道路面表面水渗入路面结构的量,可按路面类型分别由式(9-1)、式(9-2)计算确定:

水泥混凝土路面:

$$Q_P = K_e \left(n_e + n_b \frac{B}{L_e} \right) \tag{9-1}$$

沥青路面:

$$Q_P = K_a B \tag{9-2}$$

式中 Q_P——纵向每延米行车道路表面水渗入量$[m^3/(d \cdot m)]$;

K_e——每延米水泥混凝土表面接缝或裂缝的表面水设计渗入率$[m^3/(d \cdot m)]$;可取为 $0.36\ m^3/(d \cdot m)$;

K_a——每平方米沥青路面的表面水设计渗入率$[m^3/(d \cdot m)]$,可取为 $0.15\ m^3/(d \cdot m)$;

B——单向坡度路面的宽度(m);

L_e——水泥混凝土路面的横缝间距(即板长)(m);

n_e——B 范围内纵向接缝的条数(包括路面与路肩之间的接缝);对不设置中央隔离带的双向横坡路段,公路路脊处的接缝(全幅中间接缝)按 0.5 条计;对设置中央分隔带的非超高路段,路面与中央分隔带间的接缝按 1 条计;

n_b——L_e 范围内横向接缝和裂缝的条数。

2. 路面边缘排水系统

路面边缘排水系统应沿路面结构外侧边缘设置,且由透水性填料集水沟、纵向排水管、横向出水管和过滤织物等组成,如图 9-11 所示。

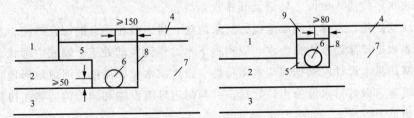

图 9-11 边缘排水系统示意图(尺寸单位:mm)

1—面层;2—基层;3—垫层;4—路肩面层;5—集水沟;
6—排水管;7—出水管;8—反滤织物;9—回填路肩面层

3. 排水路面

采用开级配沥青混合料表面层,或设置粒料、开级配或半开级配混合料等排水层、防冻层时,可采用横贯整幅路基的形式,或设置边缘排水系统。

9.3 综合排水系统设计的要求与内容

9.3.1 综合排水系统设计的作用

水是诱发路基路面病害的主要因素。防排水系统设置不合理，排水设施流水断面不足，以及地下排水设施因选型不当而过早失效等都会引发严重病害。公路路基路面排水设计包括地表排水和地下排水两大部分。地表排水主要是排出路基范围内的地表径流、地表积水、边坡雨水及公路邻近地带影响路基稳定性的地表水；地下排水主要是排出流向路基的地下水或降低地下水水位。在排水系统设计中，排水设施的合理布置及其过水断面的设计是非常重要的两个环节。设计时要遵循防、排、疏结合的原则，根据公路等级、沿线地形、地质、水文、气象等条件以及桥涵设置情况等，综合布设路基排水设施，各类排水设施要相互衔接配合，使水迅速排出路基范围，保证路床干燥或中湿状态。

在实际工程中，由于自然条件、路线布置及其他人为因素的不同，情况往往比较复杂，对于某些重点路段则需要进行路基排水的综合设计，以提高排水效果，发挥各类排水设施的优点，降低工程费用。

综合排水系统设计的含义，应包括地表排水与地下排水设施的协调配合，路基路面排水设施与桥涵等泄水结构物的合理布置，排水工程与防护加固工程的相互配合，以及路基路面排水与沿线农田水利规划及有关其他基本建设项目之间的联系，但主要目的在于确保路基的强度与稳定性。

9.3.2 综合排水系统设计的基本要求

公路路基防排水设计应根据公路沿线气象、水文、地形、地质及桥涵和隧道设置情况，遵循总体规划、合理布局、防排疏结合、少占农田、保护环境的原则，设置完善、通畅的防排水系统，做好路基排水与地基处理、路基防护等综合设计，并与路面、桥梁、涵洞、隧道等防排水系统相协调。

路界地表水不宜流入桥面、隧道及其排水系统。

低填、浅挖路基以及排水困难地段，应采取防、排、截相结合的综合措施，及时拦截进入路界的地表水、排除路基内自由水、隔离地下水，保证路基处于干燥或中湿状态。

沿河路基防排水设计应根据河流水文特性、设计洪水位、流量及河道地形地质条件，合理布设排水设施，做好排水设施出口处理，并与河道导流设施和调治构造物相协调，防止水流冲刷路基边坡及河岸。

各类排水设施的设计应满足使用功能要求，结构安全可靠，便于施工、检查和养护维修。排水设施所用材料的强度应不低于《公路路基设计规范》（JTG D30—2015）附录G表G-1的要求。

路基排水设施设计应与农田排灌系统相协调，施工场地的临时性排水设施布设，宜与永久性排水设施相结合。

9.3.3 综合排水系统设计的内容

综合排水系统设计的成果用路基、路面排水系统布置图表示。一般在公路排水困难地段应绘制本图,比例尺根据需要确定。高速公路、一级公路绘在路线平面总体设计图。

图 9-12~图 9-14 为特殊的排水困难地段的三个综合设计图例。

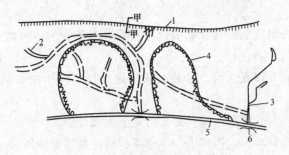

图 9-12　滑坡路段综合排水图例

1—截水沟；2—排水沟；3—自然沟；4—滑坡土质边界；5—路线；6—涵洞

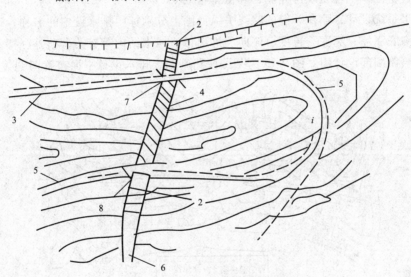

图 9-13　回头曲线路段综合排水图例

1—截水沟；2—跌水；3—路线；4—急流槽；5—边沟；
6—排水沟；7—上线涵洞；8—下线涵洞

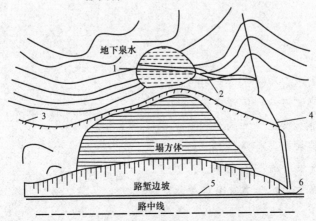

图 9-14　边坡塌方路段综合排水图例

1—渗沟；2—排水沟；3—截水沟；4—自然沟；5—边沟；6—涵洞

综合排水系统布置图的主要内容：

（1）在路线平面图上绘出路堤坡脚线和路堑坡顶线，标明路侧取土坑和弃土堆的位置。

（2）在路基的上方山坡上可设置截水沟等拦截地表径流，截水沟宜大体沿等高线布置，与地表水流方向基本垂直。

（3）路基两侧按需要设置边沟，必要时采用路肩排水和中央分隔带排水系统，汇集并排除道路表面的雨水。

（4）根据沿线地下水的情况，设置必要的地下排水设施。

（5）将拦截或汇集的水流，用排水沟、急流槽引排到指定的河沟、桥涵等处。

（6）选定桥涵位置，使排水设施与桥涵连成一个完整的排水系统。对穿过路基的河沟，一般均应设置桥涵，不轻易改沟并涵，降低排水效果。

综合排水系统设计，除在一般的路线平纵面图上分别标明排水设施的名称、地点、中心里程桩号、沟底纵坡、宽度、长度、流向、进出口、挡水结构等有关事项外，特殊复杂的排水地段还应绘制细部设计图。图 9-15 为某路段路基综合排水设计平面布置图例。

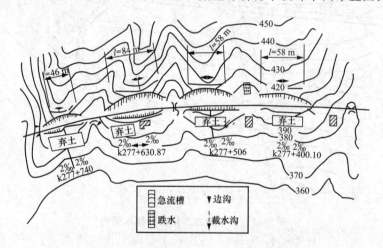

图 9-15　路基综合排水设计平面布置图例

思考与习题

1. 何谓边沟、截水沟和排水沟？
2. 何谓暗沟？何谓渗沟？何谓盲沟？
3. 常用的地下排水设施有哪些？
4. 常用的路面排水方式有哪些？
5. 综合排水系统设计的要求有哪些？
6. 简述中央分隔带排水分类及具体要求。

参 考 文 献

[1] 中华人民共和国交通运输部. JTG B01—2014 公路工程技术标准 [S]. 北京：人民交通出版社，2015.
[2] 中华人民共和国交通运输部. JTG D30—2015 公路路基设计规范 [S]. 北京：人民交通出版社，2015.
[3] 中华人民共和国交通运输部. JTG/T 3610—2019 公路路基施工技术规范 [S]. 北京：人民交通出版社，2019.
[4] 中华人民共和国交通运输部. JTG D50—2017 公路沥青路面设计规范 [S]. 北京：人民交通出版社，2017.
[5] 中华人民共和国交通部. JTG F40—2004 公路沥青路面施工技术规范 [S]. 北京：人民交通出版社，2005.
[6] 中华人民共和国交通部. JTG/T F30—2014 公路水泥混凝土路面施工技术细则 [S]. 北京：人民交通出版社，2003.
[7] 中华人民共和国交通运输部. JTG D40—2011 公路水泥混凝土路面设计规范 [S]. 北京：人民交通出版社，2011.
[8] 中华人民共和国交通运输部. JTG/T F20—2015 公路路面基层施工技术细则 [S]. 北京：人民交通出版社，2015.
[9] 中华人民共和国交通运输部. JTG/T D33—2012 公路排水设计规范 [S]. 北京：人民交通出版社，2013.
[10] 中华人民共和国交通部. JTJ 003—1986 公路自然区划标准 [S]. 北京：中国标准出版社，1981.
[11] 中华人民共和国交通运输部. JTG 3430—2020 公路土工试验规程 [S]. 北京：人民交通出版社，2021.
[12] 中华人民共和国建设部. GB/T 50145—2007 土的工程分类标准 [S]. 北京：中国计划出版社，2008.
[13] 中华人民共和国交通运输部. JTG 3420—2020 公路工程水泥及水泥混凝土试验规程 [S]. 北京：人民交通出版社，2021.
[14] 中华人民共和国交通运输部. JTG E20—2011 公路工程沥青及沥青混合料试验规程 [S]. 北京：人民交通出版社，2011.
[15] 中华人民共和国交通部. JTG E42—2005 公路工程集料试验规程 [S]. 北京：人民交通出版社，2005.

［16］中华人民共和国交通运输部．JTG 3450—2019 公路路基路面现场测试规程［S］．北京：人民交通出版社，2020．
［17］中华人民共和国交通运输部．JTG E51—2009 公路工程无机结合料稳定材料试验规程［S］．北京：人民交通出版社，2009．
［18］黄晓明．路基路面工程［M］．6 版．北京：人民交通出版社股份有限公司，2019．
［19］潘宝峰．路基路面工程［M］．2 版．北京：人民交通出版社股份有限公司，2018．
［20］李惠霞，王建．路基路面工程［M］．北京：机械工业出版社，2018．
［21］凌天清．道路工程［M］．4 版．北京：人民交通出版社股份有限公司，2019．
［22］王秉纲，郑木莲．水泥混凝土路面设计与施工［M］．北京：人民交通出版社，2004．
［23］沙爱民．半刚性路面材料结构与性能［M］．北京：人民交通出版社，1998．
［24］胡长顺，黄辉华．高等级公路路基路面施工技术［M］．北京：人民交通出版社，1994．
［25］沙庆林．高等级公路半刚性基层沥青路面［M］．北京：人民交通出版社，1998．
［26］张登良．沥青路面工程手册［M］．北京：人民交通出版社，2004．
［27］蔡燕霞，赵永成，曹东伟，胡建强．半刚性基层抑制反射裂缝路面结构与材料设计［M］．北京：人民交通出版社股份有限公司，2021．